국가에 대항하는 사회

정치인류학 논고

국가에 대항하는 사회
정치인류학 논고

지은이　피에르 클라스트르
옮긴이　홍성흡

펴낸이　강동권
펴낸곳　(주)이학사
편집장　임양희
기획·마케팅　강민용
편집　김다혜
디자인　박솔

1판 1쇄 발행　2005년 6월 30일
1판 6쇄 발행　2025년 9월 1일

등록　1996년 2월 2일(신고번호 제1996-000015호)
주소　서울시 종로구 율곡로13가길 19-5(연건동 304) 우 03081
전화　02-720-4572　팩스　02-6919-1668
홈페이지　ehaksa.kr
이메일　ehaksa1996@gmail.com
페이스북　facebook.com/ehaksa
인스타그램　@ehaksa_　엑스　@ehaksa

한국어판 ⓒ (주)이학사, 2005. Printed in Seoul, Korea.

ISBN 978-89-87350-81-3 03380

La Société Contre l'Etat de Pierre Clastres
Copyright ⓒ LES EDITIONS DE MINUIT, 1974
All rights reserved.
Original edition is published by LES EDITIONS DE MINUIT.

Korean Translation Copyright ⓒ 2005 by Ehaksa Inc.
All rights reserved.
Korean edition is published by arrangement with LES EDITIONS DE MINUIT
through Guy Hong International.

이 책의 한국어판 저작권은 (주)이학사가 가지고 있습니다.
저작권법에 의해 한국 내에서 보호를 받는 저작물이므로 무단 전재와 무단 복제를 금합니다.

* 책값은 뒤표지에 표시되어 있습니다.

국가에 대항하는 사회

La société contre l'état

정치인류학
논고

피에르 클라스트르 지음
홍성흡 옮김

이학사

차례

제1장 코페르니쿠스와 야만인 . . . 9
제2장 교환과 권력: 인디언 추장제의 철학 . . . 36
제3장 독립과 외혼 . . . 62
제4장 아메리카 인디언의 인구론적 요소들 . . . 101
제5장 활과 바구니 . . . 128
제6장 인디언을 웃게 만드는 것 . . . 161
제7장 말하기의 의무 . . . 190
제8장 밀림의 예언자 . . . 196
제9장 여럿이 없는 "하나"에 대하여 . . . 210
제10장 원시사회에서의 고문 . . . 219
제11장 국가에 대항하는 사회 . . . 234

부록: 피에르 클라스트르의 저작 목록 . . . 271
옮기고 나서 . . . 275
찾아보기 . . . 281

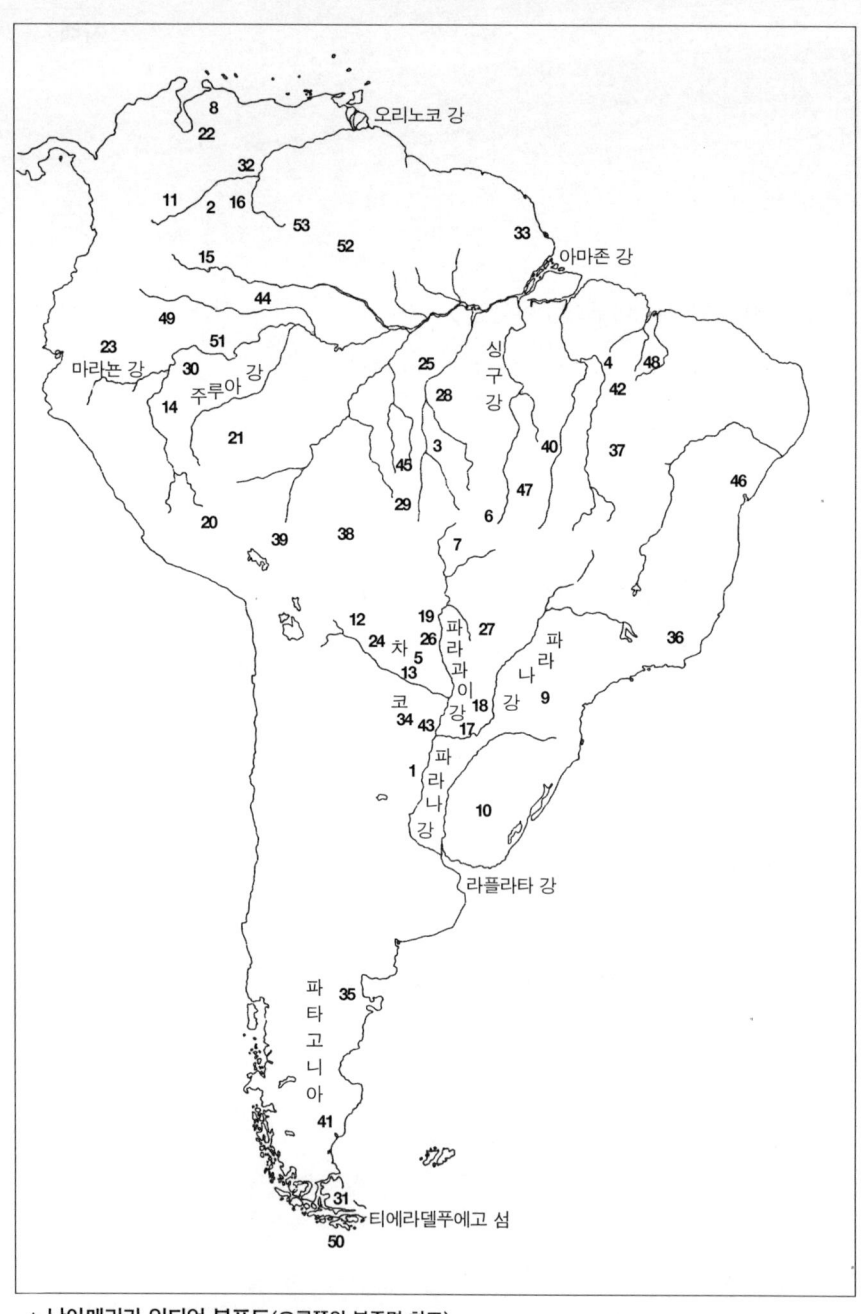

* 남아메리카 인디언 분포도(오른쪽의 부족명 참조)

1. 아비폰족Abipones
2. 아차구아족Achagua
3. 아피아카족Apiaca
4. 아피나예족Apinayé
5. 아라와크족Arawak(구아나족Guana)
6. 바카이리족Bacaïri
7. 보로로족Bororo
8. 카케티오족Caquetio
9. 카잉강족Caïngang
10. 차루아족Charrua
11. 치브차족Chibcha
12. 치리구아노족Chiriguano
13. 출루피족Chulupi
14. 코카마족Cocama
15. 쿠베오족Cubeo
16. 구아히보족Guahibo
17. 과라니족Guarani
18. 구아야키족Guayaki
19. 구아이쿠루족Guaycuru
20. 잉카족Inca
21. 이푸리나족Ipurina
22. 히라히라족Jirajira
23. 히바로족Jivaro
24. 마나시족Manasi
25. 마우에족Maué
26. 음바야-구아이쿠루족Mbaya-Guaycuru
27. 음비아-과라니족Mbya-Guarani

28. 문두루쿠족Mundurucu
29. 남비콰라족Nambikwara
30. 오마구아족Omagua
31. 오나족Ona
32. 오토막족Otomac
33. 팔리쿠르족Palikur
34. 필라가족Pilaga
35. 푸엘체족Puelche
36. 푸리-코로아도족Puri-Coroado
37. 쉐렌테족Sherenté
38. 시리오노족Siriono
39. 타카나족Takana
40. 타피라페족Tapirapé
41. 테우엘체족Tehuelche
42. 팀비라족Timbira
43. 토바족Toba
44. 투카노족Tucano
45. 투피-카와이브족Tupi-Kawahib
46. 투피남바족Tupinamba
47. 트루마이족Trumai
48. 우루부족Urubu
49. 위토토족Witoto
50. 야간족Yahgan
51. 야구아족Yagua(페바족Peba)
52. 야노마미족Yanomami
53. 예쿠아나족Yecuana

일러두기

1. 이 책은 Pierre Clastres, *La Société Contre l'Etat: Recherches d'anthropologie politique*(Les Éditions de Minuit, 2001)를 우리말로 옮긴 것이다.

2. 번역의 정확성을 위해 영어판(*Society Against the State: Essays in Political Anthropology*, Robert Hurley, Abe Stein trans., Zone Books, 1987)과 일어판(『國家に抗する社會: 政治人類學硏究』, 渡辺公三 譯, 水聲社, 1987)을 참고하였으며, 또한 영어판과 일어판을 참고해 옮긴이 주석을 작성하였다.

3. 본문에 나오는 외국 인명, 지명 등은 현행 외래어 표기법을 따르는 것을 원칙으로 하였으나 표기 원칙이 정해지지 않은 것은 일반적으로 통용되고 있거나 굳어진 표현을 사용하였다. 인명과 주요 개념어는 처음 나올 때 한 번 원어를 병기하는 것을 원칙으로 하였다.

4. 지은이의 주석은 1), 2), 3)으로, 옮긴이의 주석은 **1**, **2**, **3**으로 구분하여 각주로 처리하였다. ( )와 인용문 내의 〔……〕는 지은이의 것이고, 〔 〕는 옮긴이의 부연 설명이다.

5. 원서의 이탤릭체는 고딕체로 표기하였다.

제1장 코페르니쿠스와 야만인

> 여행을 통해 아무것도 얻지 못했던 사람이 있었다는 말에 소크라테스는,
> 아마도 그는 자기 자신을 짊어지고 갔다 온 모양일세라고 말했다.
> ―몽테뉴

권력에 대해 진지한 질문을 하는 것이 가능한가? [니체의] 『선악의 피안Par-delà le bien et le mal』의 한 구절은 다음과 같이 시작된다. "인류가 존재한 이래, 예나 지금이나 인간 무리들(씨족들, 공동체들, 부족들, 민족들, 교회들, 국가들)이 있어왔고, 항상 명령하는 소수와 복종하는 다수가 있었다. 그러므로 복종은 인류가 가장 잘, 그리고 오랫동안 실행하고 발전시켜온 것이라는 점에서 우리는 누구나 복종에 대한 선천적인 욕구를 가지고 있다고 추정할 수 있다. 그것은 '당신은 무조건 이것을 해야 한다, 당신은 무조건 이것을 하면 안 된다'는 식으로 '당신은 해야 한다'라고 명령하는 일종의 형식적 의식意識과 같은 것이다." 니체Nietzsche는 종종 진실과 거짓에 개의치 않고 빈정대지만, 그는 자기 나름의 방식으로 어떤 사유의 영역을 분리시켜 정확히 정의하고 있다. 이는 과거에는 사변적 사유로만 여겨졌지만 대략 최근 20년 동안에 과

학적 조사의 대상이 된 영역이다. 우리는 점차 증가하는 사회인류학 연구들의 새로운 주제들에 관해 문제를 제기하는 권력이 그 핵심을 차지하는 정치 공간에 대해 이야기하고자 한다. 민족학이 고대적archaïques[1] 사회들의 정치적 차원—민족학이 특히 좋아하는 연구 대상—에 대해 뒤늦게야 관심을 가졌다는 사실은 민족학이 바로 권력의 문제 틀과 무관하지 않다는 것을 잘 보여준다. 오히려 그것은 우리 문화에 내재하는 매우 뿌리 깊은 무의식적인 접근 양식mode의 증거이자 다른 사회들이 맺고 있는 정치적 관계들에 대한 [빈약한] 이해의 증거이다. 그러나 이 문제에 대한 관심의 부족은 어느 정도 채워졌고 지금도 채워지고 있다. 현재 우리는 정치인류학을 이야기하고 그것의 조사 결과물을 평가하며 권력의 본성과 원천, 그리고 역사가 그것이 작용한 사회의 유형들에 가한 변화들에 대해 성찰할 수 있을 정도의 텍스트들과 설명들을 축적해놓은 상태이다. 라피에르J. W. Lapierre의 중요한 저작인 『정치권력의 기초에 관한 시론試論』[1)]은 이러한 점에서 야심 찬 시도인 동시에 꼭 필요한 작업이다. 이 책은 인간 사회뿐만 아니라 사회적 동물에 관한 다량의 정보들을 수집하고 활용했다는 면에서 관심을 끌 만

---

1 영어의 archaic. 원문 이곳저곳에서 사용되는 개념으로, 고대사, 고대 문명이라고 할 때의 '고대의ancien(ne)(영어의 ancient)'보다는 더 오래된 원초적 시대를 말한다. 고전적, 원형적 등으로도 번역할 수 있으나 문맥상으로 볼 때 '고대적'이 가장 무난한 것으로 생각된다.

1) J. W. Lapierre, *Essai sur le fondement du pouvoir politique*, Publication de la Faculté d'Aix-en-Provence, 1968.

하다. 게다가 라피에르는 "동물사회학"과 민족학이라는 근대 학문으로부터 산출된 자료를 활용한 철학자라는 점에서 그의 저작은 무시되어서는 안 된다.

정치권력의 문제를 다룬 이 책에서 라피에르는, 매우 정당하게, 우선 정치권력이라는 인간적 현상이 생명의 필요에 부응하는 것인지, 즉 생물학적 뿌리로부터 전개되는 것인지, 다시 말해서 권력 탄생의 원천과 그 존재 이유가 문화가 아닌 자연에 있는 것인지를 묻고 있다. 동물생물학의 가장 최근 연구들에 관한 끈기 있고도 박식한 논의, 게다가 그로부터 결과를 예상할 수 있음에도 불구하고 전혀 틀에 박히지〔학문적이지〕 않은 논의에 따르면 대답은 자명하다. "동물들 사이의 사회적 현상에 관해, 특히 동물들의 자기통제 과정에 관해 습득된 지식을 비판적으로 검토한 결과, 동물 세계에서는 어떤 형태의 정치권력도, 심지어 맹아적인 것도 찾아볼 수 없다〔……〕."(p. 222) 이러한 검토 결과 라피에르는 앞서 문제 제기한 방향으로 자신의 연구를 진전시킬 필요가 없다는 것을 확인하고, 문화와 역사과학 쪽으로 방향을 틀어 "인간 사회에서의 정치권력의 '고대적' 형태들"—이 부분에 대한 논의가 저작의 대부분을 차지하고 있다—에 대한 논의를 전개하고 있다. 이하의 논의는 야만인들의 권력에 대한 그의 저작으로부터 자극을 받아 이루어진 것이다.

고찰의 대상이 된 사회들의 범위는 넓다. 〔라피에르는〕 아프리카, 북아메리카, 중앙아메리카, 남아메리카, 오세아니아, 시베리아 등 상당히 넓은 지역의 사례들을 분석하고 있기 때문에, 엄격한 독자라 할지라도 샘플링에 대해서는 의문을 가질 수 없을 것이다. 즉 우리 문화에서 정치권력이 직조되는 배경을 이루는 비고대적 사회에 대해 "원시primitif" 세계가 보여주는 다양한 차이를, 지리적으로나 유형적으로 거의 완벽하게 사례를 수집하여 고찰하고 있다. 여기에서 우리는 논의의 범위와 논의를 이끌어나가는 데 필요한 진지함을 발견할 수 있다.

우리는 이런 수십 개의 "고대적" 사회들이 공통적으로 무문자無文字와 소위 생계경제라는 고대성archaïsme을 지니고 있다고 쉽게 생각한다. 그러나 이것은 라피에르가 지적한 것처럼 부정적인 정의일 뿐이다. 고대적 사회들 사이에도 심오한 차이가 있을 수 있고, 실제로 어떤 사회도 다른 사회와 닮지 않았으며, 모든 야만인들을 회색으로 그리는 암울한 반복은 틀린 것이다. 따라서 우리는 다양한 고대적 사회들을 구성하는 단위들 간의 비교를 위해서 최소한의 질서를 찾지 않으면 안 된다. 라피에르는 이러한 이유에서 영국 인류학이 제안한 고전적 분류를 거의 받아들여, "정치권력이 가장 발달한 고대적 사회로부터 정치권력이 거의 없거나 엄밀한 의미에서 전혀 나타나지 않은 사회들에 이르는"(p. 229) 다섯 개의 주요 유형들을 제시하고 있다. 따라서 원시 문화들은 관찰할 수 있는 정치권력의 "양"이 어느 정도인지에 따라 유형화되는데, 이 권력의 양은 0에 가까울 수도 있다. "〔……〕 소규모 '폐쇄 사회들' 중 생존을 가능하게 하는 생활 조건을 지닌 몇몇 인간 집단들은 정치권력 없이도 유지되었다."(p. 525)

이 분류의 원리를 찬찬히 생각해보자. 그 기준은 무엇인가? 〔권력〕 양이 어느 정도인지에 따라 특정 사회를 특정 단계로 규정할 수 있게 해주는 것을 어떻게 정의할 것인가? 다른 말로 하자면 잠정적으로나마 정치권력을 어떻게 이해해야 하는가? 이 질문은 의심할 바 없이 매우 중요하다. 왜냐하면 정치권력이 없는 사회와 있는 사회의 차이를 가정하는 것이야말로 권력의 본질과 기초를 동시에 드러낼 것이기 때문이다. 그런데 라피에르의 분석에서는, 그 철저함에도 불구하고, 전정치적prépolitique 정체停滯 상태에 있는 인간 집단들을 정치적 사회société civile로 이행시키는 단절, 불연속, 급격한 도약을 발견할 수 없다. 이것은 +기호를 가진 사회와 −기호를 가진 사회 사이의 전이가 본질적으로 점진적이고 연속적이며 양적인 성격을 지닌다는 것을 뜻하는가? 만일 그렇다면 두 극단—국가 사회와 권력 없는 사회라는—사이에는 하나하나의 사회를 분류 체계의 한 단계로 설정하는 무한한 중간 단계들이 존재하게 되어 사회를 분류하는 것이 불가능하게 될 것이다. 게다가 고대적 사회에 대한 지식이 보다 풍부해지고 그 사회들 간의 차이가 점차 밝혀지게 되면 이런 종류의 모든 분류 틀은 한계를 드러내게 될 것이다. 결국 무無권력과 권력 사이의 불연속성 혹은 연속성의 가설을 전제하는 한, 우리가 경험적으로 알고 있는 사회들sociétés empiriques을 분류하고자 하는 어떤 시도도 권력의 본질이나 권력이 출현하게 된 정황을 이해할 수 있는 시사점을 줄 수 없게 되어 권력의 문제는 미스터리로 남게 될 것이다.

"권력은 명령-복종이라는 전형적인 사회관계 속에서 실현된다."(p. 44) 이 진술로부터 이러한 본질적 관계가 발견되지 않는 사회들은 권력 없는 사회들이라는 결론을 바로 얻을 수 있다. 이 문제에 대해서는 나중에 살펴보도록 하겠다. 먼저 주의를 기울여야 할 점은 이러한 전통주의적 견해가 민족학적 연구 정신, 즉 정치권력은 궁극적으로 강제에 의해 지탱되는 관계 내에서만 명료하게 드러난다는 의심할 바 없는 확신을 상당히 충실하게 따르고 있다는 것이다. 이 점에 있어서는 니체, 막스 베버Max Weber(폭력의 합법적 사용에 대한 독점권으로서의 국가권력)와 현대 민족학 사이에 일반적 평가 이상의 공통점이 있다. 그리고 그들은 언어 사용에 있어 다소 차이가 있지만, 권력의 본질과 실체는 폭력으로 구성되며 폭력이라는 술어 없이는 권력을 생각할 수 없다는 공통된 기반으로부터 출발하고 있다. 아마도 이러한 견해가 맞을지도 모른다. 또한 민족학이 서구가 오래전부터 믿어왔던 견해를 무비판적으로 수용하는 것에 대해서 비판받아야 하는 것도 아니다. 그렇지만 문제의 핵심은 강제나 폭력 없이는 권력을 말할 수 없는지의 여부를 민족학이 자신의 본령—고대적 사회들의 영역—에서 확실하게 검증해야만 한다는 점이다.

아메리카 인디언의 경우는 어떠한가? 멕시코, 중앙아메리카, 안데스의 고高문화hautes cultures를 제외하고 모든 인디언 사회는 고대적 성격을 띠고 있다. 즉 이들 사회들은 무문자 사회이고 "생계"경제 수준에 머물러 있다. 또한 이 사회들은 모두 또는 거의 대부분 지도자, 우두머리가 이끌고 있는데, 주목해야 할 결정적 특징은 이들 추장들caciques[2]

---

2 이 카시케cacique라는 용어는 콜럼버스가 발견한 카리브 해의 에스파뇰라 섬에 살고 있던 타이노족Taïno(아라와크어족)의 말 Ka-sique에서 유래한다고 한다. 가장

중 누구도 "권력"을 가지고 있지 않다는 사실이다. 따라서 이곳에서는 다른 곳이라면 권력이라고 할 만한 것을 보유한 자들détenteurs이 실제로는 권력을 지니지 않고 정치적 영역이 강제와 폭력 혹은 위계적 종속과 무관하게 결정되는 사회, 한마디로 강제적인 명령-복종 관계가 발견되지 않는 수많은 사회가 집단적으로 발견된다. 이것이야말로 인디언 사회와 다른 사회의 큰 차이점이며, 아메리카의 인디언 부족들이 극단적으로 다양한 문화들을 지녔음에도 불구하고 동질적 세계에 속한다고 말할 수 있는 근거이다. 그래서 라피에르의 기준을 따른다면 신세계의 거의 전 지역은 전정치적 영역, 즉 "정치적 권력이 제로에 가까운" 사회들이 속하는 그의 유형학의 마지막 범주에 속할 것이다. 그런데 (라피에르 자신은) 실제로 그렇게 분류하지 않고 인디언 사회들을 모든 유형에 배치하여, 원래대로라면 그들 사회 전부가 포함되어야 할 마지막 유형에 극히 일부만이 속하는 것으로 파악하고 있다. 거기에는 무엇인가 오해가 있다. 왜냐하면 어떤 사회이든 추장이 명령을 내리고 그 실행을 감독하는 권력적 추장제chefferie 사회이거나 그러한 추장제가 없는 사회이거나 두 가지 중 하나일 것이기 때문이다. 현지에서의 직접 경험, 조사자들의 보고서들, 가장 오래된 연대기에 따르면 이것은 의심의 여지가 없다. 즉 군사 원정과 같은 극히 예외적인 경우를 제외하면, 인디언 사회에서 명령을 내린다거나 복종해야 한다는

혹은 추장이라는 뜻을 지니고 있다. 단 작은 마을의 장을 지칭하는 경우도 있고 잉카제국의 황제를 가리키는 경우도 있다.

제1장 코페르니쿠스와 야만인 15

관념은 전혀 생소한 것이다. 왜 이로쿼이족Iroquois[3]은 아프리카의 왕국들과 마찬가지로 첫 번째 유형에 속하는 것으로 분류되었는가? 이로쿼이족 연맹의 최고 회의를 "아직 맹아적이기는 하지만 이미 명백히 구성된 국가"로 볼 수 있는가? 만약 "정치적인 것이 전체 사회의 기능과 관련되는 것"(p. 41)이고 "권력의 행사가 전체 집단을 위해 결정을 내리는 것"(p. 44)이라면 이로쿼이족 최고 회의의 구성원들인 50명의 추장들sachems이 국가를 구성하고 있었다고는 말할 수 없다. 이 연맹은 하나의 전체 사회를 형성하고 있었던 것이 아니라 5개의 이로쿼이 부족들이 [각각 독립적인] 5개의 전체 사회들로서 정치적 동맹을 맺은 것에 불과했다. 즉 이로쿼이 인디언 사회에서 권력의 문제는 연맹 수준에서가 아니라 부족 수준에서만 제기되어야 할 문제이며, 이 부족 수준에서의 추장은 의심할 바 없이 분명 다른 인디언 추장들 이상의 권력을 지니지 않았다. 아프리카 사회들에 대한 영국식 유형학은 아마 아

[3] 북아메리카 인디언 중 하나로 유럽인이 도래했을 때는 세인트로렌스 강에서부터 에리 호, 휴론 호, 온타리오 호 등지에 걸쳐 거주하고 있었다. 원래 세네카족Seneca, 카유가족Cayuga, 오논다가족Onondaga, 오네이다족Oneida, 모호크족Mohawk 등의 다섯 부족이 1570년경 오논다가의 전설적인 추장의 영도 아래 협정을 체결한 연합체를 유럽인들이 이로쿼이 연합이라고 불렀다. 그후 1700년대에는 문화적으로 가까운 타스카로라족Tascarora를 합쳐 6부족 연합체가 되었다. 각 부족은 일정 수의 대표자를 연례 회의에 참가시켰다. 이 대표자를 뽑는 것은 각 부족의 여성회의였고 여성만이 대표자가 될 수 있는 권리를 지니고 있었다. 이러한 잘 짜인 정치조직 때문에 종종 국가 형성의 한 예이자 모권제 사회의 한 예로 거론되었다. 한때 남쪽으로는 테네시 주, 서쪽으로는 일리노이 주와 미시간 호 근처까지 영향력을 미쳤으나 아메리카 독립전쟁 시에 영국 편에 섰다가 영국이 패배한 후에는 연합체의 중심 세력이 캐나다로 이동하였다.

프리카에는 들어맞을지 모르지만 아메리카에는 적절한 모델이 아니다. 왜냐하면 이로쿼이족의 추장과 가장 작은 이동 무리bande nomade의 지도자 사이에는 본질적인 차이가 없기 때문이다. 그리고 이로쿼이 연합이 전문가들의 정당한 관심을 불러일으켰다면, 다른 지역에서도 비록 연속적이지 못했기 때문에 덜 주목받긴 했지만 부족 연맹을 결성하고자 하는 시도가 있었다는 것을 상기해둘 필요가 있다. 그중에서도 브라질과 파라과이의 투피–과라니족Tupi-Guarani을 들 수 있다.

이상의 지적은 권력의 문제 설정이 이루어지는 전통적인 방식을 문제 삼기 위한 것이다. 강제와 종속이 언제 어디에서나 정치권력의 핵심을 구성하는지는 분명하지 않다. 결국 다음 두 가지 중 한 가지를 선택할 수밖에 없다. 즉 고전적 권력 개념이 현실에 적합하다고 본다면 비非권력non-pouvoir이 발견되는 그곳에서 비권력에 대해 설명하거나, 고전적 권력 개념이 현실에 들어맞지 않는다면 그 개념을 폐기하거나 바꾸어야 할 것이다. 그러나 우선 그러한 개념화가 어떠한 사고방식에 의해 가능할 수 있었는가를 검토할 필요가 있다. 이를 위해서 민족학의 용어 자체가 우리를 올바른 방향으로 이끌어줄 실마리를 제공할 것이다.

우선 고대성을 정의하는 기준인 문자의 부재와 생계경제에 대해 살펴보도록 하자. 첫 번째 기준은 어떤 사회에 문자가 있었는지 없었는지에 대한 사실 여부에 관련된 것이기 때문에 더 이상 거론할 필요가 없다. 한편 두 번째 기준이 타당한지의 여부는 덜 분명하다. 실제로 "생계를 유지한다"는 것은 무엇을 의미하는가? 그것은 식량의 필요와 그러한 필요를 충족시키기 위한 수단 사이의 언제든지 깨어질 수 있는 균형 속에서 산다는 것을 뜻한다. 생계경제 사회란 구성원들이 겨우 먹고살 정도의 식량을 확보하고 있어서 식량 자원이 줄어들게 되면 자동적으로 구성원 전부를 먹여 살릴 수 없게 되고, 가뭄이나 홍수 등의 사소한 자연재해에 의해서도 사회를 유지하기 어렵게 될 수 있는 사회를 의미한다. 달리 말하면 고대적 사회는 살아가는 것이 아니라 근근이 버텨나가는 것이고, 그 생활은 기아와의 끊임없는 투쟁이다. 왜냐하면 그 사회에서는 기술적인 결함과 그 이상의 문화적인 결함으로 인해 잉여를 생산할 수 없기 때문이다. 원시사회에 대한 이러한 견해보다 더 뿌리 깊은 동시에 잘못된 견해는 없다. 만약 최근에 이야기되는 것처럼 구석기의 수렵 채집민 집단을 "최초의 풍요 사회"[2]로 볼 수 있다면, "신석기시대"[3]의 농경민들에 대해서는 똑같이 말할 수 없는 것인가? 민족학적으로 매우 중요한 문제이지만 여기서는 이 이상 자세히 살펴보지 않겠다. 다만 다음과 같은 사실만을 밝히고자 한다. 즉 이러한 "생계경제"를 영위하는 고대적 사회들 중 많은 사회들, 예를 들어 남아메리카에서는 종종 공동체의 연간 필요 소비량에 맞먹는 잉여 식량을 생산했다는 것, 즉 연간 필요 소비량의 두 배를 충족시키거나 혹은 두 배의 인구를 먹여 살릴 수 있을 만큼 식량을 생산했다는 점에 주의를 기울일 필요가 있다. 이 지적은 단순히 고대적 사회가 고대적이지 않았다는 것을 말하려는 것이 아니라, 단지 생계경제라는 개념이

---

2) M. Sahlins, "La Première Société d'abondance", *Les Temps Modernes*, octobre 1968.
3) 신석기시대의 정의에 대해서는 본서의 마지막 장, p. 248 참조.

실제 원시사회가 처했던 경제적인 현실보다 오히려 원시사회에 대한 서구 관찰자들의 태도와 습관을 반영하고 있는 "과학적" 허위의식에 불과하다는 것을 밝히고자 하는 것이다. 아무튼 고대적 사회가 "현재까지 극도의 저발전 상태에서 생존해온"(p. 225) 것은 그 사회들이 생계경제 사회였기 때문이 아니다. 실제로 이러한 기준을 적용한다면 오히려 문맹 상태에 있었고 잘 먹지 못했던 19세기 유럽의 프롤레타리아트야말로 고대적이라고 할 수 있을 것이다. 사실상 생계경제라는 관념은 서구의 근대적인 이데올로기의 영역에 속하는 것으로 결코 과학적 개념 도구가 아니다. 민족학이 이토록 터무니없는 기만에 희생됐다는 것은 역설적이며, 더군다나 산업국가들이 이른바 저발전 세계에 대한 전략의 방향을 잡는 데 기여했다는 사실은 무섭기까지 하다.

그러나 지금껏 논의된 것은, 앞으로 살펴보겠지만, 정치권력의 문제와는 거의 관련이 없다. 반대로 원시인들을 "기술적인 저발전 상태에서 생계경제의 어려움을 겪고 있는 사람들"(p. 319)로 보는 견해야말로 권력과 정치에 대한 친숙한 담론의 의미와 가치를 규정하고 있는 것이다. 여기서 친숙하다는 것은 예로부터 서구와 미개인들의 만남은 언제나 똑같은 담론의 반복을 낳았기 때문이다. 예컨대 브라질의 투피남바Tupinamba 인디언들을 발견한 유럽인들은 그들을 "신도, 법도, 왕도 없는 사람들"이라고 불렀다. 그들의 **음부루비차**mburuvicha, 즉 추장들은 실제 아무런 "권력"도 지니고 있지 않다. 프랑스, 포르투갈 또는 스페인이라는, 권위가 절대왕정까지 이른 사회에서 온 사람들에게 그 이상 낯선 것이 있었을까? 그들이 그곳에서 본 것은 문명사회에 살지 않는 야만인들이었을 뿐이다. 이에 반해 낯선 것과의 대면에서 생기는 불안과 동요가 멕시코의 목테수마Moctezuma 치하[4]나 페루의 잉카제국에서는 사라졌다. 그곳에서 정복자들은 그들의 흥분을 불러일으키는 위계와 강제라는 익숙한 공기, 즉 진짜 권력이라는 공기를 마실 수 있었다. 그런데 이러한 섬세하지 못하고 어리석으며 야만적이라고 할 수 있는 담론과 현대의 학자들과 조사자들의 담론 사이에서는 주목할 만한 연속성을 발견할 수 있다. 언어 사용은 좀 더 섬세할지 모르지만 평가는 똑같다는 것을 알 수 있는데, 라피에르의 글에서도 원시사회의 정치권력에 대한 가장 상식적인 이해에 부합하는 표현들을 많이 발견할 수 있다. 예를 들면 "트로브리안드 사회[5] 또는 티코피아 사회[6]의

---

[4] 1440~1469년에 아스텍 제국을 지배했던 목테수마 1세(제5대 황제)와 1502~1519년에 제위에 있었던 목테수마 2세(제9대 황제) 두 사람이 있다. 일반적으로는 1467년경에 태어난 후자를 가리킨다. 아스텍을 방문했던 여러 스페인 정복자들에 의해 후자의 인품이나 생활에 대한 기록이 남겨져 있다.

[5] 멜라네시아의 뉴기니의 동남부와 솔로몬 해역에 위치한 여러 섬들의 사회를 말한다. 이곳은 말리노프스키B. Malinowski가 1914~1918년에 행한 조사에 의해 널리 알려지게 되었다. 사회를 이루는 중요한 틀은 여자를 중심으로 짜인 모계 출계 씨족이다. 모계씨족에 포함되는 좀 더 작은 단위로 동족lineage 사이에 서열이 있고 추장제가 존재한다는 점 등에서 뉴기니나 다른 멜라네시아 사회와 다르다. 추장(보통은 빅맨bigman이라고 함)은 주술적 힘을 자유자재로 쓸 수 있는 자로 두려운 존재이고 의례나 축제를 주관하며 다양한 교환 행위에서 중심적인 역할을 수행한다. 또한 여러 명의 아내를 거느릴 수 있는 특권을 지니고 있다. 말리노프스키의 상세한 민족지를 통해 추장제의 중요한 사례로 자주 언급된다.

[6] 솔로몬 제도의 먼 바다 쪽이자 산타크루즈 제도의 동남쪽에 위치한 산호초로 둘러싸인 작은 섬 사회를 말한다. 지리적으로는 멜라네시아에 속하지만 언어나 사회-정치적 조직의 면에서는 폴리네시아에 속하기 때문에 외곽 폴리네시아라고 불린다. 이들 폴리네시아계 주민의 조상은 12세기경 사모아 제도로부터 이주해

'추장'들은 본래적인 정치권력은 극히 맹아적으로만 지니고 있었던 데 반해 매우 발달된 사회적 권위와 경제적 권력을 지니고 있었던 것은 아닌가?"(p. 284) 또는 "나일 강 유역의 민족 집단들[7]은 반투[8] 대왕국의 중앙집권적인 조직 수준에까지는 도달할 수 없었다."(p. 365) 그리고 또한 "로비lobi 사회[9]는 정치적 조직을 만들어낼 수 없었다."(p. 435, 주

온 것으로 추정되고 있다. 1929년과 1952년에 두 차례의 조사를 수행했던 영국 인류학자 퍼스R. Firth가 사회, 경제, 종교 등에 대한 상세한 민족지를 작성하면서 정치조직과 경제의 비교 연구의 중요한 사례로 거론하였다. 사회의 기본적인 틀은 남자를 통해 혈통이 이어지는 부계 출계 친족 집단으로 구성되며 추장에 의해 통치되는 추장제의 한 사례로 곧잘 거론된다.

7 이 집단들은 나일 강 상류 지역을 중심으로 수단, 에티오피아, 우간다, 케냐 등지에 거주하고 있었다. 영국 인류학자들의 집중적인 현지 조사와 그 성과의 발표를 통해 이들의 사회조직, 생업, 종교, 세계관 등이 잘 알려지게 되었고 다른 지역과의 비교 연구를 위해 곧잘 원용되고 있다. 그중에서도 영국 사회인류학의 비조 중 한 사람인 에반스 프리차드E. E. Evans-Pritchard의 누에르족Nuer에 대한 글은 고전적 민족지로 평가되고 있다. 유목민인 누에르족은 집중적 권력 기구를 지니지 않은 채 부계 출계 집단(동족)으로 이루어진 지역적 분절 조직 간의 관계가 사회적 운동에 영향을 미치는 사회-정치조직의 기초를 형성하고 있다. 인류학자들은 이를 분절적 동족 체계의 대표적인 예로 간주하고 있다. 이러한 "질서 잡힌 무정부 상태"가 종종 사회-정치조직의 비교 연구의 중요한 사례로 거론되고 있다.

8 아프리카 동부의 반투어를 사용하는 종족. 이들 언어를 사용하는 사람들을 종종 반투라고 총칭한다. 이들은 여러 가지 형태의 사회를 형성하였지만, 케냐로부터 모잠비크에 이르는 "대지구대大地溝帶"의 특히 북부의 빅토리아 호 주변, 자이르 남부의 사바나 지대 등에는 유럽인들의 도래 이전부터 여러 왕국이 형성되었다가 없어지기도 했다. 반투 농경민과 북방에서 침입해 들어와 지배층을 형성했던 유목민과의 복잡한 관계는 종종 정치조직의 비교 자료로 거론되고 있다.

9 서아프리카의 사바나 지대, 부르키나파소 서남부에서 가나의 일부, 코트디부아르에 걸쳐 사는 농경민 사회를 말한다. 수세대의 부계 출계를 통해 결합된 이른바 부계 확대가족과 부계 씨족이 사회조직의 근간을 형성하고 있고 그 이상의 통합은 발견되지 않는다.

석 134)⁴⁾ 여기서 맹아적, 미성숙한, 거의 발달되지 않은 등의 어휘가 빈번하게 나오는 것은 무엇을 의미하는가? 우리는 이러한 용어들이 바로 인류학적 용어라는 것을 매우 잘 알고 있기 때문에 저자와 논쟁하고 싶지는 않다. 다만 우리는 이러한 용어와 이러한 용어를 통해 드러난다고 생각되는 지식의 고고학이라고 부를 수 있는 것에 접근하고자 한다. 그리고 이러한 용어가 정확히 무엇을 말하며, 어디에서부터 그것이 말하는 바를 말하는지를 묻고자 한다.

지금까지 생계경제의 개념은 사실판단이고자 하지만 동시에 생계경제로 분류되는 사회들에 대한 가치판단을 내포하고 있음을 확인하였다. 이러한 가치 평가는 객관성을 지니고 있다고 주장하지만 실제로는 객관성을 파괴하고 있다. 똑같은 편견—이것은 결국 편견일 수밖에 없다—이 이들 사회의 정치권력을 평가하고자 하는 시도를 왜곡시키고 실패로 이끈다. 즉 정치권력을 대조하는 모델과 그것이 측정되는 단위가 서구 문명에서 발전되고 형성된 권력의 개념에 의해 이미 구성되어버린 것이다. 우리 문화에서는 애초부터 정치권력을 명령과 복종이라는 위계적이고 권위적인 관계 속에서 인식해왔다. 실제적이건 잠재적이건 모든 형태의 권력은 **선험적으로** 권력의 본질을 표상하는 특권화된 관계로 궁극적으로 환원된다. 만약 환원이 불가능하다면, 그것은 우리가 명령-복종 관계의 부재는 **결국**ipso facto 정치권력의 부재를 초래한다는 [서구적인] 정치 개념 속에 있기 때문이다. 그러므로 국가

4) 강조는 내가 한 것이다.

없는 사회만 있는 것이 아니라 권력이 없는 사회도 존재한다. 인류학적 연구를 끊임없이 가로막는 장애이자 이미 힘을 잃어버린 적인 **자민족 중심주의**를 자각한 이후로 상당히 긴 시간이 흘렀다. 자민족 중심주의는 차이에 대한 모든 관심을 매개함으로써 차이를 **동일시**하며 결국은 소멸시킨다. 이러한 태도가 지닌 위험성을 강력히 알리고자 하는 일종의 민족학적 의례가 존재한다. 이러한 의도는 칭찬받아 마땅한 것이지만 그렇다고 해서 이러한 의도가 도리어 민족학자들이 다소간 태연하게, 그리고 경솔하게 자민족 중심주의에 굴복하는 것을 막아줄 수 있는 것은 아니다. 분명히 라피에르가 정당하게 강조했던 것처럼 자민족 중심주의는 넓게 퍼져 있다. 모든 문화는 분명히 자신과의 나르시스적 관계를 통해 자기 민족을 중심에 놓고자 한다. 그러나 서구의 자민족 중심주의와 "원시" 종족의 자민족 중심주의 간에는 큰 차이가 있다. 인디언 부족이든 오스트레일리아의 부족이든 야만인들은 다른 문화에 대해 과학적 담론을 만들지 않은 채 자기 문화가 다른 문화에 비해 우월하다고 생각한다. 그런데 민족학은 여러 면에서 자신의 특수성에 매몰된 채, 그리고 과학적인 거짓 담론pseudo-discours이 곧바로 진짜 이데올로기로 왜곡된다는 사실을 자각하지 못한 채 처음부터 보편성의 영역에 자신을 놓아두고자 한다. (이것은 오직 서구 문명만이 민족학자들을 배출할 수 있다고 하는 짐짓 듣기 좋은 단언들을 바로 그 단언들이 미치는 범위 내에서만 유효한 것으로 만든다.) 어떤 문화에 우리 문화에서 나타나는 것과 비슷한 정치권력이 없다고 해서 그 문화에 정치권력이 없다고 하는 것은 과학적인 진술이 아니다. 오히려 이는 개념의 빈곤을 드러내는 것일 뿐이다.

따라서 자민족 중심주의는 무시해버릴 수 있는 사소한 방해물이 아니며, 우리가 생각하는 것 이상으로 중요한 의미를 지닌다. 자민족 중심주의는 차이 그 자체가 중립적인 것으로 머물도록 내버려두지 못하고, 가장 친숙한 것, 즉 서구 문화가 경험했고 사고했던 한계 내에서의 권력을 기준으로 차이들을 이해하려고 한다. 오래전부터 자민족 중심주의와 궤적을 같이한 것은 진화주의évolutionnisme이다. 진화주의는 두 단계를 거친다. 우선 여러 사회들을 그들의 권력의 유형이 우리와 얼마나 비슷한지 그 정도에 따라 평가한다. 다음으로 이런 모든 다양한 권력의 형태 사이에 **연속성**이 있음을 (과거처럼) 명시적으로 혹은 (현재처럼) 묵시적으로 주장한다. 로위Lowie 이래로 모건Morgan이나 엥겔스Engels의 주장을 단순하다는 이유에서 거부해왔기 때문에 인류학은 (적어도 정치적인 것의 문제에 관한 한) 〔자신의 연구 대상을〕 사회학적 용어로 서술하는 것이 불가능하다. 그러나 다른 한편으로는 똑같은 도식으로 계속 사고하고자 하는 유혹이 너무 강하기 때문에 **생물학적** 은유를 사용한다. 앞에서 지적한 맹아적인, 미성숙한, 거의 발달되지 않은 등의 용어들도 이로부터 탄생하였다. 겨우 반세기 전에 모든 문화가 역사를 통하여 실현하고자 시도했던 완벽한 모델은 학식 있고 건전한 정신을 지닌 (아마도 자연과학 분야의 박사일) 서구의 성인 남성이었다. 이러한 사고는 분명 지금도 살아 숨 쉬고 있지만 더 이상 그 누구도 말하지는 않는다. 그러나 언어는 변했을지언정 담론은 변하지 않았다. 실제로 맹아적 권력이 성숙한 상태로 **성장**할 수 있고 **성장해야**

만 하는 것이 아니라면 도대체 그것은 무엇인가? 그렇다면 맹아적 단초들이 여기저기에서 발견되는 성숙한 상태란 무엇인가? 그것은 말할 필요도 없이 민족학자들에게 친숙한, 그들이 탄생한 문화가 속한 서구의 권력 형태 그 자체이다. 이러한 권력의 문화적 태아들이 언제나 소멸되는 이유는 무엇인가? 그 태아를 지닌 사회들이 어김없이 유산하는 것은 무엇 때문인가? 분명히 이러한 선천적 허약함은 이들 사회의 고대성, 저발전성, 이들이 서구가 아니라는 사실로부터 유래한 것이다. 따라서 고대적 사회들은 외부의 도움 없이는 정상적인 성숙한 상태에 도달할 수 없는 사회학적 유충에 불과하다.

이러한 생물학적 용어를 빌린 표현은 분명 서구의 예로부터의 신념을 감추기 위한 교활한 위장일 뿐이다. 사실상 민족학이 공유하고 있는, 적어도 많은 민족학자들이 공유하고 있는 이 신념은 역사가 단선진화單線進化하며 권력이 없는 사회는 과거 서구 사회의 모습과 비슷하고, 서구의 문화야말로 이러한 사회들이 본보기로 삼아야 할 문화라고 보는 것이다. 또한 서구의 권력 체계가 최상이라고 생각할 뿐만 아니라 고대적 사회들에 동일한 확신을 심어주려고까지 한다. "나일 강 유역의 민족 집단들은 반투 대왕국의 중앙집권적인 조직 수준에까지는 도달할 수 없었다"라든가 "로비 사회는 정치적 조직을 만들어낼 수 없었다"라는 식의 주장은 어떤 의미에서는 이들 집단들도 **진짜** 정치권력을 만들기 위해 노력했었다는 것을 단정하고 있는 것이다. 수Sioux 인디언이 아스텍이 이룩한 수준까지 도달하지 못했다거나 보로로족Bororo이 잉카의 정치 수준에 도달하지 못했다고 말할 수 있는 근거는 무엇인가? 인류학적인 용어의 고고학을 통해 우리는 이데올로기와 민족학의 친밀한 관계를 알 수 있다. 그 지층은 두껍지 않기 때문에 깊이 팔 필요도 없다. 민족학이 이 문제에 대해 주의를 기울이지 않는다면 사회학과 심리학이 겪고 있는 곤경 속에 마찬가지로 빠질 수밖에 없다.

정치인류학은 가능한가? 권력의 문제를 다루는 문헌들이 축적되고 있는 것은 의아한 일이다. 특히 인상 깊은 것은 기대하는 곳에서 정치적인 것을 발견하지 못했을 때 고대적 사회의 모든 수준에 정치적인 것이 편재되어 있는 것처럼 생각함으로써 (그들의 고유한) 정치를 점진적으로 해체시키고 있다는 점이다. 그리하여 정치의 영역에 모든 것이 포함되고, 사회를 구성하는 모든 하위 집단들과 단위들(친족 집단, 연령 집단, 생산 단위 등)이 모든 문제에 있어서 걸핏하면 정치적인 의미를 부여받게 된다. 즉 사회적인 공간 전체가 정치적인 의미를 지니게 됨에 따라 결국 그 독자성을 잃게 된다. 왜냐하면 정치가 모든 곳에서 발견된다면, 그것은 어느 곳에도 없는 것과 같기 때문이다. 게다가 이렇게 말하고자 하는 것이 아닌지 묻지 않을 수 없다. 즉 고대적 사회는 정치적인 사회가 아니기 때문에 진정한 사회가 아니라는 것이다. 요컨대 민족지 학자는 고대적 사회의 정치권력을 포착하려는 행동 자체가 그것을 소멸시키기 때문에, 이런 사회에서는 정치권력을 생각할 수 없다는 식으로 정당화할 수도 있다. 그러나 민족학이 스스로 해결할 수 있는 문제만을 제기한다고 가정해볼 수도 있다. 그래서 어떤 조건에서 정치권력을 사고할 수 있는지를 묻지 않을 수 없다. 인류학이 갈 길을 찾지 못한다면 이는 인류학이 막다른 골목에 다다랐기 때문이며, 따라서 진로를 바꾸지 않으면 안 된다. 인류학이 헤매고 있는 길은 눈을 감고도 걸을 수 있는 가장 쉬운 길이다. 그것은 보편성 속에 펼쳐져 있는 길이 아니라 다른 세계와 마찬가지로 특수한 서구의 문화 세계가 그려진 길에 불과할 뿐이다. 정치권력을 사고하는 데 필요한 조건은, **금욕적**이라고 할 정도로, 고대적 세계가 **이국적**이라고 보는 견해를 버리는 것, 요컨대 고대적 사회에 대한 소위 과학적인 담론을 거시적으로 규정하는 견해를 폐기하는 것이다. 결국 이는, 비록 고대적 사회에서는 정치의 영역이 서구 사회의 그것에 대한 부정으로서 실현되어 있다 할지라도, 원시사회의 인간을 정치적인 관점을 포함한 모든 측면과 수준에서 심각하게 다루고자 결심하는 것이다. 부정은 무無를 의미하지는 않는다는 것, 거울이 우리 모습을 있는 그대로 비추지는 않는다고 하더라도 거울 속에 바라볼 것이 없는 것은 아니라는 것을 인정해야만 한다. 좀 더 단순하게 말하자면 서구 문화가 원시인들이 어린애가 아니라 그들 각자가 성인이라는 것을 마침내 인정한 것처럼 원시사회가 서구 사회와 동등한 사회로서 성숙하였다는 것을 인정한다면 서구 문화도 조금이나마 진보할 것이다.

무문자 사회가 문자 사회보다 덜 성숙했다고 말할 수는 없다. 그들의 역사는 우리의 역사만큼 깊고, 인종차별주의자가 아니라면 그들이 자신들의 경험에 대해 숙고하고 당면한 문제에 대한 적절한 해결책을 찾을 수 없었으리라고 판단할 근거는 없다. 그렇기 때문에 명령-복종 관계가 발견되지 않는 사회(즉 정치권력이 없는 사회)에서의 집단생활이 **비정치적**apolitique이라는 성격을 부가적으로 지니는 **직접적 사회통제**에 의해 유지된다고 말할 수는 없다. 이러한 진술은 정확히 어떤 의미를 지니는가? 정치적인 것, 즉 그것과 대조되는 것으로서 비정치적인 것을 말할 수 있게 하는 이 정치적인 것의 준거는 도대체 무엇인가? 그런데 정말로 권력이 없는 사회이기 때문에 정치적인 것이 존재하지 않는다고 한다면 어떻게 비정치적인 것을 이야기할 수 있을 것인가? 이런 사회에도 정치적인 것이 존재하거나, 아니면 비정치적인 직접적 사회통제라는 표현이 그 자체로 자기모순적이고 어쨌든 동어반복적이다. 실제로 직접적 사회통제라는 표현은 그것을 적용할 수 있는 사회에 대해 무엇을 가르쳐주는가? 그리고 예를 들어 정치권력이 없는 사회에는 "여론에 의한 비공식적인 권력"이 존재한다는 로위의 설명은 과연 얼마나 정확한 것인가? 만약 모든 것이 정치적이라면 어떤 것도 정치적이지 않다고 앞에서 이미 말했다. 거꾸로 어딘가에 비정치적인 것이 있다면 다른 어떤 곳에 정치적인 것이 있다는 것을 뜻한다! 극단적으로 말해서 비정치적 사회는 문화영역에는 더 이상 존재하지 않으며 지배-복종이라는 자연적 관계에 의해 통제되는 동물사회에서나 발견될 수 있을 것이다.

아마도 여기에 권력에 대한 고전적 사고思考의 핵심적 장애물이 놓여 있는 것 같다. 즉 정치적인 것 없이는 비정치적인 것을 생각하는 것이 불가능하고, 간접적 사회통제 없이는 직접적 사회통제를 생각하는 것이 불가능하다. 한마디로 권력이 없는 사회를 생각하는 것은 불가능하다. 우리는 이상의 논의에서 "정치학politicologie"이 현재까지 극복하지 못한 인식론적 장애가 서구적 사고의 자민족 중심주의, 즉 비서구 사회를 이국적인 것으로 바라보는 견해 때문이라는 것을 알 수 있었다. 권력의 진정한 형태가 서구 문화에서 실현되었다는 확신을 지닌 채 권력에 대해 사고하고, 그 서구적 형태를 다른 모든 형태의 기준으로 삼아 다른 모든 형태가 도달할 **목표**télos로 상정한다면, 담론의 일관성은 사라지고 과학은 단지 하나의 의견으로 전락하게 될 것이다. 인간에 대한 과학science de l'homme은 어쩌면 불필요한 것일지도 모른다. 그러나 다시 한번 인간에 대한 과학을 정립하고자 하고 민족학적인 담론을 만들고자 한다면 고대적 문화에 어느 정도 존경심을 가지고 생계경제라든가 직접적 사회통제라는 개념 범주의 타당성에 대해 문제를 제기해야 한다. 이러한 비판적 작업을 하지 않는다면 우리는 사회적 현실을 포착할 수 없을 것이고 경험적 기술記述 자체에서도 잘못을 범하게 될 것이다. 그리하여 우리는 관찰한 사회들에 따라, 혹은 관찰자의 상상에 따라 정치적인 것을 어디에서나 발견하거나 아니면 어디에서도 발견하지 못할 것이다.

앞에서 살펴본 아메리카 인디언 사회들의 예는 정치권력이 없는 사회는 없다는 것을 잘 보여준다고 생각한다. 여기에서 아메리카의 여러 문화 유형에서의 정치적인 것의 위상을 규정하고자 하는 것은 아니다. 단지 권력의 개념이 무엇보다 강제에 의해 규정된다는 자민족 중심주의적 확신을 거부하고자 할 뿐이다. 사실상 권력은 (아메리카뿐만 아니라 다른 많은 원시 문화에서도) 폭력과 완전히 분리되어 위계질서와 무관하게 존재한다. 따라서 모든 사회는 고대적 사회이든 그렇지 않든 간에 정치적이다. 비록 그 정치적이라는 것이 다양한 의미로 해석되고, 그 의미는 곧바로 해독되지 않으며, "무력한impuissant" 권력이라는 수수께끼를 풀어야만 한다고 할지라도 말이다. 지금까지의 논의로부터 다음과 같은 결론을 이끌어낼 수 있다.

1) 여러 사회들을 권력이 있는 사회와 권력이 없는 사회라는 두 범주로 분류할 수 없다. 오히려 우리는 (민족지 자료를 충실하게 인정했을 때) 정치권력은 **보편적**이고 사회적인 것(이것이 혈연에 의해 규정되든 사회 계급에 의해 규정되든 간에)에 내재한다고 본다. 그리고 그것은 강제적 권력과 비강제적 권력이라는 두 가지 기본적인 양식으로 나누어져 있다.

2) 강제로서의 정치권력(즉 명령-복종 관계)은 진정한 권력의 유일한 모델이 아니며 단지 하나의 **특수한** 사례, 예컨대 서구 문화(물론 이것만이 유일한 사례는 아니지만)의 정치권력이 구체적으로 실현된 것에 불과하다. 따라서 이 권력 양식modalité만이 준거 틀로서 여타의 다른 성격을 지닌 양식을 설명하는 원리가 되어야 할 과학적 근거는 전혀 없다.

3) 심지어 정치제도가 없는 사회(예를 들어 추장이 없는 사회)에서도, 그런 **사회에서조차도** 정치적인 것은 존재하며 권력의 문제가 제기된다. 이 문제는 불가능한 권력 부재의 이유를 설명하고 싶어하도록 유도하는 기만의 의미에서가 아니라, 반대로, 아마도 은밀하게 그 **부재** 속에 무엇인가가 존재한다는 의미에서 제기되는 것이다. 정치권력은 인간 본성, 즉 자연적 존재로서의 인간에 필연적으로 내재하는 것이 아니라 (이 점에서 니체의 생각은 틀렸다) 인간의 사회생활에 필연적으로 내

재하는 것이다. 폭력 없는 정치는 상정할 수 있지만 정치 없는 사회는 생각할 수 없다. 다른 말로 하자면 권력 없는 사회는 존재하지 않는다. "권위는 사회적 유대를 창출해냄으로써 나타난다"는 드 주브넬Bertrand de Jouvenel[10]의 명제를 받아들이는 동시에 이를 비판하는 라피에르의 견해에 찬성하는 것도 이 때문이다. 왜냐하면 우리가 믿는 것처럼 정치적인 것이 사회적인 것의 핵심이라 할지라도, 정치적인 것의 영역을 유력자의 "개인적인 영향력ascendant personnel"으로 환원시켜버리는 드 주브넬의 견해에는 결코 동의할 수 없기 때문이다. 우리는 더 이상 유치하게(이것이 진정 유치함의 문제일까?) 자민족 중심주의자가 될 수 없다.

이상의 지적은 라피에르가 자신의 책의 제4부에서 제시한 "정치권력은 사회 혁신으로부터 나온다"(p. 529), 그리고 "정치권력은 사회 혁신의 규모가 클수록, 속도가 빠를수록, 그 영향력이 미치는 범위가 넓을수록 더 발달한다"(p. 621)는 주장에 잘 나타나 있다. 수많은 예시들로 뒷받침되는 이 논증은 엄밀하고 설득력을 지니고 있어서 그의 분석들과 결과에 동의할 수밖에 없다. 그러나 다음과 같은 한 가지 단서를 달아야 한다. 그가 거론하고 있는 정치권력, 즉 사회 혁신을 통해 만들어지는 정치권력은 우리가 강제적이라고 부르는 권력일 따름이다. 결

---

10 1903년 파리에서 출생한 학자이다. 연구 영역은 정치학, 경제학, 사회학에 걸쳐 있으며 환경문제에 대한 저작도 있다. 정치철학에 대한 책인『권력: 그 성장의 자연사Du pouvoir: Histoire naturelle de sa croissance』(Hachette Littérature)가 1945년에 출판되었고, 1972년에 다시 간행되었다.

국 라피에르의 이론은 명령-복종 관계가 발견되는 사회들에만 적용되고 그렇지 않은 사회들에는 적용되지 않는다. 예를 들어 인디언 사회에서는 정치권력이 사회 혁신으로부터 생겨난다고 할 수 없다. 다른 말로 하자면 사회 혁신은 강제적 정치권력의 기초일지는 몰라도 비강제적 권력의 기초는 분명히 아니다. 오직 강제적인 권력만이 있을 뿐이라고(이것은 불가능하다) 단정하지 않는다면 말이다. 라피에르의 이론은 사회 혁신이 없는 곳에는 정치권력이 없다고 보았기 때문에, 그의 이론은 특정한 사회 유형, 특수한 정치권력의 양식에만 적용될 수 있다. 그럼에도 불구하고 그의 이론은 우리에게 귀중한 교훈을 준다. 즉 강제 혹은 폭력으로서의 정치권력은 사회 내부에 혁신, 변화 그리고 역사성의 동인을 갖추고 있는 **역사적인 사회들의 표지**라는 점이다. 그러므로 비강제적 정치권력을 지닌 사회는 역사 없는 사회이고 강제적 정치권력을 지닌 사회는 역사적인 사회라는 새로운 기준에 따라 다양한 사회들을 새로운 방식으로 배열할 수 있다. 이러한 배열은 역사 없는 사회들을 권력 없는 사회로 취급하는 권력에 대한 현재의 사고와는 매우 다르다.

  그러므로 혁신은 강제의 기초일 뿐이지 정치적인 것의 기초는 아니다. 따라서 라피에르의 연구는 비강제적 권력의 기초가 무엇인지 설명하지 않았기 때문에 반쪽 연구일 따름이다. 좀 더 간결하고 정확한 형태의 질문은 다음과 같다. 왜 정치권력이 존재하는가? [강제가 없는 상태에서] 다른 것이 아닌 바로 정치권력이 존재하는 이유는 무엇인가? 우리가 이 질문에 대답할 수 있다고 주장하고 싶지는 않다. 단지 우리는 지금까지의 설명들이 만족스럽지 못했던 이유와 적절한 설명을 하기 위해 필요한 조건이 무엇인지를 명확하게 하고 싶었을 뿐이다. 결국 이것은 지역을 한정한 정치인류학이 아니라 일반 정치인류학의 임무를 정의하기 위한 시도이다. 그 임무는 다음 두 가지의 질문으로 요약할 수 있다.

1) 정치권력은 무엇인가? 즉 사회는 무엇인가?

2) 비강제적 정치권력으로부터 강제적 정치권력으로의 이행은 어떻게 발생하고 왜 나타나는가? 즉 역사는 무엇인가?

우리는 맑스Marx와 엥겔스가 탄탄한 민족학적 지식을 가지고 있었음에도 불구하고 스스로 이 문제에 대해 명쾌하게 정식화했다고 생각하여 더 이상 그 방향으로 연구를 진전시키지 않았다는 것을 확인하는 데 그치고자 한다. 라피에르는 "맑스주의의 진리는 사회적 힘들 사이의 투쟁 없이 정치권력은 존재할 수 없다고 본 점에 있다"고 적고 있다. 이것은 의심할 바 없이 옳지만 사회적 힘들이 투쟁하고 있는 사회들에만 적용될 수 있다. 사회 투쟁 없이는 폭력으로서의 권력(그리고 그 궁극적 형태인 중앙집권적인 국가)을 이해할 수 없다는 것은 이론의 여지가 없다. 그러나 투쟁 없는 "원시공산제"가 지배하는 사회들에서는 어떠한가? 맑스주의는 비非역사에서 역사로의 이행, 비非강제에서 폭력으로의 이행을 설명할 수 있는가? 만일 그럴 수 있다면 맑스주의는 실제로 사회와 역사에 대한 보편 이론, 즉 인류학이 될 것이다. 사회 변동의 최초의 동력은 도대체 무엇이었을까? 아마도 그것은 고대적 사회에서 우리가 보지 못한 **정치적인 것** 자체에 숨겨져 있는 무엇인가에서 찾아야만 할 것이다. 그렇다면 정치권력은 사회 분화를 전제한다는 뒤르켕Durkheim의 사상으로 되돌아가 (혹은 그의 사상을 현실에 적용하여) 정치권력이야말로 사회의 절대적 차이를 만들어내는 것이 아닐까라는 질문을 던질 수 있다. 정치권력이야말로 사회적인 것의 뿌리인 근원적 분열, 모든 운동과 모든 역사가 출발하는 최초의 단절, 모든 차이의 모태인 최초의 갈라짐이 아닐까?

코페르니쿠스적 사고의 전환이 필요하다. 어떤 면에서 민족학은 현재에 이르기까지 원시 문화들을 서구 문명을 중심으로 이른바 구심운동을 하는 대상으로 간주해왔다. (진정으로 고대적 사회에 대해 우리 사회가 아닌 고대적 사회의 실제에 맞는 담론을 만들기 원한다면) 시각의 완전한 전복이 필요하다. 이것이 바로 정치인류학이 우리에게 증명해 보이는 것이다. 정치인류학은 원시사회들의 한계보다는 정치인류학 자체의 내부적 한계, 즉 서구 그 자체가 인류학에 새겨놓은 한계를 지니고 있다. 정치인류학의 권력에 대한 성찰이 그것이 탄생한 대지의 인력으로부터 벗어나 사고의 진정한 자유를 얻기 위해서는, 그리고 그것을 쩔쩔매게 하는 자연사의 사실로부터 해방되기 위해서는 "태양 중심적" 사고로의 전환이 필요하다. 그럼으로써 아마도 타자의 세계 그리고 결과적으로는 우리 자신의 세계를 보다 잘 이해할 수 있게 될 것이다. 다행히도 이러한 사고의 전환을 미개인의 사유를 철저하게 다루고 있는 최근의 사유에서 발견할 수 있다. 즉 클로드 레비스트로스Claude Lévi-Strauss의 작업은 (아마 지금도 여전히 상상을 초월하는) 그 성과물의 방대함을 통해 진행 과정의 정확성을 증명하며 우리를 더 멀리 나아가게 한다. 지금이야말로 태양을 바꾸고 움직여야 할 때이다.

라피에르는 철학이라고 불리는 것과의 모든 끈을 단절함으로써 과학으로서의 지위를 확보할 수 있다고 여기는 사회과학들의 공통된 주장을 정확하게 비판하는 것으로부터 자신의 작업을 시작하고 있다. 실제로 호리병박이나 친족 체계를 기술하는 데 철학을 참고할 필요는 없다. 그러나 여기서 문제로 삼는 것은 전혀 다른 성격을 띠고 있고, 철학이라는 이름으로 버리고자 하는 것이 실은 사고pensée 그 자체가 아닌가 하는 의문이 생긴다. 그렇다면 과학과 사고는 상호 배타적이고 과학은 비사고non-pensée 아니면 더 나아가 반사고anti-pensée 위에서 만들어진다는 것을 뜻하는가? "과학"을 신봉하는 사람들이 도처에서 해대는 때로는 나약하고 때로는 결연한 어리석은 말들은 정말 이런 방향으로 가고 있는 것 같다. 그렇다면 이러한 반사고에 기대고자 하는 성향은 도대체 어디를 향해 가고 있는지를 알지 않으면 안 된다. 그것은 "과학"이나 진부한 모방 혹은 그다지 순수하지 않은 열정 속에서 곧장 몽매주의로 빠지게 만든다.

이것은 모든 지식과 기쁨을 꺾는 활기 없는 사고의 반추일 뿐이다. 올라가기보다 내려가기가 쉽다고 할지라도 사고라는 것은 진정 그 경사를 거꾸로 거슬러 올라가보는 것이 아닐까?*

---

* 이 글은 *Critique* n° 270, 1969. 11에 처음 실렸다.

제2장 교환과 권력: 인디언 추장제의 철학

민족학 이론은 정치권력에 관한 대립되면서도 상보적인 두 가지 관점 사이를 유동하고 있다. 즉 한편으로는 극단적으로 대부분의 원시사회가 어떤 정치조직도 지니지 못했다고 보고, 이들 사회가 가시적이고 효력을 지닌 권력기관이 없었기 때문에 권력의 기능조차 없는 전정치적 혹은 아나키적 역사 단계에 머물렀다고 판단한다. 다른 한편으로는 거꾸로 소수의 원시사회들이 원초적인 아나키 상태를 뛰어넘어 진정 인간 집단에게만 유일한 존재 양태인 정치제도를 만들어냈다고 본다. 그런데 이 경우에는 대다수 원시사회를 특징짓는 "결핍"이 "과잉"으로 전도되어 정치제도는 전제 혹은 절대 권력의 길로 접어들게 되었다고 본다. 모두 이런 식이다. 즉 원시사회들은 제도의 결핍과 아나키 상태 아니면 제도의 과잉과 전제라는 양자택일의 상황 속에 놓여 있었다는 것이다. 그러나 이 양자택일의 상황은 사실 딜레마인데, 왜냐하면 두 선택지 모두 원시사회의 인간들이 처한 진정한 정치 조건과는 맞지 않기 때문이다. 비서구 사회들이 거의 운명적으로 정치적 실패를 겪을 수밖에 없다고 단정하는, 초창기 민족학의 소박한 확신을 나타내는 결핍과 과잉이라는 양 극단 모두는 "중용juste mesure〔양 극단 사이에 존재하는 정치권력〕"을 부인한다는 점에서는 일치한다.

  이 점에서 남아메리카는 원시사회들을 두 개의 거시적인 유형으로 나누는 이러한 경향을 매우 잘 보여주는 예이다. 즉 대다수 인디언 사회들의 아나키적인 분리의 경향은 "과거의 전체주의적 제국"인 잉카의 거대한 조직의 특성과 대비된다. 대부분의 아메리카 인디언 사회들은 민주적 감각과 평등성을 선호한다는 특징을 갖는다. 초기의 브라질 여행가들과 이들 이후의 민족지 학자들은 인디언 추장들의 가장 주목할 만한 특성은 그들이 거의 전적으로 권위가 없다는 것이고, 그 부족민들에게 있어서 정치적 기능의 분화는 매우 미미할 뿐이라는 것을 반복해서 강조했다. 우리가 가지고 있는 자료는 비록 분산되어 있고 불충분하긴 하지만 모든 아메리카 연구자들에게 민감한 문제인 민주주의에 대해서 확고하게 강한 인상을 심어주었다. 조사된 남아메리카의 수많은 부족들 중에서 추장제의 권위가 확실한 부족은 섬 지역의 타이노족Taïno과, 카케티오족Caquetio, 히라히라족Jirajira, 오토막족Otomac 정도에 불과하였다. 대부분이 아라와크족Arawak에 속하는 이들 집단은 남아메리카의 북서부 지역에 자리 잡고 있고 사회조직이 카스트적으로 명료하게 계층화되어 있다는 점을 주목해야 한다. 카스트적인 계층화의 특징은 차코 지방의 구아이쿠루족Guaycuru과 아라와크족(구아나족Guana)에게서만 발견된다. 그리고 북서부 지역의 여러 사회들은 열대우림 문화보다는 오히려 치브차Chibcha문명[1]이나 안데스문명에 가까운 문화 전통에 속하는 것으로 생각된다. 따라서 대다수 인디언 사회들의 정치조직의 특징은 사회계층화가 이루어지지 않고 권력이 없다는 것이다. 그중 일부의 사회, 예를 들어 티에라델푸에고 섬의 오나족Ona과 야간족Yahgan에게는 추장제 자체가 없고 히바로족Jivaro에게는 추장을 가리키는 단어가 없다고 한다.

정치권력이 실질적인 힘을 지닌 문화에 의해 형성된 입장에서 본다면 아메리카 추장제의 독특한 방식은 역설적인 성격을 지니고 있다는 것을 주목해야 한다. 권력을 행사할 수 있는 수단을 지니지 못한 권력이란 도대체 어떤 것인가? 추장이 권위를 지니고 있지 않다면 추장은

[1] 남아메리카 북부 추장국의 문명으로, 현재의 콜롬비아의 보고타 평원을 중심으로 무이스카인들이 발전시켰다. 여기서 무이스카라는 말은 토착어로 "인간"을 뜻한다. 스페인 사람들이 도래한 1538년경에는 인구가 약 30만 명에 달했던 사회로 주변 지역을 지배하고 있었다. 그들의 언어인 치브차어는 니카라과에서 에콰도르까지 사용되고 있었고 문화적으로도 아스테카를 중심으로 한 중앙아메리카 문화와 가까웠다. 시장과 원시적 화폐, 태양숭배 제의에서의 인신 공희, 심장 적출 의례 등 멕시코의 고대국가 문명과 유사한 제도를 지니고 있었다. 옥수수, 감자, 고구마, 카사바, 토마토, 고추 등을 집약적으로 농사지었다. 스페인 사람들이 정복할 당시 치브차 왕국은 5대 지역으로 나뉘어 있었고 각 지역에는 강력한 추장이 있었다. 총 42개의 마을로 이루어진 보고타의 왕의 거주지 등은 목책으로 둘러싸여 있었고 1만 명 이상의 인구가 살고 있었다. 최고위의 추장인 시파는 보고타에 있었고 6개 지역을 통치하고 있었다. 시파, 대추장, 소추장 등과 사제, 전사 등이 귀족계급을 형성하고 있었고 추장은 의례용으로 황금을 축적해두고 있었다. 스페인 정복자들이 목표한 것이 바로 이 황금이었다.

무엇으로 정의될 수 있는가? 그리고 우리는 다소간 의도적으로 진화주의의 유혹과 타협하여, 이러한 사회에서는 정치권력이 부수적인 현상이고, 사회의 고대적 특징이 진정한 정치형태가 창출되는 것을 방해한다고 말하고 싶을지도 모른다. 그러나 이러한 문제를 해결하기 위해서는 다른 방식으로 접근하지 않으면 안 된다. 즉 이러한 "실체" 없는 제도를 존속시키는 힘은 어디에서 나오는가를 묻지 않을 수 없다. 왜냐하면 거의 무력無力에 가까운 "권력", 권위 없는 추장권, 공허한 기능이 기묘하게 지속되는 것을 이해해야만 하기 때문이다.

1948년의 논문[2]에서 로위는 앞에서 언급한 형태의 추장을 **명목상의 추장**titular chief이라 명명하고 그 본질적인 특징 세 가지를 정리하고 있다. 이러한 세 특징은 남북 아메리카 모두에서 계속 발견되기 때문에 두 지역에서의 권력의 필수조건을 이해할 수 있게 해준다. 그 세 특징은 다음과 같다.

1) 추장은 "평화의 중재자"이다. 그는 집단의 조정자로서 그것은 때때로 평화로울 때와 전쟁할 때의 권력의 분화로 나타난다.

2) 추장은 자기의 재화에 대해 집착해서는 안 된다. "피통치자들"의 끊임없는 요구를 거절할 수 없다. 거절하는 것은 곧 스스로를 부정하는 것과 같다.

3) 말을 잘하는 자만이 추장의 지위를 얻을 수 있다.

---

[2] R. Lowie, *Some Aspects of Political Organization among the American Aborigines*, London, Royal Anthropological Institute of Great Britain Ireland, 1948.

정치적 직무의 보유자에게 필수적인 이 세 가지 자격은 북아메리카뿐만 아니라 남아메리카에도 통용되는 것이 분명하다. 먼저 실제로 전시와 평화 시에 추장의 지위가 매우 대조적이라는 특징은 때때로 집단의 리더십이, 예컨대 쿠베오족Cubeo이나 혹은 오리노코 강 주변의 여러 부족들에게서처럼, 서로 다른 두 사람에게 맡겨지는 데서 잘 나타난다. 즉 평화 시의 권력과 군사적 권력이 존재한다. 군사 원정 동안 추장은 전사 전원에 대해 상당한 권력, 때로는 절대적 권력을 행사한다. 그런데 평화가 다시 찾아오면 전쟁 추장은 일체의 권력을 상실한다. 따라서 강제력을 지닌 권력의 모델은 집단이 외부적 위협에 직면한 예외적인 상황에서만 채택된다. 그리고 권력과 강제력의 결합은 집단이 정상적인 내부 생활로 돌아가자마자 사라진다. 그래서 투피남바족 추장의 권위는 군사 행동을 할 때는 도전받지 않지만 평화 시에는 원로회의에 의해 엄중히 통제되었다. 비슷하게 히바로의 여러 부족들은 전시 이외에는 추장을 두지 않았다고 한다. 강제가 아닌 전원 합의consensus omnium에 근거하는 정상적인 권력은 기본적으로 평화로운 성격을 지니고 있었고 그 기능은 "평화로움을 유지하는 것"이었다. 즉 추장의 책무는 집단 내부의 평화와 조화를 유지하는 것이다. 또한 추장은 그가 지니고 있지 않고 또 인정되지도 않을 힘을 사용하는 것이 아니라, 자기 자신의 위신과 공평함, 말솜씨를 가지고 싸움을 달래고 불평을 가라앉혀야 한다. 추장은 형을 언도하는 재판관이라기보다는 타협점을 찾는 중재자이다. 따라서 추장제에서 판결 기능을 거의 찾아볼 수 없다는 사실은 놀라운 일이 아니다. 싸우는 당사자들을 조정하는 데 실패했을 때, 추장은 분쟁이 **복수극**으로 전개되는 것을 막을 수 없다. 여기에서도 권력과 강제력의 분리를 찾아볼 수 있다.

인디언 추장제의 두 번째 특징인 관대함은 의무 이상의 것이며 오히려 추장을 속박하는 성격을 지닌다. 실제로 민족학자들은 남아메리카의 많은 사회에서 추장에게 부여된 주어야 할 의무가 인디언들에게는 추장을 끊임없이 약탈할 수 있는 권리로 받아들여지고 있다는 사실을 보고하였다. 그리고 불행한 지도자가 자기 물건이 없어지는 것에 대해 연연해하면 그 즉시 모든 위신과 권력은 실추된다. 프랜시스 헉슬리Francis Huxley는 우루부족Urubu에 대해 다음과 같이 적고 있다. "물건에 연연해하지 않고 사람들이 원하는 모든 것을 주는 것이 추장의 역할이다. 어떤 인디언 부족에서는 추장을 쉽게 알아볼 수 있다. 왜냐하면 추장은 다른 누구보다도 소유물이 적고 가장 초라한 장식물만을 지닌 사람이기 때문이다. 나머지는 모두 선물로 줘버리고 없는 것이다."[1] 레비스트로스가 기술한 남비콰라족Nambikwara의 경우도 비슷하다. "[……] 새로운 추장의 인기는 그가 얼마나 관대한가에 따라 결정된다."[2] 때때로 반복되는 요구에 화가 난 추장은 "전부 바닥났어! 더 이상 줄 것이 없어! 누구든 내 대신 추장을 해봐라!"[3] 하고 소리친다. 더 이상 예를 들 필요는 없을 것이다. 왜냐하면 인디언들과 추장의 이러한 관계는 대륙 전역(기아나, 싱구 강 상류 등)에 걸쳐 변함없는

---

1) F. Huxley, *Aimables Sauvages*.
2) C. Lévi-Strauss, *La Vie familiale et sociale des Indiens Nambikwara*.
3) *Ibid.*

것이기 때문이다. 탐욕과 권력은 양립할 수 없고 추장이 되려면 관대하지 않으면 안 된다.

추장의 소유물에 대한 이러한 비상한 관심과 더불어 인디언들은 추장의 말에 높은 가치를 부여한다. 말솜씨는 정치권력의 조건이자 수단이다. 많은 부족들에서 추장은 매일, 새벽이든 석양이 질 때든, 교훈적인 말로 자신이 속한 집단의 사람들을 즐겁게 해야만 한다. 예를 들어 필라가족Pilaga, 쉐렌테족Sherenté, 투피남바족의 추장들은 매일 부족민들에게 전통에 따를 것을 훈계한다. 이는 추장들의 설교의 주제가 "평화의 중재자"라는 추장의 역할과 밀접히 관련되어 있기 때문이다. "이러한 장광설은 보통 평화, 조화 그리고 정직이라는, 부족 전원에게 장려할 수 있는 미덕을 주제로 삼는다."[4] 때때로 추장은 매우 어수선한 상황에서 설교할 수도 있다. 예컨대 차코 지방의 토바족Toba이나 싱구 강 상류의 트루마이족Trumai은 종종 지도자의 설교에 귀 기울이지 않기 때문에 지도자는 무관심한 분위기 속에서 말할 수밖에 없다. 그러나 이런 사실 때문에 인디언들이 말parole을 좋아한다는 것을 잊어서는 안 된다. 예를 들어 치리구아노족Chiriguano은 한 여자가 추장이 된 것을 "그녀의 아버지가 그녀에게 말하는 기술을 가르쳤기 때문"이라고 설명했다.

이처럼 민족지는 추장제의 세 가지 기본적인 특징이 실제로 존재한다는 것을 잘 보여준다. 그런데 남아메리카(단 여기서 다루지 않는 안

[4] *Handbook of South American Indians*, t. V, p. 343.

데스 지역 문화들은 제외한다)에서는 로위가 정리한 세 가지 특징에 덧붙여 보조적인 또 하나의 특징이 발견된다. 즉 사회-정치적 단위의 형태와 인구 규모를 불문하고 거의 모든 사회가 일부다처제polygamie[3]를 인정하나, 또한 이들 사회의 대부분이 그것을 추장의 배타적 특권으로 인정한다는 사실이다. 남아메리카에서는 지리적 환경, 식량 획득 방식, 기술 수준에 따라 집단의 규모가 상당히 다르다. 농사를 짓지 않는 구아야키족Guayaki이나 시리오노족Siriono 이동 무리는 좀처럼 30명 이상을 넘지 않는 데 비해 정착 농경민인 투피남바족 또는 과라니족Guarani 마을에는 때때로 1,000명 이상이 거주하기도 한다. 히바로족의 대형 공동주택에는 80~300명의 사람들이 거주하고, 위토토족Witoto 공동체에는 대략 100명 정도가 살고 있다. 이처럼 문화영역에 따라 사회-정치적 단위의 평균 규모는 매우 다르다. 그렇기 때문에 작은 규모의 구아야키족 무리로부터 거대한 투피족Tupi 마을에 이르기까지의 다양한 문화 중 대다수가 복혼復婚plural marriage 모델, 그것도 그중 많은 수가 자매연혼형 일부다처제polygynie sororale 형태를 받아들이고 있다는 것은 매우 놀라운 일이다. 따라서 우리는 구아야키족 무리 사회에서도 그리고 그 30~40배 인구 규모인 투피족 마을에서도 일부다처혼

---

[3] polygamie는 일반적으로 polyandrie(일처다부)와 polygynie(일부다처) 모두를 포함하는 개념이지만 보통은 후자만을 지칭하는 경우가 많다. 이 글의 문맥상 복혼plural marriage이라는 개념은 일부다처와 일처다부 모두를 포함하는 것으로, polygamie와 polygynie는 일부다처를 뜻하는 개념으로 번역하는 것이 옳을 것 같다.

이 행해지는 것으로 미루어 볼 때[4] 일부다처혼이 최소한 집단의 인구 밀도와는 관련이 없다는 것을 인정해야 한다. 인구가 많은 집단에서 일부다처제가 행해지는 경우에는 집단에 큰 영향이 없을 것이라고 짐작할 수 있다. 그러나 남비콰라족, 구아야키족 또는 시리오노족 무리들처럼 인구 규모가 작은 경우에는 어떨까? 일부다처제는 집단의 존립에 상당한 영향을 미칠 수밖에 없을 것이다. 그럼에도 불구하고 이들 소규모 집단이 이러한 제도를 행하는 데에는 무엇인가 확고한 "이유"가 있을 것이다. 그 이유를 명확히 밝혀보도록 하자.

민족지 자료에 부족한 점이 많기는 하지만, 이 문제와 관련해서 민족지 자료를 살펴보는 것은 흥미로운 일이다. 분명히 많은 부족에 대해서는 매우 빈약한 정보밖에 없고 그중에는 부족의 명칭밖에 알려지지 않은 경우도 있다. 그렇지만 반복적으로 나타나는 일정한 현상으로부터 통계적 가능성을 찾을 수 있을 것 같다. 우리에게 알려진 거의 200개에 달하는 남아메리카 종족 집단 중에서 우리가 사용할 수 있는 자료를 토대로 일부일처제를 행하는 것으로 확증할 수 있는 집단은 십여 개에 지나지 않는다. 그 예를 들자면 기아나의 팔리쿠르족Palikur,

---

[4] 본서의 제5장에는 구아야키족이 일처다부제를 행한다고 서술되어 있다. 이는 추장만이 일부다처제를 행하고 나머지 사회 구성원들은 일처다부제를 행한다는 것을 말해주는 것으로, 혼인 관습상 추장이 특권을 지니고 있다는 것을 잘 보여주는 예라고 할 수 있다. 제5장의 지은이의 주석 4번에 추장이 자기 아내의 내연남을 인정하는 사례가 나타나 있는데, 이것은 추장이 자신의 처에 대해 배타적 권리를 지니지 않고 추장의 처들이 다른 내연남을 가질 수 있다는 것으로 해석해야 한다.

제Gé어족[5]의 아피나예족Apinayé과 팀비라족Timbira, 아마존 강 북부 지역의 야구아족Yagua 등이다. 이 수치는 정확하다고 할 수는 없지만 적어도 대강의 크기는 보여주고는 있다고 생각한다. 즉 엄격한 단혼을 행하고 있는 사회는 전체 인디언 사회의 겨우 20분의 1 정도에 불과하다. 결국 대다수의 집단이 일부다처제를 행하고, 일부다처제는 남아메리카 대륙 거의 전체에 퍼져 있는 것이다.

그런데 인디언들의 일부다처제는 매우 제한된 사람, 즉 거의 추장들에게만 엄격하게 허용된다. 예외는 없다고 보는 것이 맞을 것이다. 실제의 자연 성비, 즉 남녀의 인구 비율로 볼 때 모든 남성이 한 사람 이상의 여성과 결혼할 수는 없기 때문에 생물학적으로 일부다처제가 일반화되는 것은 불가능하다. 그러므로 일부다처제는 문화적으로 특정인에게만 허용된다. 이런 자연스러운 제한은 민족지 자료로도 확인된다. 즉 일부다처제를 행하는 180~190개 정도의 부족 중 단지 열 개 정도의 부족만이 모든 남성이 한 명 이상의 아내를 얻는 것을 인정한다. 그러한 부족으로는 북서부 지역의 아라와크족인 아차구아족Achagua과, 치브차족, 히바로족, 기아나의 카리브족인 루쿠엔족Roucouyennes을 들 수 있다. 그런데 그중 베네수엘라로부터 콜롬비아에까지 걸쳐 있는

---

[5] 남아메리카의 열대 저지대에 사는 원주민들의 대표적인 어족 중 하나이다. 브라질의 아마존 저지대에 집중되어 있다. 이 어족에 속하는 사회의 기본 생업은 수렵 채집과 화전 농경이다. 양계兩系적 사회조직을 지니는 경우가 많다. 마을 형태는 종종 원형을 띠며 주변부의 가옥과 중앙 광장에 있는 남자용 가옥 사이에는 여자와 남자, 자연과 문화의 공간적 분리가 뚜렷하게 나타나 있다.

이른바 환環카리브 해 문화권에 속하는 아차구아족과 치브차족은 남아메리카의 다른 집단과는 매우 다르다. 이들 사회에서는 극단적인 사회계층화가 진행되고 있어서 자신들보다 약한 이웃 집단을 노예로 삼고 지속적으로 여성 포로를 확보함으로써 여러 명의 부인을 거느릴 수 있었다. 히바로족의 경우는 전쟁과 머리 사냥에 열중했기 때문에 십중팔구 젊은 전사들의 사망률이 매우 높을 수밖에 없었고, 이로 인해 대부분의 남자가 일부다처제를 행할 수 있었다. 루쿠엔족과 베네수엘라의 카리브 해 지역에 거주하는 다른 몇몇 집단들도 매우 호전적이었는데, 대부분의 군사 원정은 노예와 후처를 얻기 위한 것이었다.

앞에서 본 것처럼 일반적인 일부다처제는 자연적 제약으로 인해 드물게 나타난다. 그리고 동시에 일부다처제가 추장뿐만 아니라 모든 남자에게 허용되는 경우는 카스트, 노예제 관행, 전쟁과 같은 문화적 요소들에 기반을 둘 때라는 것을 알 수 있다. 이러한 사회는 특정인만이 일부다처제를 특권으로 누리는 것이 아니기 때문에 표면상 다른 사회보다 민주적인 것처럼 보인다. 실제로 12명의 아내를 거느린 이퀴토족 Iquito 추장과 단혼을 행하는 다른 남자들과의 대비는 아차구아족 추장과 그 추장과 마찬가지로 일부다처제를 행하는 아차구아족 남성들의 대비보다 훨씬 뚜렷하다. 그렇지만 북서부 지역의 사회들은 상당히 계층화되어 있었고, 부유한 귀족층은 가난한 "평민"들보다 많은 아내를 거느리기 위한 부라는 수단을 지니고 있었다는 점을 잊지 말도록 하자. 부유한 남자들은 구매혼이라는 모델에 따라 좀 더 많은 아내를 거느릴 수 있었다. 따라서 추장의 특권으로서의 일부다처제와 일반화된 일부다처제 사이의 차이는 질적인 차이가 아니라 정도의 차이이다. 치브차족과 아차구아족의 평민들은 2~3명 이상의 아내를 거느리는 일이 매우 드물었지만 북서부 지역의 유명한 추장인 구아라멘탈Guaramental은 200명의 아내를 거느리고 있었다.

지금까지의 분석을 통해 대부분의 남아메리카 사회에서 일부다처제 혼인 제도는 권력과 관련된 정치제도와 긴밀하게 연결되어 있다는 것을 알 수 있었다. 이러한 연계의 특이성은 오직 일부일처제의 조건들을 회복할 때에만, 즉 집단의 모든 남자들에게 일부다처제가 똑같이 확대될 때에만 폐기될 것이다. 그런데 복혼을 일반적으로 행하는 사회들을 잠깐만 검토해보더라도 추장과 나머지 남자들 사이의 대비는 유지될 뿐만 아니라 심지어 강화된다는 것을 알 수 있다.

전투에서 높은 공을 세운 투피남바족의 전사들이 종종 패배한 집단에서 탈취한 여자 포로들인 후처들을 거느릴 수 있었던 것은 그들이 실질적인 힘을 지니고 있었기 때문이다. 왜냐하면 추장이 의사 결정을 할 때 재가를 받아야 하는 "회의Conseil"의 구성원 중 일부는 높은 공을 세운 전사들이었고, 추장이 죽었을 때 그 아들이 변변하지 못한 경우에는 남성들의 집회를 통해 이들 전사들 중에서 새로운 추장을 뽑는 것이 보통이었기 때문이다. 일부다처제를 추장뿐만 아니라 최고 사냥꾼들의 특권으로 인정하는 집단들도 있는데, 이는 경제활동이자 위신을 높이기 위한 활동으로서의 사냥이 많은 사냥감을 잡아 올 수 있는 재주를 가진 능력 있는 남자가 갖게 되는 영향력에 따라 그에게 공식적으로 인정된 특별한 지위를 부여하기 때문이다. 푸리-코로아도족Puri-

Coroado, 카잉강족Caïngang, 주루아-푸루스의 이푸리나족Ipurina에게는 사냥이 매우 중요한 식량 획득 방법이다. 따라서 최고의 사냥꾼은 자신의 뛰어난 능력에 걸맞은 사회적 지위와 정치적 "무게"를 지닌다. 자기 집단의 안녕을 유지하는 것이 지도자의 주요 임무이기 때문에 이푸리나족이나 카잉강족은 지도자의 역할을 수행할 수 있는 후보자를 제공해주는 탁월한 사냥꾼 집단에서 추장을 뽑는다. 이처럼 수완이 좋은 사냥꾼만이 일부다처제 가족이 필요로 하는 것을 제공할 수 있다. 그뿐만 아니라 사냥은 집단을 유지하기 위해 필수적인 경제 활동이기 때문에 사냥에 능숙한 남자들은 정치적으로 중요한 역할을 맡게 된다. 집단으로서는 식량을 가장 잘 공급하는 남자들에게 여러 명의 아내를 거느리는 것을 허용함으로써 미래에 대한 일종의 저당권을 설정하여 암묵적으로 그들에게 지도자 후보로서의 자격을 인정한다. 단 이러한 전혀 평등하지 않은 일부다처제는 여전히 집단의 실질적인 추장에 대한 특혜였다는 것을 주목하지 않으면 안 된다.

이리하여 남아메리카의 추장들은 네 가지 특징을 지닌다는 것을 알 수 있다. 추장은 "전문적인 평화 조정자"이며 동시에 관대하고 말솜씨가 뛰어나야 한다. 그리고 마지막으로 많은 아내를 거느릴 수 있는 특권을 지니고 있다.

그런데 이 기준 중 첫 번째 것을 나머지 세 가지와 명확히 구별하지 않으면 안 된다. 후자들은 사회구조와 정치체제 사이의 균형을 유지하는 증여présentations와 대응 증여contre-présentations의 집합을 규정한다. 추장이 예외적인 수의 아내를 거느릴 수 있는 권리를 지니는 대신 집단은 추장에게 재산에 대해 연연해하지 말 것과 말솜씨를 요구한다. 이처럼 분명히 교환의 형태를 띤 관계는 사회의 본질적 차원, 즉 집단이 집단으로서 갖추고 있는 구조와 관련된 사회학적 차원에서 결정된다. 추장의 중재적 기능은 반대로 엄밀한 의미에서의 정치적 행위와는 다른 영역에서 발휘된다. 사실 앞에서 행한 분석으로부터 우리는 정치적 영역을 가능하게 하는 조건들의 집합으로 규정되는 것과 제도의 일상적 기능의 효과적 수행으로 경험되는 것을 동일한 사회학적 지평 위에 놓을 수 없다는 것을 보았다. 로위는 이 두 가지를 동일한 지평에 놓았던 것으로 생각된다. 권력 구성의 양식과 구성된 권력의 실행 양식을 동질적인 것으로 다루는 것은 추장권의 **본질**l'être과 **실천**le faire, 제도의 선험적인 부분과 경험적인 부분을 혼동하게 만든다. 추장의 역할은, 비록 단정할 수는 없지만, 여론에 의해 영향을 받는다. 지도자는 집단의 경제활동, 의례활동을 계획하고 이끌지만 의사 결정권을 전혀 가지고 있지 못하기 때문에 자신의 "명령"이 집행될 것이라고 확신할 수 없다. 끊임없이 도전받는 권력의 이러한 본질적 취약함으로 인해 권력 행사는 **독특한 성격**tonalité을 지니게 된다. 즉 추장의 권력은 그 집단의 의지에 따라 좌우되는 것이다. 그러므로 추장이 평화를 유지함으로써 얻는 직접적인 이득을 쉽게 이해할 수 있다. 내부적 조화를 파괴하는 위기가 발생하면 권력이 개입될 수밖에 없고, 이는 동시에 추장으로서는 압도할 수 없는 비판의 의지를 불러일으킨다.

추장권이 행사되는 것에 대한 검토를 통해 우리가 규명하고자 하는 제도의 무기력함의 의미를 명확히 알 수 있다. 그러나 그 의미는 구조라는 또 다른 차원에 감추어져 있다. 즉 추장권의 구체적 작용으로서의 추장의 행위는 다른 세 가지 기준과 동일한 위상의 현상과 관련되어 있는 것이 아니며, 이 세 기준을 사회의 본질과 구조적으로 연결된 통일체로서 존속하게 한다.

실제로 지도자로서의 인간에게 부여된 말솜씨, 관대함, 일부다처라는 세 가지 특성은 교환과 순환을 통해 사회를 사회로서 구성하고 자연에서 문화로의 이행을 결정짓는 동일한 요소들과 관계된다는 점에 주목해야 한다. 사회는 무엇보다도 재화, 여성, 말이라는 세 가지의 기본적 차원에 의해 규정된다. 그리고 이 세 가지 유형의 "기호"를 직접적인 준거 틀로 하여 인디언 사회의 정치영역이 구성된다. 따라서 여기에서 권력은 (이러한 일치가 무의미한 우연의 일치 이상이라는 것을 우리가 인정하는 한) 사회의 세 가지 본질적인 구조적 수준, 즉 소통疏通의 세계의 심장부와 관련되어 있다. 그렇다고 한다면 우리들은 그 구조적 함의를 파악하기 위해서 이러한 관련성을 해명하고자 시도하지 않을 수 없다.

확실히 권력은 사회를 만들고 통제하는 교환의 법칙을 충실하게 따른다. 추장은 경제적 재화와 언어기호를 대가로 집단으로부터 여성을 받는 것처럼 보이며, 여기서 유일한 차이는 교환 단위가 한쪽은 개인인 데 비해 다른 한쪽은 전체로서의 집단이라는 점이다. 그렇지만 호혜성의 원리가 권력과 사회 간의 관계를 결정한다는 인상에 바탕을 둔 그러한 설명은 불충분하다는 것이 곧 드러난다. 남아메리카 인디언 사회의 기술 수준은 일반적으로 비교적 단순하기 때문에 추장을 포함한 어떤 개인도 많은 물질적 부를 집적하는 것이 불가능하다. 지금까지 살펴본 것처럼 추장의 권위는 대부분 그의 관대함으로부터 생긴다. 그런데 인디언들의 요구는 종종 추장의 직접적인 능력을 넘어서게 된다. 그때 추장은 대부분의 자기 부족원들로부터 버림받지 않기 위해 그들의 요구를 들어주는 데 전력을 다해야만 한다. 추장의 부인들은 분명히 추장에게 상당히 큰 도움을 줄 것이다. 남비콰라족의 사례는 추장 부인들의 결정적인 역할을 잘 보여준다. 그런데 사냥꾼과 전사들이 선호하는 몇몇 재화들—활, 화살, 남성용 장신구—은 오로지 추장만이 만들 수 있는 것이다. 그러나 추장의 제조 능력은 매우 한정되어 있기 때문에 추장이 집단에 재화를 증여하는 데에는 한계가 따를 수밖에 없다. 우리는 "원시"사회에서 여성들이 매우 높은 가치재라는 것을 잘 알고 있다. 만약 호혜성의 원리가 사회를 권력과 연결시키는 작용을 하는 것이라면, 이 경우에는 어떻게 이 명백한 교환이 우리가 으레 생각하는 그런 동등한 가치의 두 "양"에 의해 이루어진다고 주장할 것인가? 그런데 가장 기본적인 가치물들—여성들—의 상당수를 추장을 위해 양도한 집단으로서는 추장의 일상적인 장광설과 보잘것없는 경제적 재화가 등가의 대상이 될 수 없다. 이것은 추장의 권위가 약한 만큼 그의 사회적 지위가 부러움을 사지 않는다는 것을 보여준다. "교환"의 부등가성은 인상적이다. 이러한 부등가성은 권력이 실질적인 효력을 지닌 권위를 갖추고 있고 그럼으로써 집단의 나머지와는 확연히 구별되는 사회에서만 설명될 수 있을 뿐이다. 그런데 인디언 추장에게는 이러한 권위가 없다. 그렇다면 엄청난 특권을 지닌 추장권이 집행에는 무력한 이유를 어떻게 이해해야 하는가?

 권력과 집단 사이의 관계를 교환이라는 틀에서 분석하려는 시도는 한층 더 이 관계의 패러독스에 대해 예리하게 초점을 맞출 수 있게 해준다. 그러므로 정치적 영역의 중심에 있는 소통의 세 가지 차원의 위상에 대해 하나하나 고찰해보도록 하자. 여성에 대해서 살펴보자면, 그들의 순환이 "일방통행"으로, 즉 집단으로부터 추장에게로만 이루어진다는 것은 명백하다. 추장은 집단에 대해 자기가 받은 것과 똑같은 수의 여성을 돌려줄 능력이 없다. 추장의 부인들이 딸을 낳아 그 딸들이 장래에 집단의 젊은 남성들의 아내가 될 것은 분명하다. 그렇지만 혼인 교환의 순환 속에 재투입된 딸들이 아버지의 일부다처혼을 보상한다고 생각해서는 안 된다. 사실 대부분의 남아메리카 사회에서 추장직은 부계로 상속된다. 따라서 개개인의 자질을 고려해서 추장의 아들이나 혹은 추장에게 아들이 없을 경우 추장의 형제의 아들이 그 집단의 새로운 지도자가 된다. 그리고 이 새 추장은 책임과 함께 여러 명의 아내를 거느릴 수 있는 특권도 갖게 된다. 이 특권의 행사는 매 세대마다 딸들을 통해 전 세대의 일부다처혼을 중화시킬 수도 있을 가능성을 없애버린다. 권력의 드라마가 펼쳐지는 것은 이어지는 세대라는 통시적인 장이 아니라 집단의 구조라는 공시적인 장이다. 추장의 등장은 매번 똑같은 상황을 연출한다. 이 반복의 구조는 각 세대마다 추장이 다른 가족에서 선출되어 집단을 구성하고, 모든 가족들이 순차적으로 추장을 배출하여 한 바퀴 돌아 처음 가족으로 되돌아와 다시 새로운 주기가 시작되는 순환을 상정해야만 끝나게 된다. 그러나 추장은 세습된다. 그러므로 이것은 교환이 아니라 집단이 지도자에게 주는 순수하고 대가 없는 증여이다. 또한 이것은 분명히 집행력을 지니지 못한 직무의 보유자의 사회적 지위를 승인하기 위한 것이다.

교환의 경제적 차원에 관심을 돌려보면 재화 역시 동일한 방식으로 다루어지고 있다는 것을 알 수 있다. 즉 그 움직임은 오직 추장으로부터 집단을 향해 나아간다. 실제로 남아메리카의 인디언 사회들 중 지도자에게 경제적 증여를 하는 사회는 드물고, 추장은 다른 사람들과 마찬가지로 스스로 카사바를 경작하고 사냥을 한다. 남아메리카 북서부 지역의 일부 사회들을 제외하고, 추장은 일반적으로 물질적인 면에서 특권을 지니고 있지 않다. 노동을 면제받는 것이 높은 지위의 징표로 간주되는 사회의 수도 제한되어 있다. 즉 과라니족과 볼리비아의 마나시족Manasi 정도만이 부족민들이 추장의 토지를 경작해주고 곡물을 수확해준다. 그렇지만 과라니족의 경우 이 특권을 누리는 것은 추장보다는 샤먼인 경우가 더 많다는 것을 잊지 말도록 하자. 어떤 경우라 하더라도 인디언 추장들 중 대다수는 무위도식하는 왕의 모습과는 거리가 멀다. 오히려 반대로 부족민들이 기대하는 관대함에 부응해야 하는 추장은 부족민들에게 줄 선물을 마련하고자 끊임없이 고민해야만 하는 존재이다. 추장은 다른 집단과의 교역을 통해 재화를 마련하기도 하지만 그보다는 자기 자신의 창의적인 생각과 노동을 통해 재화를 마련하는 경우가 더 많다. 따라서 남아메리카에서 가장 열심히 일하는 사람은 흥미롭게도 바로 지도자이다.

마지막으로 언어기호의 위상은 한층 명백하다. 우리 사회가 언어에 가한 가치 하락으로부터 언어를 보호할 줄 알았던 이들 사회에서는 말하기가 추장의 특권이자 그 이상으로 의무이다. 언어에 대한 지배권을 갖는 것은 추장이다. 그렇기 때문에 북아메리카의 어떤 부족에 대해 "추장은 말하는 사람이라기보다는 말하는 자가 곧 추장이라고 할 수 있다"고까지 기록되어 있다. 이것은 남아메리카 대륙 전체에도 들어맞는 표현이다. 추장이 말하기를 거의 독점한다는 사실에 대해 인디언 부족민들은 불만을 느끼지 않는다. 이러한 구분은 너무도 분명해서, 예컨대 트루마이족 추장의 최측근 두 사람은 몇몇 특권을 누림에도 불구하고 추장처럼 **말할** 수는 없다. 그것은 외적인 금지 때문이 아니라, 그들 자신이 말하는 행위가 추장과 그 말 모두를 더럽힌다고 느끼기 때문이다. 왜냐하면 한 원주민의 말처럼 추장 이외의 사람이 추장처럼 말하는 것은 "부끄러운 일"이기 때문이다.

  우리는 집단의 여성이 추장의 재화 및 메시지와 교환된다는 견해를 거부하고 자신의 고유한 회로를 따라 움직이는 각각의 "기호"의 움직임을 검토함으로써 이들 세 가지 움직임에는 세 종류의 "기호들"을 동일한 결과로 이끄는 공통적인 부정적 차원이 내재하고 있다는 것을 분명하게 알 수 있었다. 즉 이 세 가지의 기호들은 교환가치를 지닌 것이 아니며 그들의 순환은 호혜성에 따라 이루어지지 않고, 각각은 소통의 영역 바깥에 존재한다. 여기에서 권력의 영역과 집단의 본질 사이의 특별한 관계가 명료하게 드러난다. 즉 호혜적 움직임을 통해 사회의 구조 그 자체를 세우는 여러 요소들에 대하여 권력은 특권적 관계를 지닌다. 그러나 이 관계는 집단 수준에서 이 요소들의 교환가치를 부인함으로써 정치적 영역이 집단의 구조 바깥에 위치하도록 만들 뿐만 아니라 그 구조를 부정하도록 만든다. 권력은 집단에 반하는 것이고, 사회의 존재론적 차원으로서의 호혜성의 거부는 곧 사회 그 자체에 대한 거부이다.

이러한 결론은 인디언 사회에서 추장이 무력하다는 전제와 연결시켜보면 역설적으로 보일 수 있다. 그렇지만 추장제의 권위 결핍이라는 문제는 이 결론 속에서 처음으로 풀리게 된다. 실제로 사회구조의 한 측면이 이 구조에 어떤 영향을 줄 수 있기 위해서는 적어도 이 개별적 시스템과 전체 시스템의 관계가 완전히 부정적인 것이 되어서는 안 된다. 정치적 기능이 효과적으로 전개되기 위해서는 그것이 어떤 형태로든 집단 안에 내재되어 있어야만 한다. 그런데 인디언 사회에서는 정치적 기능이 집단으로부터 배제되고 심지어 집단을 배제하기까지 한다. 따라서 정치적 기능의 무력함은 집단과 유지되는 부정적 관계 속에서 생겨나는 것이다. 사회의 외부로 정치적 기능을 추방하는 것은 그것을 무력한 상태로 되돌리기 위한 수단이다.

남아메리카 인디언 사회들에서의 권력과 사회 사이의 관계를 이상과 같이 이해하는 것은 어떤 신비로운 의지가 간접적인 수단을 이용하여 정치권력에서 권력이라는 성질을 거부하고 있다는 식의 목적론적 형이상학을 전제하고 있는 것처럼 생각될지 모른다. 그러나 여기서 알고자 하는 것은 결코 최종 원인이 아니다. 여기서 분석하려는 현상은 집단이 스스로의 모델을 만들기 위해 행하는 무의식적 활동과 관련된 것이다. 그리고 우리가 애써 밝히려는 것은 바로 사회집단과 정치권력

간의 관계에 대한 구조적 모델이다. 이 모델은 처음에는 모순되는 것처럼 보이는 자료들을 통합할 수 있게 해준다. 현재의 분석 단계에서 우리는 권력의 무기력함이 권력이 전체 체계의 "주변적" 위치에 놓여 있다는 사실과 직접적으로 연결되어 있다는 것을 알고 있다. 그리고 이 위치 자체는 여성, 재화 그리고 말의 교환이라는 결정적 순환에 권력이 도입하는 단절로부터 생긴다. 그러나 이 단절에서 정치 기능의 무기력함의 원인을 찾는 것만으로는 그 심오한 존재 이유를 밝힐 수 없다. 교환-외재성-무기력함이라는 단절의 연쇄를 권력 구성 과정에서 생긴 우연한 우회로라고밖에 해석할 수 없는가? 이러한 해석은 처음의 지향(정치영역의 전개)에 대한 실행의 결과(권력의 권위 결핍)가 단순히 우발적인 것에 불과하다고 생각하게 한다. 그러나 그렇게 되면 이 "실책"이 모델 자체와 동일한 공간 범위를 지닌 거의 대부분의 남아메리카 대륙 지역에서 무한히 반복되어 남아메리카 대륙의 문화 중 어떤 것도 진정한 정치적 권위를 지닐 수 없었다는 견해를 받아들여야 할 것이다. 여기에는 완전히 자의적인 하나의 전제, 즉 이 지역의 어떤 문화도 창조성을 지니고 있지 않다는 전제가 숨겨져 있다. 동시에 그것은 이들 문화들이 고대성을 지녔다는 편견에 빠지는 것이기도 하다. 따라서 정치적 기능과 권위 사이의 분리를 통합을 향해 나아가는 과정 중에 생긴 우연한 실패이자 집단 스스로가 교정할 수 없는 결과로 나타나게 된 "실족"으로 이해할 수는 없다.

  우연이라고 보는 견해를 부정하는 것은 과정 자체에 내재하는 어떤 필연성을 가정하거나 결과의 궁극적 이유를 사회학적 지향성intentionalité

―모델을 형성한 장場―의 수준에서 찾도록 유도한다. 결과와 그것을 만들어낸 지향이 부합된다고 가정하는 것은 그 결과가 본원적 지향 속에 내재하고 있다는 것, 즉 권력은 이들 사회가 바랐던 그대로 존재한다는 것 외의 어떤 의미도 지니지 않는다. 그리고 도식적으로 말하면 이 사회에서 권력이 아무것도 아니라는 것은 집단이 권위를 뿌리로부터 거부하고 권력을 절대적으로 부정한다는 것을 드러내는 것이다. 이러한 인디언 문화의 "결정"을 설명하는 것이 과연 가능한가? 그것을 환상으로부터 생긴 비합리적 성과라고 단정해야 하는가, 아니면 반대로 이 "선택"에 하나의 내재적 합리성이 있을 수 있다고 보아야 하는가? 거부의 바로 그 철저함, 그것의 지속성과 확장성 속에 아마도 그 거부를 위치시켜야 할 전망이 암시되어 있을 것이다. 권력과 교환 사이의 관계는 부정적인 것이지만, 거기에서 권력이 지닌 문제 틀이 등장하고 구체화되는 사회구조의 가장 심오한 층위, 즉 사회의 여러 무의식적 구성의 장이 드러나게 된다. 달리 말하자면 이러한 권력에 대한 거부에 자신의 전부를 거는 것은 자연에 대한 주요한 차이로서의 문화 그 자체이다. 그리고 문화가 일정하게 거부를 표명하는 것은 정확히 말해서 자연과의 관계에 있어서가 아닌가? 거부에 대한 이 동일성으로부터 우리는 이들 사회가 권력과 자연을 동일시한다는 것을 발견한다. 문화는 권력과 자연 모두에 대한 부정이다. 그것은 자연과 권력이 문화라는 제3항에 대해 동일한―부정적인―관계만을 공유하는 서로 다른 두 가지의 위험이라는 의미에서가 아니라, 문화가 권력을 자연의 재출현으로 파악한다는 의미에서의 부정인 것이다.

실제로 이러한 사회들은 자신의 정치영역을 어떤 직관에 따라 구성했고, 그 직관은 사회에서 규칙의 역할을 했던 것 같다. 즉 권력은 본질적으로 강제력이고, 정치 기능의 통일을 향한 활동은 사회구조라는 기초 위에서 그리고 사회구조에 합치하도록 행사되는 것이 아니라, 통제할 수 없고 사회에 적대적인 피안彼岸으로부터 사회에 대항하여 행사되며, 권력은 본질적으로 자연의 은밀한 드러남일 뿐이라는 것이다. 따라서 이들 사회는 정치권력의 문제를 해결하는 데 무능력했던 것이 아니라 오히려 정치권력의 문제를 제기하고 해결하는 데 놀랍도록 능숙했던 것이다. 그들은 권력의 초월성이 집단에 치명적인 위험을 내포하고 있다는 것, 외재적이고 스스로 정당성을 창출하는 권위라는 원리가 문화 자체에 대한 도전이라는 것을 일찌감치 알고 있었던 것이다. 이러한 위협에 대한 직관이야말로 그들의 정치철학을 깊이 있게 만들었다. 왜냐하면 문화영역을 제약하는 두 가지 한계인 권력과 자연의 엄청난 유사성을 발견함으로써 인디언 사회들은 정치적 권위의 독성을 중화하는 수단을 만들어낼 수 있었기 때문이다. 그들은 스스로 정치적 권위의 설립자가 되었고, 권력이 출현하면 그 즉시 억제하는 부정성을 견지하는 방식을 선택하였다. 권력은 (문화에 대한 부정이라는) 자신의 본질에 따라 만들어진다. 그런데 권력은 사회에 의해 모든 실질적인 힘을 박탈당한다. 이러한 권력은 이들 사회에서 그 권력을 무력화시키기 위한 수단으로서만 행사된다. 정치영역을 구성하는 운동이 또한 정치영역의 전개를 막는다. 이렇게 해서 문화는 권력에 대한 대항 수단으로 자연의 계략 자체를 이용하는 것이다. 사람들이 추장을 가리켜 여성, 말, 재화의 교환을 파괴하는 사람이라고 부르는 이유도 여기에 있다.

부와 메시지의 채무자인 추장은 자신이 오직 집단에 의존하고 있고 언제나 사심 없이 임무를 수행한다는 것을 끊임없이 밝혀야 할 의무를 지니고 있다. 우리는 사실 집단에서 추장에 대한 신뢰도를 평가할 때 집단이 자유롭게 의견을 제시하는 이면에는 겉으로 드러나는 것 이상으로 깊고 은밀한, 추장의 공동체에 대한 관리 통제가 있는 것은 아닌가라고 생각할 수도 있다. 왜냐하면 어떤 상황, 특히 식량이 부족한 시기에는 집단이 완전히 추장에게 의존하기 때문이다. 오리노코 강 주변의 부족들은 기근이 닥치면 모두 추장의 집에 모여 상황이 나아질 때까지 추장의 덕으로 연명한다. 마찬가지로 남비콰라족 무리는 힘든 여정을 마친 후 식량이 부족해지면 상황을 개선하기 위해 스스로 노력하기보다는 추장에게 의존하고자 한다. 이러한 사례를 보면 집단은 추장 없이는 아무것도 할 수 없고 전적으로 추장에게 의존하는 것처럼 보인다. 그러나 이러한 복종은 단지 표면적인 것일 뿐이다. 실제로 여기에는 추장에 대한 집단의 협박이 숨겨져 있다. 왜냐하면 추장에게 기대한 것이 이루어지지 않으면 마을이나 무리의 사람들은 쉽게 추장을 버리고 추장의 의무에 보다 충실한 지도자를 택하기 때문이다. 추장은 이러한 실제적인 의존 관계를 담보로 해서만 자신의 지위를 유지할 수 있다. 이것은 권력과 말하기 사이의 관계에서도 매우 명료하게 드러난다. 왜냐하면 언어가 곧 폭력의 반대라면, 말하기는 추장의 특권 이상의 것으로서, 그것은 권력이 강제적 폭력이 되는 것을 막기 위하여 집단이 가지는 수단이자 폭력의 위협에서 벗어났다는 것을 나타내는 매일 반복되는 보증으로 해석되어야만 하기 때문이다. 지도자의 말에는 언어에 내재하는 소통의 기능에서 벗어난 애매모호함이 숨겨져 있다. 추장의 말에 귀를 기울여야 할 필요는 거의 없고 종종 인디언들은 그의 말에 전혀 신경을 쓰지 않기도 한다. 권위자의 이야기는 네 엥 한탄 ne eng hantan, 즉 응답을 기대하지 않는 무미건조한 말이라고 우루부족 사람들은 말한다. 그러나 이런 무미건조함이 정치제도의 무기력함을 보상하는 것은 결코 아니다. 말하기의 고립성은 권력의 외재성과 대응한다. 그래서 권력의 말하기는 그 부드러움의 증거로서 사람들이 귀를 기울이지 않을 정도로 무미건조하게 말해지는 것이다.

일부다처제도 똑같이 해석될 수 있다. 즉 권력을 교환의 단절로 정립하기 위한 순수한 증여라는 일부다처제의 형식적 측면 너머에는 재화나 말하기와 유사한 적극적 기능이 담겨져 있다. 집단의 핵심적 가치물의 소유자인 추장은 바로 그 점 때문에 집단에 대한 책임을 다해야 하고, 그는 어떤 의미에서는 여성을 매개로 한 집단의 포로이다.

이러한 정치영역의 구성 양식은 인디언 사회의 방어기제라고 할 수 있다. 문화는 문화가 기초하고 있는 것—교환—의 우위를 정확하게 권력 속에서 그러한 기초를 부정함으로써 확인한다. 그러나 이러한 문화가 권력의 영역에서 "기호들"의 교환가치를 제거함으로써 여성, 재화, 말로부터 그들의 교환되는 기호들로서의 기능을 뺏는다는 것을 주목하지 않으면 안 된다. 그때 이들 요소는 소통의 차원에서 떨어져 나와 순수한 가치물로 파악되는 것이다. 언어의 위상은 기호의 상태에서 가치의 상태로의 이러한 전환을 암시한다. 즉 고립된 상태로 이어지는 추장의 이야기는 기호라기보다는 가치물로서 단어를 사용하는 시인의 언사를 연상시킨다. 그렇다면 교환 요소들의 탈기호화, 즉 탈의미 작용과 가치화라는 이중의 과정은 도대체 무엇을 의미할 수 있는가? 아마도 그것은 문화가 문화의 여러 가치에 대해 지니는 애착을 넘어서서 모든 사람들이 교환의 요구에 구애받지 않고 기쁨의 충만함에 이를 수 있었던 신화시대에 대한 희망과 향수를 표현하는 것일 터이다.

인디언 문화는 자신들을 현혹시키는 권력을 거부하기 위해 고뇌하는 문화이다. 거기에서는 풍족한 추장을 찾아볼 수가 없다. 그리고 역설적인 성격을 띤 권력이 그 무력함으로 인해 숭배된다는 것은 문화의 스스로에 대한 고뇌와 자기 자신을 초월하고자 하는 꿈을 표현하는 것이다. 신화의 이마고imago이자 부족에 대한 은유, 이것이 인디언 추장이다.*

---

* 이 글은 *L'Homme* II(1), 1962에 처음 실렸다.

제3장 독립과 외혼[1]

16~17세기의 선교사, 군인, 여행가들의 이야기와 보고서에 그려져 있는 안데스 고원지대의 여러 문화와 열대우림 지역의 여러 문화 사이의 대비는 매우 뚜렷하며, 그후 더욱 과장되었다. 그리하여 잉카에 의해 문명이 꽃핀 안데스 지역을 빼고 콜럼버스 이전의 아메리카 전역은

---

[1] 중요한 제Gé어족의 많은 부족들이 빠져 있는 것을 의외라고 생각할지 모른다. 이들 집단에서는 농업도 생태 환경의 일부로 포함되어 있기 때문에 이들을 열대우림 문화영역에 포함시켜야 함에도 불구하고 『남아메리카 인디언 핸드북Handbook of South American Indians: HSAI』에서는 이들을 주변 부족으로 규정하고 있다. 우리가 이 분류를 따르는 것은 아니지만 여기서 제어족에 속하는 많은 부족을 뺀 이유는 그들이 씨족, 복수의 반족 체계, 결사 등의 특유한 복합적 사회조직을 지니고 있기 때문이다. 이 문제는 또 다른 연구 과제이다. 우림 지역의 잘 발달된 생태 환경을 매우 초보적인 사회-정치적 모델과 연결시키는 한편 사회학적 구성이 매우 발달한 제어족이 농경 이전 단계에 정체해 있었다고 보는 시각은 『남아메리카 인디언 핸드북』에서 발견할 수 있는 여러 잘못 중 하나일 뿐이다.

야만상태였다는 대중적인 상이 점차 형성되었다. 이 단순하고 겉보기에도 유치하기 그지없는 아메리카의 상像—왜냐하면 그러한 상이 백인에 의한 식민지화라는 목적과 잘 부합되었기 때문이다—은 초창기 미국의 민족학자들에게 상당한 영향을 미쳐 지극히 상식적인 것으로 받아들여졌다. 과학적 용어로 문제를 선택하고 제기하는 데 있어서 아메리카 민족학이 과학적 사명에 충실했다 할지라도 그들이 내놓은 답변의 이면에는 전통적 도식에 대한 고수와 그들 자신도 모르는 사이에 그들의 연구 관점을 부분적으로 결정해버린 **정신 상태**가 고스란히 드러나 있었기 때문이다. 이러한 정신 상태의 특징은 무엇인가? 우선 첫째, 원시인들은 일반적으로 **적절한** 사회학적 모델을 실현할 능력이 없다는 확신을 가지고 있다는 것이다. 둘째, 연구되는 문화의 두드러진 특징을 희화화하는 방법을 사용한다는 것이다. 예를 들어 초기의 기록 작가들은 무엇보다도 잉카제국의 고도로 집중된 권력과 당시에는 생소했던 경제조직 양식에 깊은 인상을 받았다. 그런데 잉카제국의 이러한 측면들은 현대 민족학에 의해, 즉 카르스텐R. Karsten[2]에 따르면 전체주의 체제로, 또는 보댕L. Baudin[3]에 따르면 사회주의 체제로 변형되었다. 그러나 자민족 중심주의적 관점에서 벗어나 자료를 살펴보면 고대적인 사회에 너무나 현대적인 이미지를 덧씌우는 잘못을 범하고 있다는 것을 알 수 있다. 알프레드 메트로Alfred Métraux[4]는 최근 논고에서 타완

---

2) R. Karsten, *La Civilisation de l'empire Inca*, Paris, Payot, 1952.
3) L. Baudin, *L'Empire socialiste des Incas*, Paris, Inst. d'Ethnologie, 1928.
4) A. Métraux, *Les Incas*, Paris, éd. du Seuil, 1961.

틴수유[잉카제국]¹에 원심력이 존재한다는 것을 강조하였다. 수도 쿠스코의 지배 씨족들도 이 원심력을 파괴하려고 하지는 않았던 것이다.

사람들은 삼림 지역 주민들의 문화를 시대착오적인 도식에 꿰맞추려고 하지는 않았다. 반대로 잉카제국의 "서구적" 특징을 확대해석하는 경향을 띠어 삼림 지역의 여러 사회의 사회학적 구조가 좀 더 원시적이고 빈약하며 역동성이 떨어지고 작은 단위로 좁게 제약된 것처럼 보였을 뿐이다. 안데스 이외의 인디언 공동체가 파편화된 "분리주의적"[5] 양상을 보이는 점을 강조하고 동시에 이와 관련하여 끊임없이 전쟁이 벌어지는 것을 강조하는 경향도 분명 이로부터 생겨나게 되었을 것이다. 이렇게 해서 문화영역으로서의 삼림 지역은 서로 닮았으면서도 동시에 서로 적대적인 무수한 소규모 사회가 난립한 상태로 그려졌다. 만일 우리도 보댕처럼 과라니 인디언을 "어린이의 심성을 지닌"[6] 사람으로 생각한다면 그곳에서 "성숙한" 형태의 사회조직을 발견할 수 있을 것이라는 기대는 전혀 할 수 없을 것이다. 인디언 사회를 흩어진 원자

---

1 15~16세기에 중앙 안데스 지역을 넓게 지배했던 잉카제국(이 명칭은 유럽인들이 붙인 것이다)에서 잉카족Inca이 자신의 영토를 부르던 이름으로, "네 개의 지방"이란 뜻이다. 수도 쿠스코의 중심에서 교차하는 2개의 상상의 선이 국경까지 이어져 제국을 넷으로 나누었는데, 북은 친차수유, 남은 코야수유, 동은 안디수유, 서는 콘데수유였다. 정복자들의 기록에 따르면 이것들은 다시 1만 개의 가족으로 이루어진 단위로 나뉘어졌고 그것이 다시 1,000개, 100개, 10개의 가족으로 세분되었다.

5) Lowie, *The Journal of the Royal Anthropological Institute*, 1948.
6) L. Baudin, *Une Théocratie socialiste: L'Etat jésuite du Paraguay*, Paris, Génin, 1962, p. 14.

상태로 보는 견해는 예컨대 모든 공동체를 "부족"이라고 부르는 코흐-그룬베르크Koch-Grundberg와 키르히호프Kirchhoff의 과도한 용어 사용에서도 발견할 수 있다. 그들은 이로부터 우아우페스-카케타 지역의 투카노Tucano 부족들에게 족외혼이라는 터무니없는 개념을 적용하게 된다.[7] 이 글이 열대우림 지역의 부족을 안데스 문화의 연장선 위에서 바라보고자 시도하는 견해와 반대되는 입장에 서 있다는 것은 의심의 여지가 없다. 그리고 문제가 되고 있는 사회에 대한 가장 상식적인 상이 늘 옳지는 않은 것으로 보인다. "단순사회가 호전적이고 고립 상태에 놓여 있다고 보는 것은 매우 과장된 것이다"라는 머독Murdock의 지적[8]은 남아메리카의 경우에도 들어맞는다.

분명 여기에서 문제는 민족지 자료와 정반대의 입장을 취하여 열대우림 지역의 사회-정치적 단위들을 그 단위들의 성격과 그것들 사이의 상호 관계 속에서 재평가하는 것이 아니다.

민족지 정보의 대부분은 기념비적인 작품인 『남아메리카 인디언 핸드북』[2]에 수록되어 있는데, 그중 제3권이 삼림 지역의 여러 문화에 대

---

7) *HSAI*, t. III, p. 780.
8) *Social Structure*, p. 85 참조.
2 1946~1950년에 스미스소니언연구소에서 발간된 7권으로 된 시리즈(그중 제7권은 색인임)이다. 1943년 스미스소니언연구소 내에 사회인류학연구소를 설립한 초대 소장인 줄리언 스튜어드J. H. Steward가 기획하여 편찬한 것이었다. 제2차 세계대전 전에는 남아메리카 인디언에 대한 민족지가 거의 없었기 때문에 이 핸드북 역시 여행기, 그리스도교 선교사들의 기록, 행정 문서 등에 분산되어 있었던 자료를 망라하여 모은 것이었다. 1946년에 제1, 2권(『주변 제 부족』, 『안데스문명』),

한 것이다. 이 문화영역에는 매우 많은 부족들이 있는데 그 대부분은 투피어족, 카리브어족, 아라와크어족[3]에 속한다. 이들은 지역적 편차가 있기는 하지만 생태계의 모델이 같기 때문에 우리는 이들을 동일한 범주로 묶을 수 있다. 삼림 지역의 여러 사회의 기본적인 생업은 농업이다. 농업은 텃밭을 일구는 정도에 그치는 것이 사실이지만 거의 대

[3] 1948년에 제3, 4권(『열대우림 제 부족』, 『환카리브 해 제 부족』), 1949년에는 남아메리카 원주민 문화에 대한 비교를 시도한 제5권(『남아메리카 인디언의 비교인류학』), 1950년에는 언어, 형질인류학, 문화지리학의 부문을 다루는 제6권이 발간되었다. 스튜어드는 이 작업을 통해 남아메리카 인디언의 문화영역을 설정하여(1~4권이 각 영역임) 그 이후의 이 지역에 대한 연구의 기초로 삼았다. 그러나 자료가 부족한 지역을 무리하게 문화영역으로 분류함으로써 그 기반이 상당한 문제를 지니고 있었다. 그의 연구 주제였던 환경과 문화의 관련성은 이러한 자료의 문제로 인해 상당한 의문의 여지를 남기고 있으나 현재에도 이 지역에 대한 생태인류학, 문화생태학적 조사가 많은 것은 그의 영향이 크다는 것을 말해준다. 투피어족, 카리브어족, 아라와크어족은 각각 남아메리카 열대 저지대의 원주민들이 속하는 주요한 어족들이다. 카리브어족에 속하는 사회는 16세기에는 말 그대로 카리브 해의 앤틸리스 제도에서도 발견되었다. 현재는 베네수엘라, 기아나, 수리남 등의 카리브 해 연안 지역에 그 대부분이 살고 있다. 카리브는 '카니발리즘 cannibalism(식인 관습)'의 어원이기도 하다. 수렵 채집과 화전 농경을 생업으로 하고 있고, 특히 독을 지닌 카사바를 중요하게 취급한다는 것이 특징적이다. 대체적으로 지역 집단의 자율성이 두드러지고 내외의 구분을 강조한다. 아라와크어족 사회는 남아메리카에서 널리 발견되지만 16세기에는 서인도제도에서도 발견되었다. 지역적으로 넓게 분포하고 있기 때문에 환경도 매우 다르며 어족으로서의 문화적 공통점도 희박한 편이다. 투피어족은 종종 투피-과라니어족이라고도 불린다. 아마존 강 중류로부터 하류 지역, 브라질 연안부에서 많이 발견되었는데, 분포 지역의 특징으로 인해 일찍부터 백인들과 접촉하였고 문화의 소멸과 변화가 격렬하게 나타났다. 16세기의 탐험기, 연대기에 등장하는 투피남바 사회는 유명하다. 당시 프랑스와 포르투갈은 각각 원주민을 두고 패권 다툼을 하고 있었고 원주민들 사이에서도 전쟁과 식인이 빈번하게 나타났다. 이 외에 페루령 아마존 강 최상류, 볼리비아에는 파노어족이, 콜롬비아에는 투카노어족이 산다.

부분의 지역에서 적어도 수렵, 어로, 채집만큼 중요한 식량 획득 방법이다. 한편 재배하는 작물의 종류도 전 지역이 공통적이고 생산기술과 작업 방식도 비슷하다. 따라서 생태계를 기준으로 한 분류는 유효하며 이 점에서 볼 때 이들 사회는 실질적인 동질성[9]을 지니고 있다. 따라서 "하부구조" 수준에서의 동일성이 "상부구조", 즉 사회-정치적 조직의 수준에서도 똑같이 나타난다는 점은 놀라운 일이 아니다. 적어도 일반적인 자료에 의하면 이 지역에서 가장 광범위하게 나타나는 사회학적 모델은 "확대가족"이다. 이러한 확대가족은 대개 거대한 공동 가옥인 **말로카**maloca[4]에 거주하며 자율적인 정치적 공동체를 형성하고 있다. 특히 주루아-푸루스 강 지역의 기아나족, 위토토족, 페바족Peba, 히바로족, 수많은 투피 부족들 등에서 두드러지게 나타난다. 이들 세대의 인구 규모는 40여 명에서 수백여 명에 이르기까지 편차가 있지만 최적 규모는 **말로카** 당 100~200명 정도라고 한다. 여기에는 눈에 띄는 예외도 있는데, 아피아카족Apiaca, 과라니족, 투피남바족의 규모가 큰 마을은 주민 수가 심지어 1,000명에 달하기도 한다.[10]

---

9) *HSAI*, t. III, Lowie, Introduction 참조.
4 어원적으로는 남아메리카 인디언의 투피어 '말(전사)+오카(집)'에서 유래한다는 설도 있지만 분명하지는 않다. 브라질의 열대 저지대에 있는 인디언의 공동 가옥을 말로카라고 불렀고 현재에는 브라질 외에서도 인디언의 거주 가옥을 가리키는 말로 사용되고 있다. 일반적으로 몇 가족이 동거하는데, 많을 경우에는 30가족이 한 말로카에서 살기도 한다. 평균 50~80명이 한 말로카에 살며 길이 30여 미터, 폭 25미터, 높이 2.5미터 정도의 건물이다.
10) Herbert Kirchhoff, *Zeitschrift für Ethnologie*, vol. LXIII, pp. 85~193 참조.

그러나 여기에서 두 가지 문제가 제기된다. 첫 번째 문제는 열대우림 지역의 사회-정치적 단위의 **성격과** 관련되어 있다. 이것을 확대가족으로 이루어진 공동체로 보는 사회학적 성격 규정은 평균 인구 규모와 들어맞지 않는다. 로위는 이러한 형태의 사회조직의 정의를 키르히호프[11]로부터 빌려 왔는데, 그에 따르면 이 집단은 한 남자와 그의 아내—일부다처제라면 아내들—, 그리고 결혼 후 부거제父居制를 행할 경우에는 아들들과 그들의 배우자들, 친손자들, 미혼의 딸들로 이루어진다. 만일 거주 규정이 모거제라면 남자는 그의 딸들과 사위들, 미혼의 아들들 그리고 외손자들과 함께 생활할 것이다. 삼림 지역에서는 두 가지 형태의 확대가족이 모두 발견되지만 전자가 훨씬 많고, 후자는 기아나와 주루아-푸루스 강 지역에서만 전자보다 더 많이 발견된다. 문제는 **엄격한 의미에서의** 확대가족은 삼림 지역 공동체의 일반적 규모인 인구수 100명 정도에 이를 수 없다는 데 있다. 실제 확대가족은 직계 3세대의 친족만으로 구성되고, 게다가 키르히호프가 명확히 말했듯이[5] 분절화 과정을 통해 끊임없이 변형을 겪게 되기 때문에 일정한 인구 이상이 될 수 없다. 따라서 삼림 지역의 사회-정치적 단위가 단일한 확대가족으로 구성되고 동시에 100명 혹은 그 이상의 사람들로 이루어진다는 것은 불가능하다. 이러한 모순을 없애려면 인구수로 제시된 수치들이 부정확하다는 것을 인정하거나 혹은 사회조직의

---

11) 본서의 제4장 참조.
5 Herbert Kirchhoff, *Venezuela*, Buenos Aires, 1956, 제4장 참조.

유형을 잘못 정의했다는 사실을 인정할 수밖에 없다. 아마도 사회의 성격에 대해 잘못 생각했다기보다는 사회를 "계량"하는 데 잘못이 있었을 가능성이 높을 것이기 때문에 후자를 검토해보도록 하겠다.

앞에서 본 것처럼 삼림 지역의 인디언 공동체는 정치적 독립을 핵심적 특징으로 하는 자율적 단위이다. 그렇다면 이 광대한 지역에 상호 관계가 매우 부정적인, 다시 말해 전쟁이 잦은 다수의 조직이 병존하고 있다는 것을 상정할 수 있다. 바로 이 점에서 두 번째 문제가 생긴다. 왜냐하면 원시사회에 대해 오직 정치적 차원에서만 나타나는 "원시성"의 징표인 분산된 사회라는 부당한 평가가 내려지는 것 외에도, 열대림의 인디언 부족 집단들에 대해 민족학은 또 다른 하나의 추가적인 특징을 제시하기 때문이다. 즉 이들 집단을 실제로 하나의 특징적인 문화적 단위로 묶을 수 있다면 이는 이들이 이른바 주변 부족이나 하위 주변 부족인 비非안데스 집단들과 다르기 때문일 것이다.[12] 비안데스 부족들은 거의 대부분 또는 전부가 농경 생활을 하지 않는다는 문화적 특징을 지녔고, 사냥이나 어로, 채집을 생업으로 하는 이동 집단이다. 그 대표적인 예로는 푸에고 섬 주민들, 파타고니아인, 구아야키족 등을 들 수 있다. 이들 집단이 광대한 영역에 이리저리 흩어진 소규모 집단으로밖에 존속할 수 없다는 것은 분명하다. 그러나 삼림 지역의 거주민들은 정착 농경민으로서 주변 부족처럼 생존을 위해 반드시 흩어져 있을 필요가 없으므로 보다 어려운 조건하에 있는 주변 부

---

12) *HSAI*, t. V, pp. 669 이하.

족과는 매우 다른 사회학적 모델을 창출할 수 있었을 것이다.[6] 한 집단 내에 이동 형태의 사회조직과 농경민의 생태학이 공존한다는 것이 이상하지 않은가? 또 한편으로 농경민들은 강을 통해 운송과 이동을 할 수 있었으므로 "외부"와의 관계를 강화할 수 있지는 않았을까? 농경과 정착 생활이 가져다주는 어떤 면에서는 굉장한 이익이 이렇게 사

[6] 남아메리카의 원주민 사회를 몇 개의 문화권으로 나누어보고자 한 시도는 위슬러 C. Wissler(1922년)에 의해 처음 이루어졌고, 1940년대에 쿠퍼J. M. Cooper, 크로버A. Kroeber, 스튜어드 등에 의해 반복적으로 이루어졌다. 특히 쿠퍼, 스튜어드는 생태 환경과 관련지어 문화영역을 설정하고자 하였다. "주변" 문화라는 말은 쿠퍼가 이미 1942년에 사용하였고, 그는 이 용어를 "삼림 지역" 및 "산지 지역"과 대비시켜 서술하였다. 그에 따르면 "주변" 문화에는 제어족 사회를 필두로 브라질 동부의 여러 부족이 "외外 주변"으로, 다시 베네수엘라의 야노마미, 야루로Yaruro 등의 사회가 "삼림 지역" 중의 "내內 주변"으로 포함되어 있다. "주변" 문화의 특성은 수렵, 채집, 어로를 기본으로 하는 생업과 원시 농경을 행한다는 것이다. 개 이외의 가축은 없고 알코올류는 생산하지 않는다. 토기는 매우 질박한 것만을 사용하고 옷을 짜는 기술이 없으며 식인 관습이 없다. 단혼이나 단순한 일부다처제를 행하고 무리 사회 정도의 규모를 형성하고 있다. 스튜어드는 이 개념을 좀 더 일반화하여 각 유형이 문화의 통합 수준을 나타내는 것으로 보았다. 세 개의 유형을 "열대우림형", "안데스형", "주변형"으로 규정하고 다시 "환카리브형"을 첨가하였다. 그는 문화와 환경의 관계를 매우 중시하여 인구밀도, 사회-정치조직과의 관련까지로 유형 구분의 변수를 확대시켰다. 그가 편집한 『남아메리카 인디언 핸드북』 제3권(p. 884)은 이 "주변" 문화를 다시 "기아나 내 주변", "북서부 주변", "남부 아마존 주변" 등 셋으로 나누고 "주변"과는 별도로 "아亞주변 제족"의 문화영역을 두 개로 설정하였다. 그러나 이러한 분류가 같은 핸드북의 제5권에서는 약간 바뀌어 있는 것으로 보아 스튜어드 스스로 일관성이 없었다고 할 수 있다. 제5권에서는 "준準주변 집단"이 설정되어 있지만, 제3권에서는 "아주변"의 대표적인 사례로 들었던 무라족Mura을 "주변"에 속하는 것으로 분류하고 있다. 이러한 일관성의 결여는 원래 민족지적 보고가 적은 영역을 무리하게 구분하고자 한 데서 초래된 당연한 결과였다. 각 항목에 대응하는 자료의 부족과 원시성을 나타내는 특성은 현재 그 의미에 있어서 상당한 논란의 여지가 있다고 생각한다.

라져버리는 것이 실제로 가능한 것인가? 생태적으로 주변적인 집단이 매우 세련된 사회학적 모델을 창조할 수 있다는 것은 브라질 중부의 보로로족의 이중적 반족半族 체계에 의해 중첩적으로 만들어진 씨족 체계와 차코 지방의 구아이쿠루족의 카스트 위계제의 예에서 잘 증명되고 있다. 그러나 주변적 도식에 따라 조직된 농경민의 반대의 경우는 거의 생각할 수 없다. 따라서 개별 공동체의 정치적 고립이 정말로 열대림의 민족학적 특징인지 여부를 확인하지 않을 수 없다.

 그런데 우선 이들 공동체의 성격이 무엇인지를 밝혀야 할 것이다. 이들 공동체의 성격이 불확실한 이유는 『핸드북』 전체에서 용어의 사용법이 애매모호하기 때문인 것으로 보인다. 연구 대상 지역에 가장 광범위하게 나타나는 사회-정치적 단위를 제3권에서 로위는 "확대가족"이라고 부른 데 반해 스튜어드는 제5권에서 "동족"이라 명명하여 로위가 제안한 용어가 부적당하다는 것을 시사하였다. 그러나 이 단위들이 단일한 확대가족으로 이루어지기에는 "사람 수가 너무 많기" 때문에 이 단위가 단계 출계를 따르는 엄밀한 의미에서의 동족 집단으로 구성된다고 보는 것은 옳다고 할 수 없다. 남아메리카, 특히 열대림 지역에서는 양계 출계가 더 많이 이루어지고 있다. 보다 다양하고 완벽한 계보를 알게 된다면 단계 출계를 따르는 몇 가지 예를 발견할 수 있을지 모른다. 그러나 현재 이용할 수 있는 자료 중에서 단계 출계를 따르는 삼림 지역의 사회로 확실히 들 수 있는 것은 파라 지역(문두루쿠족Mundurucu과 마우에족Maué)이나 우아우페스-카케타 지역(쿠베오족, 투카노족 등)의 몇몇 집단뿐이다.

단위가 킨드레드kindreds, 즉 친속親屬이 아닌 것은 분명하다. 혼인 후의 거주가 신거제新居制가 아니기 때문에 사실상 거주 규정이 단위의 구성을 결정한다. 왜냐하면 통계적으로 성비가 평형상태에 있다면 모거제의 경우는 형제가, 부거제의 경우는 자매가 배우자의 공동체로 살러 가기 위해 자기 공동체를 떠나게 되고 그래서 각 세대마다 시블링 sibling[7]의 반이 자기 공동체를 떠나는 결과가 발생하게 된다. 이런 방식으로 채택된 거주 규정에 따라 공동체의 구성원들은 부계 혈족 혹은 모계 혈족이므로 이들이 문화적으로 인지하지 못한다 할지라도 혼인 규칙은 집단에 실질적인 단계성單系性을 부여한다. 스튜어드가 삼림 지역의 사회학적 단위를 동족으로 정의한 것도 아마 이러한 점 때문일 것이다. 그러나 너무 "협소한" 확대가족이라는 개념이 그 집단의 구체적 현실의 상당 부분을 설명할 수 없다면, 동족이라는 개념은 반대로 그 집단이 분명히 지니고 있지 않은 여러 특성을 집단에 부여한다는 사실에 주의를 기울여야만 한다. 왜냐하면 본래 동족은 단계 출계 양식에 따라 분절되는 데 비해 이곳에서는 대부분 양계 출계 양식이 발견되기 때문이다. 그리고 특히 동족 집단으로의 귀속은 거주 장소와 무관하다. 즉 열대림의 공동체가 동족으로 규정되기 위해서는 결혼으

---

[7] 영미 인류학에서 같은 부모 밑에서 태어난 형제자매를 한꺼번에 가리키기 위해 사용하는 용어이다. 특히 영국의 "구조기능주의"의 주도자인 래드클리프브라운 Radcliffe-Brown이 많은 사회에서 나타나는 친족 관계의 "원칙"으로 부모가 같은 형제자매의 "연대성", "일체성"을 중시했던 데서 이 용어가 종종 쓰이게 되었다.

로 자기 말로카를 떠난 구성원들까지 포함한 모든 구성원들이 계속해서 똑같은 자격으로 자기 집단에 속해야 한다. 즉 혼인 후의 거주가 구성원들의 사회적 지위에 영향을 미치지 않아야 한다. 그런데 논의 대상인 단위는 본질적으로 거주 단위이고, 거주지의 변경은 귀속의 변화 아니면 적어도 혼인 전의 지위 상실을 초래하는 것으로 보인다. 이는 민족학의 고전적인 문제인 거주 규정과 출계 양식의 관계의 문제이다. 예컨대 부거제가 부계 출계 양식, 즉 거주와 출계가 조화 체제[8]를 형성하는 동족 양식의 성립을 강력하게 조장하는 것은 분명하다. 그렇지만 이 관계는 절대로 기계적으로 이루어지는 것이 아니며, 거주 규정으로부터 출계 양식이 곧바로 도출되는 형식적 필연성은 전혀 존재하지 않는다. 단지 여기에는 구체적인 역사적 상황에 크게 영향을 받는 하나의 가능성이, 분명 매우 높은 가능성이 있을 뿐이다. 그러나 이것

---

8 레비스트로스가 『친족 관계의 기본 구조』에서 특히 오스트레일리아의 여러 부족의 친족구조를 분석하는 데 사용한 설명어이다. 친족 관계의 방식과 사회의 구성 단위(분절 혹은 오스트레일리아 사회에서는 혼인 클래스)의 방식 사이의 관계를 고찰하려면 두 가지 특성의 관계를 생각해야만 한다. 단위가 되는 클래스의 구성원이 어떤 성性을 따라 성원권을 지니게 되는가에 따라 각각 모계 출계, 부계 출계가 구별된다. 한편 혼인 후의 부부가 남편(또는 시아버지) 밑에서 살 것인가 아내(또는 장모) 밑에서 살 것인가에 따라 부夫(父)거제와 처(모)거제로 구별된다. 레비스트로스에 따르면 출계의 두 방식과 거주의 두 방식으로부터 네 가지 조합이 나올 수 있다. 출계와 거주가 비슷한 부계 출계-부거제, 모계 출계-모거제를 행하는 사회를 조화 체제, 역으로 양자가 비슷하지 않은 경우를 비조화 체제라고 부른다. 전자에서는 출계에 의한 세대 간의 연결을 통해 가능한 사회 분절과 지역적 사회 분절이 일치하는 데 반해 후자에서는 출계에 의해 연결된 사람들이 지역적으로 분산되게 된다.

은 엄밀하게 집단들을 동일시하기엔 여전히 부족한데, 왜냐하면 귀속의 결정은 거주 규정으로부터 "자유롭지" 않기 때문이다.

논의하고 있는 단위가 진정한 동족이 아니라고 하더라도 이러한 점이 열대림의 공동체를 진정한 동족으로 서서히 변화시켜나가는 역동적인 두 과정의 매우 실제적인 작용—아마도 이제까지 충분히 주목받지 못했던—을 숨길 수는 없다. 정복으로 인해 중단된 첫 번째 과정은, 나중에 검토하겠지만, 서로 다른 단위들 사이의 상호 관계에 대한 것이고, 두 번째 과정은 각각의 단위의 내부에서 작동하고 있는 거주의 단방향성unilocalité에 대한 것이다. 이 둘은 실제로는 하나의 과정이라는 것을 강조하지 않을 수 없다. 지금부터 설명하고자 하는 것처럼 실제로는 하나의 과정인 단위 외부와 내부라는 두 가지 방향으로의 투사의 결과는 서로를 약화시키는 것이 아니라 상호 확장시키고 강화시킨다는 점을 주목해야만 할 것이다.

앞에서 열대림 지역의 단위를 확대가족 혹은 동족으로 간주할 수 없는 이유를 살펴본 것을 토대로 그 단위에 정확한 명칭을 부여할 수 있을까? 단위들이 어떤 성격을 지니지 않았다는 것과 다른 것과 구별되는 그 단위들의 본질적 특징을 알고 있는 현 시점에서 결국 풀어야 할 것은 이 공동체를 어떻게 부를 것인가 하는 단순한 문제로 귀착된다. 이 공동체는 평균 100~200명의 사람들로 구성된다. 그들의 출계 체계는 일반적으로 양계적이다. 그들은 지역 외혼제를 행하고, 결혼 후 거주는 부계나 모계이기 때문에 상당히 명확한 **단계성의 "비율"**을 발견할 수 있다. 이것은 정말로 머독[13]이 사용한 의미에서의 **외혼 단위**[데메]dèmes exogamiques[9]이다. 즉 이것은 무엇보다도 거주 단위이지만 외혼제와 거주의 단방향성이 어느 정도까지 출계의 양계성과 배치되면서 동족 혹은 심지어 씨족과 같은 외양을 지니게 된 것이다.

그렇다면 이 외혼 단위는 도대체 어떻게 구성되어 있는가? 공동체가 외혼 단위가 아니라 키르히호프와 로위가 제안한 것처럼 확대가족이라면 이 질문은 다소 무의미해질 것이다. 그런데 이 가설은 앞에서 보았던 것처럼 인구 자료와 맞지 않는다. 그렇다고 해서 이 점이 곧 확대가족 형태가 열대림에 존재하지 않는다는 것을 의미하는 것은 아니다. 다만 지역공동체는 확대가족과 동일한 범위를 내포하는 것이 아니라 확

---

13) *Social Structure* 참조.

9 머독은 Social Structure에서 자신이 인류에게 보편적인 것으로 주장한 "핵가족"을 소위 원자로 하여 다양한 사회를 재구성하고자 하였다. 여기에서 그는 핵가족으로 보이는 부계, 모계 양쪽으로 퍼지는(인류학 용어로는 "양계적"이라고 부른다) 친족 집단, 이른바 킨드레드를 중시하였다. 킨드레드는 각 개인을 중심으로 범위를 확대하거나 축소할 수 있는 것이지만, 머독은 이것이 지역적으로 통합된 하나의 단위가 되었을 때 고대 그리스의 "데모스"를 본떠 데메deme라고 명명하였다. 머독의 견해에 따르면 처음에는 데메 내의 가족원 간에 근촌혼 금기의 범위가 좁은 데메 내혼이 이루어지다가 머지않아 금기의 범위가 확대되어 데메 내혼이 금지된 외혼 데메로 변화한다고 한다. 지역 외부와의 통혼으로 인해 결혼할 때 남편이나 아내 중 한쪽이 자신의 출계 집단을 떠날 필요가 생겨 부거夫居(또는 부거父居) 데메와 처거妻居(혹은 모거母居) 데메가 분화한다. 이 거주 규정으로 인해 부계 혹은 모계의 단계 출계를 기초로 혼출자를 제외한 자들로 이루어지는 출계 집단(씨족clan)이 형성된다. 바꿔 말하면 양계적 킨드레드→데메→(거주 규정으로부터 출계가 생성된) 씨족이라는 논리적 발생 순서가 상정된다. 클라스트르는 머독의 이러한 논의를 염두에 두는 한편 거주와 출계는 서로 기능적으로 발생적 연관이 없는 독립변수라고 보는 레비스트로스의 견해에도 주의를 기울이고 있다.

대가족의 적용 범위를 훨씬 넘어선다는 것을 지적하는 것이다. 이 모델, 즉 확대가족은 삼림 지역의 여러 문화에서 발견되지만 이른바 사회 조직의 **최대치**로서의 성격을 잃어버리고 사회 조직의 **최소치**가 된다. 즉 각 외혼 단위는 **복수**의 확대가족들로 구성된다. 그리고 각각의 확대가족은 서로 떨어져 각각 병존하는 것이 아니라 반대로 부계 혹은 모계의 출계 선에 의해 연결되어 있다. 또한 이것은, 키르히호프가 기술했던 것과는 달리, 인디언들이 이에 대해 정확히 세지는 않는다 할지라도 이러한 단위들의 계보적 깊이가 3세대를 넘는다는 것을 추론할 수 있게 해준다. 이렇게 해서 앞서 밝혀냈던 단계성의 경향과 다시 만나게 된다. 이러한 점에서 이 지역에서 가장 일반적인 거주 형태인 거대한 공동 가옥, 곧 **말로카**는 이 기본적 규모를 공간 배치의 장에서 보여준다고 하겠다. 하나의 외혼 단위를 구성하는 확대가족의 수는 분명히 그 단위의 크기에 따라 결정된다. 각 확대가족이 15~20명으로 이루어진다고 가정할 때 가장 작은 집단(40~60명으로 구성됨. 아이아리Aiari 강의 한 공동체는 40명으로 이루어져 있었음)은 3~4개, 가장 큰 집단(100~200명으로 구성됨. 주루아-푸루스의 만제로마mangéroma 공동체는 258명으로 이루어져 있었음)은 10~12개의 확대가족을 포함한다고 생각할 수 있다.

  이러한 외혼 단위를 사회-정치적 단위로 보는 것은 그것이 통일된 "유기적" 총체라는 틀에 따라 기능하고 구성 요소들의 통합이 심오하게 이루어진다는 것을 전제로 한다. 그것은 집단의 자의식으로서의 "단체정신"과 구성원들의 영속적인 유대감으로 나타나게 된다. 이 점에서 이러한 집단을 사회계층화나 수평적 분절이 없는 "균질 사회"라고 한 오버그K. Oberg의 견해는 옳다.[14] 이 사회에서 이루어지는 분화는 성, 연령, 친족 관계에 따른 것이다. 이 사회의 "융합"은 가옥의 건설, 토지의 개간, 수확 작업, 종교 활동 등 집단생활에서의 핵심적인 활동이 거의 언제나 단체적 성격을 띠는 것으로 나타난다. 그런데 이러한 균질성은 사회생활의 모든 수준에서 보편적으로 나타나는 것일까? 이 질문에 대해 긍정하는 것은 고대적 사회가 단순하고 이 사회에서는 차이와 갈등이 발견되지 않는다는 사고로 연결된다. 그러나 적어도 한 가지 면, 즉 정치적 권위라는 영역에서는 차이와 갈등이 존재한다고 볼 수 있는 가능성이 있다. 실제로 각 공동체는 한 사람의 추장에 의해 영도되고, 구조의 각 요소, 즉 각각의 확대가족 역시 보통 최고 연장자인 리더가 이끌고 있다. 외견상 이것에는 전혀 문제가 없어 보인다. 즉 다른 데서 밝히고 있는 것과 같은 이유로 "권력을 둘러싼 경쟁"이 일어나지는 않으며, 더군다나 정치적 직무의 상속이 모든 문제를 해결하는 것처럼 보인다. 그렇지만 전혀 독자적이지 않은 권위는 세분화되고 다원화한다. 각각의 확대가족은 독자적인 지도자를 둠으로써, 다소간 두드러진 방식으로 스스로의 정체성을 유지하고자 하는 "의지"를 드러낸다. 바로 이 점으로부터 집단 내부에서 서로 상충하는 힘들이 나타날 수 있게 된다. 이러한 경향이 집단의 해체라는 위험을 불러올 수 있을 정도로까지 나아가지 않는다는 것은 분명하고, 또한 그

---

14) *American Anthropologist*, vol. LVII, no. 3, p. 472.

러한 상황이 오지 않도록 하는 것이 조정자이자 차이의 "통합자"로서의 사명을 지닌 추장의 주된 임무이다. 따라서 집단의 사회구조와 권력 구조는 서로 기초를 만들어주고 끌어주고 보완해주며 상대방을 통해 스스로의 필연성과 정당성의 의미를 발견한다. 즉 중심이 되는 제도와, 공동체의 실질적 존립—그것은 통일체로서 경험된다—을 표현하는 중심적 지도자가 있기 때문에 공동체는 말하자면 각각의 집단이 스스로의 개성을 유지하고자 하는 경향 속에서 현실화되는 일정 정도의 원심력을 허용한다. 또한 역으로 이러한 분산적인 경향의 다원성은 중심적인 추장제의 통일화 작용을 정당화한다. 주변과 중심의 이원성이 언제나 유지해야 하는 평형상태를 단순한 전체의 동질성과 혼동해서는 안 된다. 동질성은 문화에 내재하는 사회학적 창조성이라기보다는 여러 부분의 기하학적 배열로 보는 것이 더 적합하다. 사회학적 창조성을 파악하기 위해서는 민족지적 조사의 수준에서 다양한 하위 집단 사이의 관계와 하위 집단과 추장제 간의 관계의 구조에 대해 분석해야 한다. 거기에는 사회의 구체적 발전에 내재하는 다소간 눈에 띄는 온갖 형태의 음모, 긴장, 저항과 다소간 지속적인 화합 등이 포함돼 있다.

  이상의 논의에서 이론異論contestation과 그것의 궁극적인 지평인 공개적 갈등이 잠재적이고 은밀하게 존재한다는 것을 알 수 있다. 그것은 집단의 본질 외부가 아니라 반대로 사회구조 자체가 생성시키는 집합적 생활의 차원에 존재하는 것이다. 우리는 이미 고대적 사회가 순수하게 단순한 사회가 아니라는 것을 알고 있다. 원시사회를 주의 깊게 장기간에 걸쳐 관찰하면, 원시사회 역시 우리 사회와 마찬가지로 쉽게 파악될 수 없다는 것을 알 수 있다. 싱구 강 상류의 트루마이족에 대한 부엘 퀘인Buell Quain의 연구 등은 우리의 자민족 중심주의적 편견을 부정하는 데 도움을 준다.[15] 서구 사회와 마찬가지로 원시사회도 동일성identité 내부의 차이, 동질성homogène 내부의 타자성을 완벽하게 조정할 수 있다. 그리고 메커니즘에 대한 이러한 거부에서 원시사회의 창조성의 징표를 읽어낼 수 있다.

이상의 설명을 통해 아마존 강 유역에 산재하는 인디언 사회의 모습을 보다 실제에 가깝게 그릴 수 있게 되었다. 그들은 모계 혹은 부계의 출계 선을 따라 결합된 몇 개의 확대가족으로 구성된 외혼 단위이다. 그리고 그들은 진정한 단위로 존재하고 기능하기 위하여 그들이 내포하고 있는 요소들이 일정한 "작용"을 할 수 있도록 한다. 그러나 민족지적 전통은 이들 공동체들의 자율성, 정치적 독립, 인디언 문화 특유의 분리적 경향을 지나치게 강조해왔다. 이러한 견해로부터는 비교적 상호 적대적이고, 매우 잘 발달된 전쟁의 모델을 통해 상호 관계를 규정하는 밀폐된 용기와 같은 소규모 사회의 상이 등장한다. 이러한 "외부 관계"의 상은 애초 생각했던 공동체의 성격과 밀접하게 관련되어 있다. 공동체의 성격을 재검토함으로써 지금까지와는 상당히 다른 결론을 도출해낸 이상 그들이 "공존"하는 방식에 대한 분석이 필요하다. 이제 이 문제에 대해 생각해보기로 하자.

---

15) R. Murphy, B. Quain, *The Trumai Indians of Central Brazil*, New York, J.-J. Augustin, 1955 참조.

여기서 바로 이들 사회의 대부분이 지역 외혼제를 행하고 있다는 사실을 지적하지 않을 수 없다.

엄밀한 방법, 즉 사실의 검증을 통해 이 제도가 어느 정도까지 일반적인지를 밝히는 것은 어렵다. 우리는 흔히 많은 남아메리카 사회의 기술이나 신화에 대해서는 잘 알고 있지만 그들의 사회학에 대해서는 불행히도 그렇지 못하다. 그러나 우리가 이용할 수 있는 정보가 단편적이고 때론 서로 모순되기도 하지만, 일정한 자료로부터 지역 외혼제가 절대적 확증은 아닐지라도 매우 높은 가능성을 지니고 거의 보편적으로 이루어졌다는 것을 추정할 수 있다. 일반적으로 말해서 조사 대상인 종족 집단의 총수에 비해 믿을 수 있는 정보가 확보된 집단은 매우 한정돼 있다. 『핸드북』(제3권)과 머독의 『남아메리카 문화 개관Outline of South American Cultures』을 바탕으로 추산했을 때 삼림 지역의 종족 집단의 수는 어림잡아 130개에 이른다(단 그 규모는 제각각이다). 그 중 혼인 규약과 관련된 정확한 사실들이 파악된 부족은 전체의 약 4분의 1에 불과한 32개 부족이다. 이 32개 부족 가운데 26개는 지역 외혼제를 행하고 나머지 6개 부족은 내혼 공동체를 형성하고 있다. 이것은 우리가 확실한 자료를 가지고 있는 부족 중 4분의 3의 부족이 지역 외혼제를 행한다는 것을 뜻한다. 나머지 거의 100개 부족에 대해서는 적어도 우리의 관심사인 혼인 규칙에 대해 알 수가 없다. 그러나 우리가 알고 있는 부족들에게서 나타나는 지역 외혼과 지역 내혼의 비율은 거의 그대로 우리가 알지 못하는 부족들에게도 적용될 수 있다고 생각한다. 우리는 확정된 사실(이는 상당히 많은 인디언 사회가 소멸되어버렸기 때문에 결국 도달 불가능하다)로서가 아니라 부분적으로 검증된 가설로서 삼림 지역의 집단 중 적어도 4분의 3이 지역 외혼제를 행했다는 생각을 받아들일 수 있다. 게다가 분명히 내혼제를 행한 종족 집단(예컨대 시리오노족, 바카이리족Bacaïri, 타피라페족Tapirapé)은 규모가 작은 집단이거나 문화적으로 다른 집단들 속에 고립되어 있는 집단이라는 것을 주목하지 않으면 안 된다. 그리고 마지막으로 지역 외혼제를 행하는 여러 부족들은 열대림의 주요 어족(아라와크어족, 카리브어족, 투피어족, 치브차어족, 파노Pano어족, 페바어족 등)에 속하며, 지역적으로 한정되어 있지 않고 페루 동부(아마와카족Amahuaca과 야구아족Yagua)에서 브라질 동부(투피족), 기아나(예쿠아나족Yecuana[10])와 볼리비아(타카나족Tacana)에 걸친 넓은 지역에 분산되어 있다는 것을 주목해야 한다.

열대림 부족들에게 지역 외혼제가 광범위하게 나타난다는 것이 통계적인 검토를 통해 거의 확실한 것으로 드러났다면, 많은 경우에 지역 외혼제는 공동체의 특성으로 인해 필연적으로 나타나는 것이 된다. 한 **말로카**가 하나나 둘 정도의 확대가족으로 구성될 경우 그 집단의 구성원들은 서로를 실질적인 혈족으로 인식하고, 집단 규모가 좀 더 큰 경우에는 명목상의 혹은 유별적類別的인 혈족으로 인식한다. 어떤

---

10 베네수엘라 남부에 사는, 카리브계의 언어를 사용하는 인디언 사회에서 스스로를 부르는 호칭이다. 종종 마킬리타레Maquilitare라고도 불린다. 오리노코 강 지류를 카누를 타고 왕래한다. 1969년 현재 인구는 1,500명 정도이다. 수렵 채집과 화전 경작을 통한 카사바 재배가 주요한 생업이다.

경우라 하더라도 같은 **말로카**에 사는 사람들은 매우 긴밀한 관계에 있는 친족이고 따라서 집단 내부에서의 혼인은 금지된다는 것을 예상할 수 있다. 즉 지역 외혼은 일종의 의무인 것이다. 이 외혼제의 존재는, 나중에 살펴보겠지만, 정치적 이점을 안겨준다는 기능만으로는 설명할 수 없다. 그것은 우선 무엇보다도 그 규칙을 실천하는 공동체를 시블링 집단으로 파악하여 각 구성원이 자기 집단 내에서 배우자를 선택하는 것을 금한다는 공동체의 특성으로부터 나타나는 것이다. 요약하자면 대형 가옥에서의 공동 거주와 문화적으로 인지된 동일 친족 집단으로서의 소속감을 통해 열대림의 여러 집단들은 서로 교환을 행하고 연대 관계를 지닌 사회학적 단위가 된다. 동시에 그 조건이자 수단인 외혼제는 이러한 단위의 구조와, 단위가 단위로서 존속하는 데 본질적인 요건이다. 실제로 이 외혼제가 지역 외혼이라는 특성을 지니는 것은 공동체가 지리적으로 떨어져 있다는 데서 비롯된 우연적인 것이고, 예컨대 투피족에게서 발견되는 것처럼 여러 개의 공동체가 한 마을을 형성할 정도로 가깝게 병존하는 경우 외혼제는 지역 외혼제로 나타나지 않고 동족 외혼제 형태로 전환되어 나타난다.

  이로써 공동체의 외부를 향한, 즉 다른 공동체에 대한 개방성이 상정된다. 이러한 개방성은 각 단위의 절대적 자율을 지나치게 주장하는 원리를 무너뜨린다. 실제로 아내 교환(부거제일 경우)이나 사위 교환(모거제일 경우)을 하는, 즉 각자의 존속을 위해 **긍정적인 관계를** 유지하는 집단들이 언제라도 전쟁으로 발전할 수 있는 상호 호전성을 내포하는 부정적 징후로서의 극단적 독립성을 주장—지나치게 가치 부여된 것으로 의심된다—하기 위해 이러한 관계의 확실성에 일제히 반기를 든다는 것은 생각하기 어렵다. 경제생활과 종교생활, 내부의 정치적 조직이라는 몇몇 기본적인 측면에서 이들 공동체가 완전히 자율적인 방식으로 움직인다는 것은 의심할 여지가 없다. 그러나 이러한 자율성은 집단생활의 모든 측면에 확대될 수 없을 뿐만 아니라 광범위하게 이루어지고 있는 지역 외혼이라는 사실 자체가 각 공동체의 완전한 독립을 불가능하게 만든다. **말로카** 사이의 여성 교환은 확대가족과 외혼 단위 사이에 긴밀한 친족 관계의 끈을 만듦으로써 정치적 관계를 구성한다. 이것은 항상 뚜렷하게 드러나는 관계도 아니고 성문화된 것도 아니지만 혼인을 통해 묶인 이웃 집단을 서로 전혀 무관한 외부자이거나 공공연한 적으로 간주하는 것을 불가능하게 한다. 그러므로 가족 간의 연대이자 그것을 넘어 외혼 단위 간의 연대인 혼인은 여러 공동체들이 하나의 전체로 묶이고 통합되는 데 기여한다. 이 통합은 분명 매우 분산적이고 유동적이긴 하지만, 상호 간의 권리 의무의 암묵적인 체계와 중대한 상황에서 드러나는 연대 관계, 그리고 서로에 의해 둘러싸여 있다는 것을 알고 있는 각 집단들의 확신에 의해 규정되는 것이기도 하다. 식량이 부족하거나 적의 공격을 받았을 때 각 공동체의 주위에는 적대적인 타인이 아니라 혼인이나 혈연을 통해 묶인 집단이 있다고 보아도 틀리지 않는다. 단순한 공동체를 넘어서는 정치적 지평의 확장은 우호 관계를 지닌 집단들이 우발적으로 가까이에 거주하고 있다는 것으로부터 생기는 것이 아니라 혼인 연대를 통해 자기의 안전을 확보하고자 하는 각 정주 단위의 절실한 필요로부터 생긴다.

이러한 복수적 형태의 공동체를 형성하게 된 데에는 또 다른 요인이 있다. 지역 외혼제는 배우자가 될 수 있는 범주를 분류하여 자신과 다른 단위에 속한 사람만을 성적 파트너로 삼도록 한다. 그러나 이중에서도 극소수만이 우선적 배우자의 범주에 들어가기 때문에 이 파트너 집단조차도 축소된다. 실제로 **교차 사촌혼**의 규칙은 지역 외혼제의 규칙과 동일하다. 즉 남성의 배우자로서 적합하고 바람직한 배우자는 다른 **말로카**에 거주하는 여성일 뿐만 아니라 그 남성의 어머니의 형제의 딸이거나, 아버지의 자매의 딸이다. 따라서 이것은 여성 교환은 원래 서로 "무관한" 단위 간에 행해지는 것이 아니라, 비록 현실적인 것이라기보다는 유별적인 것일 가능성이 높지만, 긴밀한 친족 관계의 연결망으로 결합되어 있는 단위 사이에서 이루어진다는 것을 말한다. 친족 관계는 이미 정해져 있고, 지역 외혼이 이루어짐에 따라 각 단위는 고립된 상태에서 벗어나 각각의 구성 요소를 넘어선 **체계**를 형성시켜나간다. 그런데 지역 외혼이 이루어지도록 만드는 심오한 지향은 과연 무엇일까 하는 의문이 생긴다. 왜냐하면 만약 그것이 공동 거주자들, 즉 친족 사이의 혼인을 가로막아 근친혼 금기를 실현하기 위한 것일 뿐이라고 한다면 수단이 목적에 부합하지 않는 것으로 생각되기 때문이다. 개별 **말로카**에는 이론상 친족 관계인 사람이 최소한 100명 이상 살고 있는데, 출계의 양계적 특성은 단계 출계일 경우에만 가능한 정확하고 범위가 한정된 계보 관계를 따질 수 없게 만들 것이다. 그리하여 확대가족 A에 속한 남자는 같은 **말로카**에 살지만 확대가족 B에 속한 여자와 근친혼 금기를 범한다는 의식 없이 결혼할 수 있을 것이다. 왜

나하면 A라는 남자와 B라는 여자 사이에 비의사非擬似 친족parenté non fictif 관계가 맺어지는 것이 정말로 불가능할 수도 있기 때문이다. 따라서 지역 외혼은 근친혼 금기를 강화하는 소극적 기능이 아니라 자기 공동체 밖에서 혼인 관계를 맺도록 강제하는 적극적 기능을 지니고 있다. 다른 말로 하자면 지역 외혼제의 의미는 **정치적 연대의 수단**이라는 기능 속에서 발견된다.

이러한 연대의 연결망을 형성하고 있는 공동체들의 수를 추정할 수 있을까? 이 점에 대한 자료들은 거의 전무하기 때문에 어림잡기조차도 어렵다. 그렇지만 아마도 몇몇 자료들을 이용해 대략적인 수치를 알아보거나, 최대치와 최소치 중간으로 수치를 설정할 수 있을 것이다. 실제로 지역 외혼제가 두 공동체 사이에서만 지속적으로 이루어진다면 우리는 그 경우를 진정한 상호 보완적인 외혼 반족이라고 할 것이다. 그러나 제Gé어족에 속하는 부족들에서 거의 예외 없이 발견되는 이러한 형태의 사회조직은 열대림의 집단들 중에서는 예를 들어 문두루쿠족이나 투카노족 등을 제외하면 매우 드물게 발견되기 때문에 혼인 교환은 적어도 세 공동체들 사이에서 이루어지는 것이 거의 확실하다. 그러므로 이 수치를 최소치라고 생각해도 좋을 것이다. 다른 한편 열대림에 특유한 사회-정치적 모델—그리고 아마 생태적 모델로서도—이 유독 투피 집단에 속하는 몇몇 사회에서 가장 고도로 실현되었다는 견해를 받아들인다면, 이 집단이 우리가 구하고 있는 정치적 결합의 범위의 최대치라고 상정할 수 있을 것이다. 투피남바족과 과라니족의 마을들은 4~8개의 대형 공동 가옥들로 구성되어 있다. 이러한 마을은 진정한 의미에서의 마을, 즉 한정된 지역에 집중된 집단이다. 이 외의 공동체들은 때때로 서로 멀리 떨어져 있기도 했다. **말로카** 사이의 거리는 사회-정치적 조직 수준의 차이를 나타내는 징표라고 볼 수 있다.

　이렇게 하여 열대림 지역에서 가장 주목해야 할 사회조직의 유형을 특징짓는 것이 가능해졌다. 지금까지 검토해온 단위들의 성격을 염두에 두고 3~8개의 지역 공동체로 구성되는 대단위méga-unités를 다원적 polydémiques 구조라고 부르기로 하자. 투피의 여러 부족이 그 가장 좋은 예라고 하겠다. 따라서 "점묘화tachiste"라고 부를 수 있을 듯한, 서로를 두려워하며 적대적 관계를 지닌 무수한 집단이라는 전통적인 그림 대신에, 우리는 여러 문화들을 다양한 규모의 집단으로 집결시킴으로써 그 문화들의 의사 원자설을 파괴하는 통합력의 느린 작용을 본다. 어쨌든 이러한 힘의 작용은 자기중심적이고 공격적인 성격이 이들 사회의 미숙하고 유아적인 속성을 증명해준다는 안이한 이미지가 잘못되었다는 것을 보여준다.

　지금까지는 이들 문화를 **구조**라는 관점에서만, 즉 있을 법한 통시적 차원을 고려하지 않은 도식에 따라 검토해보았다. 그런데 공동체의 성격을 검토하는 과정에서 이러한 공동체들이 단계성이 명확한 조직, 즉 동족이 아니라 외혼 단위라면 몇 가지 요인에 의해 이 양계적 외혼 단위가 서서히 단계 동족으로 변환될 가능성이 있다는 것이 밝혀졌다. 이러한 요인에는 두 가지가 있다. 하나는 외혼 단위의 구조 속에 내재하는 것이고, 다른 하나는 외혼 단위 사이의 정치적 관계에 작용하는 것이다. 이 요인들이 모두 이들 원시 집단들이 엄밀한 의미에서 역사를 개시하는 데 기여한 것은 분명 아니지만, 이들 사회의 매우 느린 생활 리듬과 일치하는 운동을 가능하게 하는 **원동력**을 낳는 데에는 기여했다고 할 수 있다.

이미 살펴본 것과 같이 한 말로카의 주민들은 공동 거주를 통해 서로를 친족으로 인식하는 특권적인 끈을 지니게 된다. 또한 결혼 후의 거주가 부거제나 모거제로 결정되면서 부계나 모계의 계열을 따라 정서적인 끈과 유대 관계가 강화될 수밖에 없다. 예를 들어 부거제의 경우에 아버지와 할아버지와 같은 집에 사는 에고Ego는 부계친족, 즉 할아버지의 형제와 그들의 남자 자손과 일생 동안 같이 생활하게 된다. 이 경우 외혼 단위의 틀이자 집합적 삶을 구성하는 영속적인 구조적 요소는 부계 출계만으로 구성된다. 에고의 모계친족은 전혀 모르는 사람들은 아니라 하더라도 적어도 좀 더 소원한 관계에 있게 된다. 에고가 남자라면 어머니의 출신 공동체는 아버지의 공동체와 친족 관계가 있다고 할지라도 에고로서는 매우 드물게 만날 수 있는 외부 집단일 뿐이다. 에고와 에고의 모계친족 사이의 유대의 정도는 부모들의 출신 집의 거리에 따라 크게 달라진다. 만약 두 집 사이의 거리가 걸어서 며칠, 또는 심지어 몇 시간이 걸린다 해도 어머니의 출계 집단과의 접촉은 가끔씩만 이루어질 수 있을 것이다. 그런데 보통 **말로카**는 서로 상당히 먼 거리에 떨어져 있기 때문에 에고는 부계친족 집단에 거의 절대적인 귀속 감정을 지니게 된다.

그뿐만 아니라 이러한 외혼 단위들은 동족의 중요한 특성인 연속성을 갖는다.[16] 왜냐하면 키르히호프가 말했던 것과는 반대로 공동체— 그는 이를 확대가족으로 보았다—는 추장이 죽는다고 해체되지 않기 때문이다. 그 이유는 단순한데—묘하게도—키르히호프가 지적한 것처럼 추장의 지위가 세습되기 때문이다. 정치적 직무의 세습은 사회구조가 시간적으로 지속된다는 것을 보여주는 충분한 징표이다. 실제로 추장이 죽었을 때 집단이 해체되지 않고 추장이 "주인이었던" 집을 버리고 바로 옆에 새로운 말로카를 건립하는 사례를 위토토족 등에서 발견할 수 있다. 지도자의 직무를 사회구조의 핵심인 부계를 따라 아버지로부터 아들로 이양한다는 사실은 시공간적 통합성을 유지하기 위한 집단의 의지를 보여주는 것이다. 투피남바족이 집단의 구성원인 여자와 집단에 속하지 않는 남자—많은 경우에 포로이다—의 사이에서 태어난 아이는 먹어버리는 데 비해 집단에 속한 남자의 아이들은 부계 친족원으로 받아들인다는 사실도 이들이 부계성을 매우 중시한다는 것을 보여준다. 외혼 집단의 내부 조직에서 작동되는 이러한 다양한 요인들은 두 개의 친족 출계 중에서 하나만을 강조하여 연속성을 확보하고자 하는 경향을 확실하게 보여준다. 외혼 단위는 동족을 향한 방향성을 지니고 있다. 그리고 이러한 운동의 원동력은 양계 출계 체계와 단계적 거주 규정 사이의 모순, 다시 말해서 양계적이라는 합법성과 단계적이라는 현실 사이의 모순이다.

  거주의 단계성은, 로위의 견해와는 달리 그리고 머독이 지적한 것처

---

16) 본 장의 주석 10번 참조.

럼, 출계의 단계성을 필요조건으로 하기는 하지만 주지하고 있는 바와 같이 전자로부터 후자가 필연적으로 도출되는 것은 아니다. 출계가 거주로부터 독립되어 있을 때에만 진정한 의미의 동족을 이야기할 수 있다. 열대림의 부거제 외혼 단위는 여자가 결혼한 이후에도 출신 집단의 구성원의 자격을 계속해서 지니고 있어야만 동족이라고 부를 수 있을 것이다. 그러나 실로 이 점에서, 여자가 결혼해서 자기의 **말로카**를 떠나면 되돌아오는 것은 거의 생각할 수 없고 여자에게 있어 결혼이란 대형 가옥에서 사라지는 것으로 간주된다는 사실은 동족 조직으로의 경향이 두드러진 형태로 발전할 수 없다는 것을 나타낸다. 열대림 전체에서 다원적인 외혼 단위의 구조는 **말로카**가 분산되어 있다는 사실로 인해 유동적인 성격을 지니게 되고 동족 형성의 경향이 현실화될 수 없게 된다. 다원적인 외혼 단위의 구조가 보다 명료하고 뚜렷하며 확정되어 있는 과라니족과 투피남바족의 대규모 마을에서는 사정이 다르다. 이곳에서는 가옥들이 인접해 있기 때문에 사람들의 이동이 불필요하다. 즉 젊은 남자들이 장인에게 봉사해야 하는 "서비스" 기간 동안, 결혼이 결정된 여자들은 같은 지역 내의 다른 **말로카**로 이동하기만 하면 된다. 따라서 모든 사람은 언제나 자기 가족의 시야 속에 놓여 있고 자기의 출신 집단과 일상적으로 접촉한다. 이러한 집단에서는 외혼 집단이 동족으로 전환되는 것을 방해하는 것이 전혀 없다. 오히려 다른 여러 힘들이 이러한 전환의 경향을 강화시킨다. 실제로 삼림 지역의 다른 집단들이 단지 부분적으로만 완성한 사회 모델을 여러 투피족은 명확하게 현실화했다. 즉 사회-정치적 단위들을 구조화된 전체에 철저하게 통합시켰다. 이 사실은 집중화되어 있는 마을 구조에도 나타나 있듯이 구심적인 여러 경향이 존재했기 때문에 가능한 것이었다. 그러나 그렇다고 한다면 새로운 조직의 내부에서 기존에 있던 단위들은 어떻게 되는가라는 질문을 하지 않을 수 없다. 여기에는 두 가지의 사회학적 가능성이 있다고 생각된다. 하나는 통일화와 통합화 경향이 이들 단위의 점진적인 해체―혹은 적어도 그 구조적 기능의 대폭적인 감퇴―로 나타나고 그 결과 사회계층화가 시작되는 단계로 접어들 가능성이다. 다른 하나는 단위들이 존속하며 강화될 가능성이다.

첫 번째 가능성은 남아메리카의 북서부에 있는 환카리브 문화권에 속하는 여러 집단들(예를 들면 치브차족과 도서 지역의 아라와크족)에서 나타났다.[17] 이들 지역, 특히 콜롬비아와 베네수엘라의 북부 지역에서는 하나의 도시나 협곡만을 지배하는 봉건 체제의 많은 군소 "국가"가 형성되었다. 이곳에서는 종교 권력과 군사력을 장악한 귀족들이 대다수의 "평민" 대중들과, 인접 집단과의 전쟁에서 포획한 수많은 노예 계급을 지배하고 있었다. 두 번째 가능성은 여러 투피족에게서 발견할 수 있을 듯하다. 왜냐하면 그들에게는 원래부터 사회계층화가 발생하지 않았기 때문이다. 사실 투피남바족의 전쟁 포로는 승리자와 주인에 의해 노동력을 착취당하는 노예 계급으로 볼 수 없다. 브라질에 관한 초기의 연대기 작가인 테베Thevet[18], 레리Léry[19], 슈타덴Staden[20]

---

17) *HSAI*, t. IV, V 참조.
18) A. Thevet, *Le Brésil et les Brésiliens*, Paris, P.U.F., 1953, p. 93.〔테베(1504~1592)는 프

등의 보고에 따르면 투피남바의 전사들에게 있어서 한 명 이상의 전쟁 포로를 소유하는 것은 대단한 명예였기 때문에 식량이 부족할 때 전사는 포로를 먹어치우기보다는 아무것도 먹지 않는 쪽을 택할 정도였다고 한다. 그뿐만 아니라 포로들은 곧바로 주인의 공동체로 동화되었으며, 주인은 자신의 명예의 산증인인 포로들에게 자신의 누이나 딸을 주는 것을 망설이지 않았다. 그리고 때로는 아주 오랜 시간이 지난 후

랑스 앙굴렘에서 태어났다. 자세한 전기는 알려져 있지 않다. 어린 시절에 프란시스코회에 들어가 수도사가 되었다. 근동 지방을 여행한 후 1554년 프랑스로 귀국하여 『동방지지東方地誌Cosmographie du Levant』를 간행하였다. 1555년 식민지인 브라질로 가기 위해 아메리카로 건너갔으나 병으로 인해 1556년에 프랑스로 되돌아왔다. 그후 궁정의 사제, 국왕의 수사관修史官, 지지관地誌官으로 임명되었다.〕

19) Jean de Léry, *Journal de bord de Jean de Léry en la terre de Brésil*, 1557, Paris, Editions de Paris, 1952.〔레리(1534~1611/1613)는 프랑스 라마르젤에서 태어났다. 유복한 환경에서 컸고 어릴 때부터 종교개혁운동의 영향을 받았다. 18세경부터 제네바에서 카르반Karwan으로부터 신학을 배웠다. 카르반은 신대륙에서의 포교를 위해 두 명의 목사를 브라질로 보냈다. 그때 14명의 제네바 사람이 응모하였고 그중 한 사람이 레리였다. 1557년 3월 7일, 4개월간의 항해를 거쳐 브라질에 도착하였고, 그곳에서 10개월을 체재한 후 프랑스로 돌아왔다. 귀국 후 브라질의 투피남바족을 중심으로 한 견문록을 저술하였다.〕

20) Hans Staden, *Véritable histoire et description d'un pays.....situé dans le Nouveau Monde nommé Amérique*, Paris, A. Bertrand, 1837.〔슈타덴(1527)은 독일 헤센 지방의 혼베르크에서 태어났다. 자세한 전기는 알려져 있지 않다. 1547년에 리스본으로 가 그곳에서 인도로 가고자 했으나 배가 없어 브라질로 건너가게 되었다. 1548년 1월 28일, 84일 만에 브라질에 도착하였다. 1555년에 포르투갈선의 용병이 되어 유럽으로 돌아올 때까지 두 차례에 걸쳐 브라질에서 살았다. 첫 번째는 레시페 부근, 두 번째는 산토스 부근에서 포르투갈 식민지의 요새 만드는 일에 종사하다 투피남바족의 공격을 받아 포로가 되어 9개월 동안 그들과 생활하였다. 당시 투피남바족은 프랑스와 동맹 관계를 맺고 있었기 때문에 포르투갈인은 그들의 적이었다. 포로 생활을 하면서 전쟁과 식인 행위 등을 목격하고 귀국 후 견문록을 썼다.〕

에 포로가 살해되어 주인의 의례 음식으로 바쳐졌을 때 보다 완벽하게 통합이 이루어진 것으로 생각되었다.

이와 같이 투피 사회는 계층화되어 있지 않았다. 투피 사회를 구축한 힘의 분화와 힘의 계통은 궁극적으로 열대림의 다른 집단과 마찬가지로 성, 연령, 친족 관계 등이었다. 정확히 말하자면 마을이라는 형태로 공간적으로 표현된 복수의 공동체로 이루어진 사회조직의 일반 모델의 응집과 집약화가 구성 요소인 외혼 단위, 즉 데메의 "개성personnalité"과 갈등을 일으키는 통일화의 원리로 작동하지 않았다. 오히려 "유동적" 구조의 결정화를 노리는 구심력의 출현은 외혼 단위의 구조에 내재하는 원심력을 대칭적으로 강화시켰다. 다른 말로 하자면 여기서 묘사된 역동성은 본질적으로 **변증법적** 성격을 지니고 있다. 즉 체계의 구축이 확정되고 명확해짐에 따라 그 구성 요소들은 요소 자체의 지위 변화에 반작용하여 스스로의 구체적이고 독특한 성격인 개별성을 강화하게 된다. 이러한 전체 구조의 출현은 외혼 단위의 소멸을 가져오지 않고—만일 그렇게 된다면 다른 종류의 차별화, 즉 사회계층화가 이루어질 것이다—오히려 구성단위의 구조적 변형을 낳는다. 이 변형의 의미는 과연 무엇일까? 그것은 전적으로 단위의 고유한 성격, 즉 본질적으로 친족 집단이라는 특성에 내포되어 있다. 그렇다면 친족 집단은 집단들을 결합함으로써 일체화시켜나가는 움직임의 작용에 따라 스스로를 개편하기 위한 어떤 수단을 가지고 있는가? 그것은 친족 집단의 특징인 잠재적 단계성을 전면에 내세워 구성원의 귀속의 법을 이미 우선적 중요성을 상실한 공동 거주가 아니라 출계 규칙에 따라 행하는 것이다. 이리하여 외혼 단위는 동족으로 변환한다. 구성 요소의 변환은 전체 구조, 즉 집합의 구성과 관련되게 된다. 따라서 여러 투피 집단은 **다원적 외혼 단위의 구조**에서 **다원적 동족 구조**로의 이행의 예를 보여주고 있는 것이다.

 이러한 사실은 동족이 거주 단위 집단의 새로운 조직화와 관련해서만 혹은 그것에 대한 반작용으로서만 출현한다는 것을 의미하는가? 거주와 출계가 상호 관련되어 변화하는 것이 아닌 이상 이 명제를 받아들일 수는 없다. 이행 자체는 우연적인 것, 바꿔 말하자면 구조가 아니라 역사와 관련된 것이다. 열대림의 다른 집단에서는 단지 경향성으로만 잠재하고 있는 것이 투피족에서는 표면화될 수 있도록 촉매작용을 한 요소는 좀 더 "응집된" 사회구조를 구축하도록 투피족들을 몰아간 불안이었다. 이러한 이행은 이와 다른 역사적 과정에서도 나타날 수 있다. 단지 외혼 단위의 동족으로의 이행이 각 단위에 내재하는 **관계적** 성격을 자극했다는 점은 명심해야 할 것이다. 동족은 "강한" 체계에서만 출현하고, 역으로 강한 체계의 성장은 출계 규칙의 구조화를 부인하는 사회계층화로 귀착되거나 그렇지 않으면 출계 규칙의 확정이나 과도한 인정으로 이어질 수밖에 없다. 즉 동족은 **변별 기호적**diacritique 본질을 지니고 있다고 할 수 있다. 그전까지 유동성을 지니고 있던 사회에 정치적 관계의 확대를 가져다주는 구심운동은 내적 불균형을 초래하는 동시에 요소 수준에서 새로운 상황에 대응한 원심운동을 불러일으켜 구심운동을 보상하게 된다. 이렇게 하여 사회는 새로운 균형에 도달할 수 있게 된다. 왜냐하면 원시사회의 내부에서 "작동하는" 힘은 결국 언제나 위협당하는 평형상태를 직접적 혹은 간접적으로 회복하고자 하는 경향을 지니기 때문이다.

  삼림 지역의 사회학적 모델의 투피족적인 형태에서 외혼 단위의 내부 관계로 묘사된 것이 그대로 존속할 수 없다는 것은 분명하다. 우선 동족 구조의 출현, 즉 그 구조의 통일적 성격을 명확히 드러내주는 계보적 연결의 응축은 동족을 구성하는 하위 집단인 확대가족의 기능적 가치를 크게 감소시켰다. 그렇기 때문에 여러 투피족에서 동족 사이의 관계가 의미를 갖는 것이다. 투피남바족의 마을은 평균적으로 4~8개의 대형 가옥의 무리로 이루어져 있었고 각 대형 가옥은 한 동족으로 구성되었으며 한 사람의 지도자가 있었다. 그리고 이러한 마을은 추장의 지도 아래에 있었다. 투피남바 공동체는 열대림의 다른 집단에서는 발견할 수 없는 단계로까지 정치적 관계의 문제를 끌어올렸다. 즉 다多동족 구조의 공동체는 "중앙집권화된" 권위를 지니는 동시에, "지방적인" 하위 추장을 온존시키고 있는 것이다. 인디언의 "장로회의"는 아마도 이러한 권력의 이원성에 대응하는 것으로 보인다. 최고 추장의 권위 행사에는 이 회의의 승인이 필요하였다. 여러 투피-과라니족의 정치적 공간은 때때로 매우 넓은 범위에 걸쳐 결합되어 있어 같은 문화권의 다른 종족 집단과는 비교될 수 없을 정도의 복잡한 정치적 문제틀을 지닌다는 점에서 다른 집단과 구별된다. 그런데 여러 투피족들은 이 정치적 공간의 확장을 다원적 동족으로 구성된 마을 공동체의 형성에 한정하지 않고, 삼림 지역의 여기저기에 단일 마을의 범위를 크게 넘어서는 권위의 모델을 구축하는 경향을 발전시키고 있는 듯하다. 남아메리카 인디언의 호전적인 기질을 강조하는 사람들이 시사하는 것과는 달리 부족 간의 관계는 일반적으로 긴밀하고 항상적이었다는 것을 우리는 알고 있다. 때때로 매우 멀리 떨어진 집단 사이에서 긴밀한 교역이 빈번하게 이루어졌다는 사실은 많은 학자들, 예를 들어 레비스트로스[21]나 메트로[22]가 잘 보여주었다. 그런데 투피족의 경우에 이것은 단순한 교역 관계의 문제가 아니라 여러 마을에 대한 몇몇 추장의 권위 행사와 관련된 진정한 의미에서의 영토적, 정치적 확장의 문제이다. 테베와 슈타덴에게 깊은 인상을 남겼던 타모이오족Tamoio의 유명한 추장인 쿠오니암벡Quoniambec의 인물상을 상기해보자. "이 왕은 자기 영토에 사는 야만인들뿐만 아니라 다른 지역에 사는 야만인들로부터도 매우 존경을 받았다. 젊은 시절에는 뛰어난 전사였고 그후의 전쟁에서는 현명한 지휘자였다."[23] 또한 이 기록 작가들은 투피남바족 추장의 권위가 전쟁에서는 매우 컸고 거의 절대적이라고 할 정도여서 그가 전사들에게 내세운 규율은 완전히 준수되었다고 적고 있다. 추장의 권위의 정도를 보여주는 가장 좋은 지표는 그가 동원할 수 있는 전사의 수이다. 구체적으로 보자면, 인용되는 숫자들은 때때로―다른 여러 숫자와의 관계를 생각하더라도―매우 엄청나다. 테베는 "타바이아레스Tabaiarres와 마르가게아스Margageaz"가 한 번 맞붙었을

---

21) C. Lévi-Strauss, "Guerre et commerce chez les Indiens de l'Amérique du Sud", *Renaissance*, vol. I, fasc. 1, 2.
22) A. Métraux, *La Civilisation matérielle des tribus Tupi-Guarani*, Paris, P. Geuthner, 1928, p. 277.
23) *Ibid.*, p. 93.

때 최대 1만 2,000명이 동원됐다고 기록하고 있다. 비슷한 상황에서 레리는 최대 1만 명이라는 숫자를 들고 있고 자신이 목격한 전쟁에 4,000명이 참가했다고 기록하였다. 또한 슈타덴은 전쟁 지휘자를 따라 포르투갈 진지에 대한 해상 공격에 동원된 부대의 규모를 평균 18명을 태운 38척의 배라고 계산하였다. 즉 "700명 정도의 남자로 이루어진 부대였고, 그것도 우바투바족Ubatuba의 한 작은 마을에서만 동원된 남자들이었다."[24] 전사의 수로부터 전체 인구수를 추정하려면 남자의 수를 대략 4배로 계산해야 한다. 이로부터 투피남바족에게는 10~20개의 마을들로 이루어진 사실상의 연합체가 있었다는 것을 알 수 있다. 여러 투피족, 그중에서도 브라질 해안 지역의 집단들은 확연하게 강력한 추장제―그 구조를 분석해야만 할 것이다―의 방대한 정치 체계를 구성하는 경향을 보인다. 실제로 중앙의 권위가 적용되는 범위를 넓히고자 한 시도는 지방의 소권력과 첨예한 마찰을 일으키게 되었다. 따라서 중심적 추장제와 하위의 추장제의 관계의 성격이라는 문제가 제기된다. 예를 들면 쿠오니암벡 "대왕"과 "그의 신하들인 소왕들"의 관계가 그것이다.

   이러한 경향은 해변 지역의 투피족에게서만 발견되는 것은 아니다. 보다 최근의 사례로는 투피-카와이브족Tupi-Kawahib을 들 수 있다. 투피-카와이브 집단 중 하나인 타크와티프족Takwatip은 20세기 초엽에 추장 아바이타라Abaitara ― 레비스트로스는 이 추장의 아들을 만난

---

24) *Ibid.*, p. 178, note 2.

적이 있었다[25]—의 지휘 아래 이웃 부족으로 영향력을 서서히 확장했다. 아마존 중류와 상류 지역에 있는 오마구아족Omagua과 코카마족Cocama에게서도 동일한 과정을 발견할 수 있다. 여기에서 추장의 권위가 미치는 범위는 대형 가옥 수준에 머물지 않고 공동체 전체로까지 확대되어 있었는데, 오마구아족의 마을은 50~60명의 사람이 거주하는 대형 가옥 60호 정도로 이루어져 있었다고 한다.[26] 따라서 공동체의 규모는 상당히 컸다는 것을 짐작할 수 있다. 문화적으로 투피남바족과 매우 가까운 과라니족에서도 추장제는 매우 발달되어 있었다.

그런데 이처럼 투피 문화를 "왕국"이라는 창조적인 정치의 원동력으로서 파악하는 것은 열대림 전체에 대한 그 문화의 독자성을 강조하고 나아가 투피 문화를 우리가 처음에 그것을 위치시켰던 문화권으로부터 독립된 개체로서 구성할 위험이 있는 것은 아닐까? 그것은 다른 어족에 속한 집단—규모가 훨씬 작긴 하지만—에서도 발견되는 동일한 과정을 무시하게 만들 것이다. 예를 들어 히바로족의 경우에도 지역 집단 사이에 군사동맹이 맺어져 복수의 공동체로 이루어진 조직 모델이 발견된다는 사실을 상기하도록 하자. 스페인 군대에 대항해 싸우기 위해 여러 히바리아jivaria[11]—히바로족의 말로카에 해당함—가 연

---

[25] C. Lévi-Strauss, *Tristes Tropiques*, Paris, Plon, 1955, chap. XXXI.
[26] *HSAI*, t. III 참조.
11 히바로족의 거주지를 뜻한다. 클라스트르가 참고한 『남아메리카 인디언 핸드북』 제3권(p. 621)에는 "히바로의 마을은 과거나 현재를 막론하고 언제나 단 하나의 거대한 가옥(히바리아)으로 이루어져〔……〕"라고 적혀 있다. 이 『핸드북』(스튜어

합하였다. 또 다른 예로 오리노코 강의 여러 카리브 부족들은 지역 외 혼제를 여러 공동체들에 대한 정치적 헤게모니를 확장하기 위한 수단으로 활용하였다. 이처럼 다른 지역에서는 찾아볼 수 없는 광범위한 사회적 집합을 구성하는 삼림 지역의 경향은 다양한 형태로 나타난다. 단 이러한 경향의 강도는 그것이 발현되는 문화마다의 구체적 상황—생태, 인구, 종교— 에 따라 달라진다는 것을 명심해야 한다. 투피족과 다른 사회 간의 차이는 질적인 것이 아니라 정도의 차이일 뿐이다. 이러한 사실은 결국 여러 투피족들이 동일한 조직 모델을 다른 집단들보다 사회구조 차원에서 좀 더 잘 실현했고, 삼림 지역의 여러 문화들 전체에 내재하는 원동력이 투피족에서는 다른 집단에서보다 더 빠른 리듬과 가속도로 발현되었다는 것을 의미한다.

아메리카 인디언의 여러 사회는 고대적인 성격을 지니고 있다. 그러나 부정적인 의미에서, 그리고 우리들 유럽인의 기준으로 볼 때 그렇다는 것이다. 우리 자신의 고유한 도식에 맞지 않는 생성 과정을 지닌 여

드와 메트로가 주도하였다)은 1920년과 1935년에 발간된 카르스텐의 저술에 따른 것이었다. 카르스텐은 사진의 제목이나 지도의 제목 등에서, 그리고 "가옥"이라는 항목에서 이 용어를 어떤 설명도 없이 사용하고 있다. 이 항목에서는 "가옥house"이 히바리아로 불린다는 것을 한 번도 적지 않고 있으며 이것이 토착어인지 여부도 명기하고 있지 않다. 또한 가옥이 빈번하게 나오는 데 비해 히바리아는 겨우 두 번만 사용되고 있다. 사실 히바로족 및 인접한 아구아루나Aguaruna 사회에는 "가옥"을 뜻하는 다른 용어가 있다. 그들의 가옥은 긴 원형을 띠고 있는데 길이는 약 40~60피트, 폭은 약 25~36피트, 지붕의 높이는 약 7피트 정도이다. 보통은 한 가족이 거주하며 5~9년 정도 사용하고 다른 곳으로 옮긴다. 가옥 내에는 남녀의 공간이 나누어져 있다.

러 문화를 "정체한" 문화라고 불러도 좋을 것인가? 이러한 사회에는 역사가 없다고 말할 수 있는가? 이러한 물음이 의미를 지니기 위해서는 우선 답변이 가능한 형태로, 즉 서구적 모델의 보편성을 가정하지 않은 채 의문을 제기해야 한다. 역사는 다양한 의미로 설명될 수 있고 그것을 바라보는 여러 가지 관점에 따라 변화한다. "그러므로 전진적 문화와 정태적 문화 사이의 대립은 무엇보다도 초점을 맞추는 방법의 차이로부터 생긴다."[27] 체계를 형성하는 경향은 지역에 따라 다른 범위와 깊이로 실현되고, 그 차이 자체가 문화권의 여러 문화에 하나의 "통시적" 차원을 가져다준다. 그것은 유난히 투피-과라니의 여러 부족에게서 뚜렷하게 발견된다. 즉 이들 사회는 역사가 없는 사회가 아니다. 삼림 지역의 문화와 주변 지역의 문화 사이의 차별성은 생태적인 면보다는 정치조직 차원에서 좀 더 명료하게 나타난다. 그러나 이들 사회는 역사적 사회도 아니다. 이런 의미에서 이들의 문화와 안데스 지역의 문화 사이의 대칭적이고 역전된 대립 관계는 매우 강하다. 삼림 지역 사회의 특이성으로 인정되는 정치적 원동력은 이들 사회를 구조의 수준에서—시대구분의 의미에서가—아니라 前역사적이라고 부를 수 있는 지평에 놓을 수 있게 해준다. 이와 대비되는 주변 부족들은 비역사적 사회a-historiques의 예이고, 그중 잉카제국은 이미 역사적인 문화의 예라고 할 수 있다. 그러므로 열대림 지역의 고유한 원동력이, 안데스 지역을 지배한 역사라는 의미에서, 역사의 **가능성의 조건**이라고 상정하

---

[27] C. Lévi-Strauss, *Race et histoire*, Paris, Unesco, 1952, p. 25.

는 것은 충분히 가능하다. 따라서 열대림 지역의 정치적 문제 틀은 그 한계점을 설정하는 두 가지 지평, 즉 제도 탄생의 장이라는 발생적인 지평과 제도의 운명이라는 역사적 지평으로 귀착된다.*

* 이 글은 *L'Homme* III(3), 1963에 처음 실렸다.

제4장 아메리카 인디언의 인구론적 요소들

　정치인류학을 주제로 하는 연구 속에 주로 인구론을 다루는 텍스트가 들어 있는 것을 보고 놀랄 사람도 있을지 모른다. 실제로 권력관계들과 그것을 통제하는 제도의 움직임을 분석하는 데 있어서 반드시 대상 사회의 인구 규모나 인구밀도를 증거로 제시해야 하는 것은 아닐 것이다. 권력(또는 비권력)의 공간은 예컨대 인구수와 같은 일체의 외부적 영향과는 멀리 떨어져서 무관하게 유지되고 재생산되는 자율성을 지닌 영역으로 간주되고 있다. 그리고 집단과 집단의 권력 형태 사이에 평온한 관계가 유지된다는 사고는 인구 증가를 통제하거나 억제하기 위해 인공유산, 유아 살해, 성적 금기, 수유 기간 늘리기 등과 같은 여러 가지 수단을 행하는 고대적 사회의 현실과 상당히 잘 대응하는 것처럼 보인다. 이렇게 하여 인구의 흐름을 코드화할 수 있는 야만인들의 능력은 이른바 생계경제가 대량의 인구를 먹여 살릴 수 없었을 것이라는 우리의 확신과 맞물려 원시사회가 필연적으로 "제약된" 사회라는 확신에 점차 힘을 실어주었다.

남아메리카의 전통적인 이미지(상당 부분이 민족학 자체에 의해 만들어졌다는 것을 잊지 말도록 하자)는 사실을 놀라우리만큼 가볍게 다루도록 이끄는 반#진리demi-vérités, 오류, 편견들의 혼합을 보여주는 매우 좋은 예이다(『남아메리카 인디언 핸드북』에 나와 있는 남아메리카 여러 사회에 대한 분류를 참조).[1] [이 이미지에 따르면] 한편에는 서로 연속되는 안데스와 고산지대의 문화가, 그리고 다른 한편에는 어떠한 차이도 발견할 수 없는 단조로운 반복만이 계속되는, 서로 비슷비슷한 소규모 사회들이 군집한 삼림, 사바나, 팜파스가 있다. 여기에서 문제가 되는 것은 이 모든 것이 어느 정도나 진실인지를 아는 것이 아니라 이것이 얼마나 잘못되었는지를 아는 것이다. 출발점으로 되돌아와서, 인구론과 정치적 권위 사이의 연관의 문제는 두 개의 질문으로 나뉜다.

1. 남아메리카 삼림의 모든 사회들은 사회를 구성한 사회-정치적 단위의 수준에서 서로 대등한가?
2. 정치권력의 성격은 그것이 통용되는 영역의 인구 규모가 커져서

---

[1] 내가 여기에서 참조한 16~18세기의 자료들은 모두 프랑스인, 포르투갈인, 스페인인, 독일인 등의 기록 작가들과 남아메리카에 당도했던 초기의 예수회 선교사들의 텍스트와 편지 등이다. 이들 자료는 널리 알려져 있고 이 이상의 자세한 자료를 참조할 필요는 없다고 생각한다. 이들 자료와 함께 『남아메리카 인디언 핸드북』(New York, V, 1963)을 참조하였다.

인구밀도가 높아지더라도 변하지 않는가?

  우리는 투피-과라니족의 추장제에 대해 다루는 동안에 인구론의 문제와 만났다. 언어적, 문화적으로 매우 동질적인 부족인 투피-과라니족을 삼림 지역의 다른 사회와 혼동해서는 안 되는 주목할 만한 두 가지의 특징이 있다. 첫째, 이들 인디언 사회에는 다른 사회에서 발견할 수 없는 실제적인 힘을 지닌 추장제가 존재한다. 둘째, 사회 단위—지역 집단—의 인구밀도가 남아메리카 사회의 평균치로 인정되는 수준보다 월등히 높다. 투피-과라니족의 정치권력의 변화가 인구 증대에 따라 야기되었다고 단정할 수는 없지만 적어도 이들 부족에 특유한 이러한 두 가지 특징을 고려하는 것은 정당하다고 생각한다. 그런데 여기에는 해결해야 할 문제가 있다. 즉 투피-과라니족의 지역 집단은 실제로 다른 문화에 비해 인구 규모가 컸는가 하는 것이다.

  이 문제는 자료 자체의 출처와 내용을 어느 정도 신뢰할 수 있는지와 관련되어 있다. 투피-과라니족은 이미 오래전에 거의 완전히 사라졌음에도 불구하고(파라과이에 살아남은 몇 천 명의 사람들을 제외하고) 역설적으로 남아메리카의 원주민 중에서 가장 잘 알려진 집단이다. 사실 이 집단에 대해서는 매우 풍부한 문헌 자료가 있다. 가장 처음에는 여행가들이, 곧 이어서 16세기 중엽 이후에는 프랑스, 스페인, 포르투갈 등지에서 온 예수회 선교사들이 브라질 해안 전역에서부터 지금의 파라과이의 대부분에 걸쳐 거주하고 있던 이 야만인들을 충분한 시간에 걸쳐 관찰할 수 있었다. 이를 통해 만들어진 수천 페이지에 달하는 자료에는 인디언의 일상생활, 야생식물과 재배 식물, 결혼 관습, 육아 방식, 전쟁 방식, 포로를 의례적으로 살해하는 방식, 집단 사이의 관계 등이 기술되어 있다. 이러한 연대기 작가들의 증언은 상이한 시대에 상이한 장소에서 작성되었지만, 대체로 언어적·문화적으로 극단적인 분열 상태에 직면해 있는 남아메리카에서 유일하게 민족지적인 일관성을 보여주고 있다. 투피-과라니족은 반대의 상황을 보여준다. 즉 서로 수천 마일이나 떨어져 있는 부족들이 똑같은 생활 관습을 지니고 같은 의례를 행하고 같은 언어를 사용한다. 파라과이의 한 과라니족 남자는 4,000km 떨어진 마라논 강의 투피족 마을에서 자신이 매우 친숙한 곳에 있다고 느꼈다. 그렇기 때문에 초기 연대기 작가들이 같은 현실을 보고 같은 현실을 써놓은 기록을 보는 것은 진절머리 나는 일일 수도 있지만, 어쨌든 그 기록들은 서로 검증된다는 점에서 연구에 대한 확실한 기반을 제공하고 있다. 즉 과라니족에게 선교를 하던 몬토야Montoya나 하르케Jarque가 그들보다 60년 전에 리오만의 투피남바족을 방문했던 테베나 레리에게 호응하고 있다는 사실에서도 이는 잘 나타나 있다. 대부분이 높은 교육을 받은 충실한 관찰자였던 기록 작가들의 재능과 기록 대상 집단의 상대적 균질성이 결합하여, 아메리카 연구자들로서는 행운이라고 할 만큼, 지금의 연구자들도 기댈 수 있는 예외적일 정도로 풍부한 자료가 남아 있다.

  기록 작가들은 거의 예외 없이 기술記述을 보완하기 위해 가옥의 크기, 농토의 넓이, 마을 간의 거리 그리고 특히 그들이 방문한 지역의 인구수 등에 관한 수치를 제시하고 있다. 물론 그들의 조사 동기는 레리식의 민족지적 엄격함이나 슈타덴식의 군인적인 객관성, 통제하에 있는 주민들의 수를 집계할 필요가 있었던 선교사들의 행정적 관심 등 여러 가지였다. 그러나 다른 측면과 마찬가지로 이 점에 있어서도, 과라니족에 대한 것이든 투피족에 관한 것이든, 마라뇬에 대한 것이든 브라질 남부에 대한 것이든 양적인 정보는 어떠한 불일치도 보이지 않는다. 투피-과라니족들이 거주하는 광대한 지배 영역의 어느 곳에 대해서든 기록된 숫자는 거의 비슷하다. 그런데 기묘하게도 남아메리카 전문가들은 지금까지 이러한 정보들을 등한시하거나―때때로 이 자료들은 대단히 정확하기 때문에 특별한 가치를 지니는데도―, 기록 작가들이 원주민의 인구 규모를 지나치게 과대평가했다는 점을 이유로 들어 철저히 무시해왔다. 그리하여 실로 기묘한 상황, 즉 기록 작가들이 기록한 모든 것을 수용하지만 그들이 제시한 숫자만은 예외라고 하는 상황에 빠지게 된다. 그들이 거짓말을 하는 것은 아니라고 하면서도 "잘못된" 숫자가 모두 한결같은 수치를 나타내고 있다는 사실에 대해 의문을 품는 사람은 전혀 없다.

먼저 기록 작가들의 측정에 대한 직접적 또는 암묵적 비판이 정당한가를 검토해보자. 이러한 비판의 요점은 아메리카 인디언 인구론의 대표적인 연구자인 로젠블랫Angel Rosenblatt의 논저에 집약되어 있다. 남아메리카 "발견" 당시의 원주민 인구를 산출하기 위해 이 연구자가 사용한 방법을 보면 기록 작가들이 제공한 정보를 거의 무시하고 있음이 드러난다. 백인이 오기 이전에 아메리카에는 인디언들이 얼마나 있었을까? 이 질문에 대해 오래전부터 아메리카 연구자들은 과학적 기초가 완전히 결여된 가지각색의 자의적인 답변을 해왔다. 그래서 신대륙 전체의 인구는 크로버A. Kroeber가 제시한 840만에서 리베P. Rivet가 제시한 4,000만이라는 숫자에 이르는 진폭을 나타내고 있다.

콜럼버스 이전의 아메리카 인구 문제에 몰두하게 된 로젠블랫은 대략 1,350만이라는 수치를 제시하였고 그중 678만 5,000명이 남아메리카의 인구라고 보았다. 그는 자기가 산출한 수치의 오차가 20%를 넘지 않을 것이기 때문에 계산은 엄밀하고 과학적이라고 하였다. 이 엄밀함은 과연 어떤 것인가? 그에 따르면 "인구밀도는 〔……〕 환경뿐만 아니라 경제적, 사회적 구조에도 달려 있다. 어떤 집단에 대한 연구에서도 자연스러운 것이긴 하지만 인구밀도와 문화 수준 사이에는 어떤 병행 관계가 인정된다"[2]고 한다. 이러한 단정은 너무 막연해서 쉽게 받아들여질 수도 있다. 다음과 같은 서술에 나타난 그의 관점은 좀 더 비판의 여지가 있다고 생각한다. "농업을 생업으로 하는 대규모 정치 구성체가 있는 곳에서는 특히 대규모의 인구 중심지가 발견된다. 아메리카에서는 아스텍문명, 마야문명, 치브차문명, 잉카문명 등이 그러한 경우이다. 이들 문명에서는 콜럼버스 이전의 시대에 농업이 정점에 도달하였고, 중심부에 인구밀도가 높은 인구 집중지가 생성되었다."[3] 이 진술에는 어떤 속임수가 있는 듯하다. 사실상 로젠블랫은 높은 인구밀도가 집약적 농업기술과 관련되고 있다는 데 만족하지 않고 "거

---

2) A. Rosenblatt, *La Población indigena y el mestizaje en América*, Buenos Aires, 1954, vol. I, p. 103.
3) *Ibid.*, p. 103.

대한 정치 구성체"라고 말하면서 슬며시 국가의 관념을 끌어들이고 있다. 그러나 문명의 징표이자 산물인 국가에 대한 이러한 언급은 매우 중요한 의미를 지니고 있음에도 불구하고 우리의 관심사와는 동떨어져 있다. 핵심은 그 다음부터 서술되고 있다. "고高문화가 농경 단계에 도달하고 페루에서는 라마와 알파카의 가축화에 성공했음에도 불구하고 대륙의 대부분의 지역에서는 수렵, 어로, 채집이 생업이었다. 수렵민들은 광대한 초원을 필요로 하고, 〔……〕 수렵과 어로를 통해 식량을 얻는 사람들은 어떤 형태로든 이동 생활을 하지 않을 수 없다. 삼림에는 높은 사망률, 열악한 기후 조건, 곤충과 야생동물과의 싸움, 희소한 식용식물 등으로 인해 많은 인구가 거주할 수 없었다. 〔……〕 안데스 산맥을 따라 형성된 좁은 협곡 지역의 농경 지역을 제외하면 〔……〕 **1492년에 이 대륙은 광대한 삼림이자 초원이었다**."[4] 이러한 터무니없는 이야기를 검증하는 것이 시간낭비라고 생각한다면 그것은 잘못이다. 왜냐하면 로젠블랫의 "인구론" 전체가 이 이야기에 기초하고 있고, 인구 문제에 관심을 지닌 아메리카 연구자들에게 그의 작업은 여전히 준거 틀이자 자료원이 되고 있기 때문이다.

이 주제에 대한 그의 접근은 단순하다. 수렵민들은 넓은 공간을 필요로 하며 인구밀도가 낮다. 그런데 남아메리카에는 거의 전 지역에 걸쳐 수렵민들이 살고 있다. 따라서 대륙의 원주민 인구 규모는 작을 수밖에 없다. 이러한 논리가 암시하는 것은 예컨대 기록 작가들은 비

---

[4] *Ibid.*, pp. 104~105. 강조는 내가 한 것이다.

교적 많은 인구수를 제시하였기 때문에 그들의 인구 산정은 전혀 신빙성이 없다는 것이다.

　이러한 논리가 명백하게 틀린 것임은 말할 필요도 없지만, 그래도 말을 하고 넘어가는 것이 좋겠다. 로젠블랫은 인구가 적다는 자신의 견해를 인정받기 위해 아메리카의 이동 수렵민을 처음부터 끝까지 날조하고 있다(그래도 그는 크로버보다는 훨씬 관대했다는 것을 기억하자). 그렇다면 1500년의 남아메리카는 정말 어떠했을까? 분명히 로젠블랫이 단언했던 것과는 정반대였다. 대륙의 대부분은 실로 다양한 식물들을 경작하는 정착 농경민들의 사회였다. 여기서 이들이 경작한 식물들을 일일이 밝히지는 않겠다. 이러한 기초적 자료를 다음과 같은 공리로 정식화하는 것도 가능하다. 즉 **생태학적 조건, 기술적 조건이 농경에 적합한 곳이라면 농업은 존재했다**. 경작이 가능한 공간을 그려보면 오리노코-아마존-파라나-파라과이 그리고 차코에까지 이르는 광대한 수계가 포함된다. 이 영역에서 제외되는 곳은 티에라델푸에고 섬으로부터 남위 32도까지의 대초원, 즉 테우엘체족tehuelche과 푸엘체족puelche들이 사는 수렵, 채집 지역뿐이다. 즉 로젠블랫의 주장이 들어맞는 지역은 대륙의 극히 일부분에 불과하다. 농경이 가능한 지역 내에서도 농경을 행하지 않고 있었던 것은 아닌가 하는 반론이 있을지도 모른다. 그러나 첫째, 그러한 사례는 매우 드물고 지역적으로 국지적이었다는 사실에 주의하지 않으면 안 된다. 즉 파라과이의 구아야키족과 볼리비아의 시리오노족, 콜롬비아의 구아히보족Guahibo 정도가 이에 해당한다. 게다가 둘째로 이러한 사례들은 하나같이 진정한 고대적 사회가 아니라 반대로 **농업을 그만둔** 사회에 대한 것임을 확증할 수 있다는 점을 상기하도록 하자. 일찍이 우리는 삼림에 사는 이동 수렵민인 구아야키족이 16세기 말에 옥수수 경작을 포기했다는 것을 밝혔다. 간단히 말하면 로젠블랫의 주장을 뒷받침해줄 아무런 근거가 없는 것이다. 분명히 그가 남아메리카의 인구수로 제시한 678만 5,000명이라는 수치에 의문을 품을 필요는 없다. 단지 그 수치는 이전의 모든 것들과 마찬가지로 완전히 자의적인 것이며, 혹시 그 수치가 맞는 것으로 확인된다고 하더라도 그것은 우연의 일치에 불과한 것이다. 또 한편으론 로젠블랫이 기록 작가들이 제시한 수치를 고려하지 않은 이유는 전혀 근거가 없는 것이기 때문에, 우리는 정당하게 다음과 같이 말할 수 있다. 즉 기록 작가들 —그들은 **직접적인 목격자들이었다**— 의 인구 자료를 뒤집을 수 있는 유효한 자료가 없는 이상 일반적인 선입견은 무시하고 기록 작가들의 인구 자료를 한 번이라도 진지하게 검토해보는 것도 좋을 것이다. 그것이 우리가 시도하려고 하는 일이다.

고전적인 선례를 따라 1500년 당시의 남아메리카 전체 인디언 인구를 추산하는 것이 불가능하다는 데에는 의문의 여지가 없다. 그러나 그 시기의 과라니 인디언의 인구를 추산하는 것은 두 가지 이유에서 가능하다. 첫 번째 이유로는 그들의 거주 지역의 경계가 알려진 것과 동일해서 추산이 가능하다는 점을 들 수 있다. 그러나 투피족의 경우에는 이것이 불가능하다. 그들이 브라질 해안의 거의 전역에 걸쳐 거주했다는 것은 알려져 있지만 내륙 안쪽 지역까지 얼마나 들어갔는지는 알려져 있지 않기 때문에 그들의 거주 지역 범위를 측정하는 것은 불가능하다. 두 번째 이유는 수치를 나타낸 자료와 관계가 있다. 이 자료는 상상하는 것보다 훨씬 많은데 크게 두 가지 종류로 나눌 수 있다. 즉 하나는 16세기와 17세기 초에 수집된 것이고 다른 하나는 17세기 말과 18세기 초에 수집된 것이다. 후자는 예수회 선교사들에 의해 수집된 자료로 오로지 과라니족에 대한 정보만을 담고 있다. 전자는 과라니족과 투피족에 관한 정보를 담고 있는데, 그중에서도 투피족에 관한 자료가 더 많다. 단 투피와 과라니 사회는 어떤 면에서 보더라도 매우 동질적이고, 이 두 지역 집단의 인구 규모는 상당히 비슷했다. 따라서 과라니족에 대한 정보 중에서 누락된 부분에 투피족에 대한 수치를 그대로 적용할 수는 없다 하더라도 적어도 그 근사치를 가정할 수는 있다.

  브라질 인디언과 유럽인의 접촉은 매우 이른 시기에 이루어졌다. 아마도 1500~1510년 사이에 철제 도구와 잡화를 빨간 염료를 채취할 수 있는 브라질산 소방목蘇方木과 교환하러 왔던 프랑스와 포르투갈의 해상 무역업자들을 통해 이루어졌을 것이다. 투피남바족 영토에 정착했던 포르투갈 예수회 선교사들의 최초의 편지는 1549년에 작성되었다. 백인들이 내륙 지역으로 진출한 것은 16세기 전반기였다. 잉카의 엘도라도를 찾아 출발한 스페인 사람들은 라플라타 강, 그 다음으로는 파라과이 강을 따라 올라갔다. 부에노스아이레스에는 1536년에 처음 정착촌이 형성되었다. 정복자들은 인디언 부족들의 압력을 이기지 못해 할 수 없이 이 정착지를 버리고 1537년에 아순시온에 정착지를 만들었다. 이곳은 후에 파라과이의 수도가 되었는데, 당시에는 광대한 차코 평원으로 인해 격리되어 있었던 안데스 지역의 탐험 및 정복 조사단을 조직하기 위한 베이스캠프에 지나지 않았다. 스페인 사람들은 이 지역 일대의 주인이었던 과라니 인디언들과 동맹을 체결하였다. 이상의 간략한 역사 고찰을 통해 왜 투피-과라니족이 아스텍이나 잉카와 거의 비슷한 시기에 일찍이 알려지게 되었는지를 알 수 있다.

투피-과라니족의 지역 집단들, 즉 마을들은 어떻게 구성되어 있었을까? 이 점은 잘 알려져 있지만 요점을 떠올려보는 것도 쓸데없는 짓은 아닐 것이다. 과라니족이나 투피족의 마을들은 4~8동의 대형 공동 가옥, 즉 **말로카**가 종교나 의례를 행하는 중앙부의 광장 주위에 배치된 형태를 띠고 있다. 말로카의 크기는 관찰자에 따라, 그리고 아마도 관찰 대상인 집단에 따라 차이가 있다. 길이는 최소 40m에서 최대 160m 정도였다. 각 말로카의 주민 수는 (예를 들어 카딤Cardim[1]에 따르면) 100명에서 (레리에 따르면) 500~600명 사이였다. 따라서 투피남바족 마을의 인구는 최소(4개의 말로카) 약 400명에서 최대(7~8개의 말로카) 3,000명에 이르거나 3,000명을 넘었다. 테베는 그가 머물렀던 마을 가운데 거주민이 6,000명 심지어 1만 명에 달하는 몇몇 마을에 관해 말하고 있다. 이 수는 과장된 것이라고 생각된다. 투피족의 지역 집

---

[1] 1546년 포르투갈의 명문가에서 태어나 1555년 예수회에 들어갔다. 1583년부터 1600년 전후까지 브라질 각지에서 포교 활동을 하였다. 1601년 9월, 유럽에서 브라질로 돌아가는 도중 프란시스 쿡Francis Cook 휘하의 영국 배에 잡혀 영국으로 끌려갔다. 1604년 브라질로 가서 다시 포교 활동을 하였다. 1625년에 바이아 (브라질 동북부에 위치한 주)에서 죽었다. 그가 포교를 하는 한편 박물학자적인 풍모를 지니고 브라질의 인디언, 식물, 동물, 풍물 등을 관찰하여 작성한 『브라질 인국기人國記Tratados da tera e gente do Brasil』는 지금도 귀중한 자료가 되고 있다.

단들의 인구 규모가 남아메리카 사회의 일반적인 인구 규모를 훨씬 초과한다는 것은 분명하다. 비교를 위해서 삼림 지역에 거주하면서 아직도 백인과 접촉하지 않고 있는 베네수엘라의 야노마미족Yanomami[2]의 예를 들어보면, 이 부족의 가장 큰 지역 집단의 인구도 250명 정도이다.

기록 작가들의 정보는 투피-과라니족 마을들의 규모가 제각각이라는 것을 잘 보여준다. 그렇지만 지역 집단별로 평균 잡아 600~1,000명이었을 것으로 가정할 수는 있을 듯하다. 이 수치는 의도적으로 낮게 잡은 것이라는 점을 강조해두고 싶다. 아메리카 연구자들은 이 수치가 너무 크다고 생각할 것이다. 그러나 이 수치는 초기 여행가들의 인상에 기초한 묘사―마을마다 우글거리는 많은 수의 아이들―뿐만 아니라 무엇보다도 그들이 제시한 수치 자료로 뒷받침된다. 종종 이 수치는 투피남바의 군사 활동과 관계된다. 실제로 기록 작가들은 하나같이 인디언들의 광적인 호전성에 강한 충격을 받았고 때로는 두려워하기도 했다. 브라질 해안 지역을 지배하기 위해 무장 경쟁을 하던 프랑스와 포르투갈은 서로 적인 부족들과 동맹함으로써 인디언들의 호전성을 이용하였다. 예를 들어 투피남바족의 전쟁을 목격했던 슈타덴이나 안치에타Anchieta는 각각 20~30명의 전사가 탄 대략 200여 척의 배가 전함 선단으로 동원되었다고 보고하고 있다. 전사 원정대는 몇 백 명 정

---

[2] 베네수엘라 남부 및 브라질 북부의 열대 저지대에 사는 인디언들이다. 인구는 약 2만 5,000명이고 독립 어족에 속하는 언어를 사용한다. 와이카, 사네마, 시리아나, 야노아마 등 별칭이 많다. 또한 야노마미는 한 지역 집단만을 가리키는 경우가 있다. 수렵 채집과 바나나를 중심으로 한 화전 경작이 주된 생업이다.

도로만 이루어지기도 하였다. 그러나 몇 주 혹은 심지어 몇 달간에 걸친 몇몇 원정에는 "병참"을 담당하는 여성들(부대의 식량용 "곡물"을 운반한다)을 제외하고도 1만 2,000명의 전사가 동원되었다. 레리는 자신이 반나절 동안 계속된 리오 해변의 전투에 어떻게 참여했는지에 대해 이야기하면서, 각각의 진영에 5,000~6,000명의 전사가 있었던 것으로 적고 있다. "일별한" 것이니 오차가 있으리라는 것을 고려하더라도 그 정도의 숫자가 집중적으로 동원되려면 자연히 여러 마을이 동맹을 해야 한다. 단 적령기의 전사 인구와 총인구의 비율을 생각해보면 투피-과라니 사회의 인구는 분명히 상당한 규모였다. (전쟁과 동맹의 네트워크에 참여하는 지역 집단에 관한 문제는 인구 문제, 정치 문제 모두와 매우 밀접하게 관련되어 있다는 것을 알아야만 한다. 여기서는 이 문제를 본격적으로 다룰 수 없지만 다음 사실에 대해서만큼은 짚고 넘어가도록 하겠다. 즉 이러한 군사 원정은 그 기간이나 동원되는 전사의 "총수"에 있어서 다른 남아메리카 부족의 전쟁이라 불리는 것과는 전혀 다르다는 것이다. 후자는 거의 대부분 한 무리의 공격대가 새벽에 기습하는 정도에 불과하다. 여기에서 전쟁의 성격의 차이를 넘어서는 정치권력의 성격의 차이를 엿볼 수 있다.)

 이상의 자료는 모두 해안 지역의 투피족에 대한 것이다. 그렇다면 과라니족은 어떠한가? 과라니족에 대해서 정복자들은 그렇게 많은 숫자를 들고 않고 있다. 그러나 초기 탐험가들이 과라니족도 투피족과 마찬가지로 4~8개의 말로카로 이루어진 마을에 사람들이 모여 살고 있다는 기록을 남겨놓은 것은 잘 알려져 있다. 알바르 누네스 카베사

데 바카Alvar Nuñez Cabeza de Vaca는 1541년 11월에 대서양 해안을 출발하여 1542년 3월에 아순시온에 도착했다. 이 과라니 영토에 대한 답사 기록에는 그가 통과했던 마을의 수, 각 마을의 주민 수가 적혀 있다. 다음에 인용하는 것은 과라니족에 대한 좀 더 정확하고 신뢰할 만한 가장 초기의 수치 자료이다. 도밍고 데 이랄라Domingo de Irala의 지휘하에 스페인 사람들이 현재의 아순시온에 도착했을 때 그들은 그 지역을 지배하고 있던 두 명의 추장과 만났다. 이 두 추장은 4,000명의 전사를 전쟁터에 동원할 수 있었다. 동맹을 맺은 직후 이 두 추장은 군대라고 불러 마땅한 조직을 동원하게 된다. 그 8,000명의 전사들은 이랄라와 그의 부하들을 도와 스페인에 대항하여 봉기한 아가스족agaz과 싸웠다. 스페인 사람들은 1542년에 8,000명의 전사를 지휘하는 과라니족의 대추장 타바레Tabaré와 전투를 하게 된다. 1560년에 과라니족은 다시 봉기했는데, 이때 새로운 지배자들에 의해 3,000명의 과라니족이 살해당했다. 수치를 들자면 끝이 없겠지만 그 수치들은 모두가 동일한 수준을 나타내고 있다. 마지막으로 예수회 선교사들이 남긴 수치를 들어보기로 하자. 17세기 초엽 최초의 "레둑시온réductions〔예수회 마을〕"[3]이 루이스 몬토야에 의해 창설된 직후 **마멜루코스Mamelucos**[4]라고 불리

---

3 특히 예수회가 선교소를 중심으로 인구를 집중시켜 만든 마을의 호칭이다. 선교사의 지도 아래 엄격한 규율을 따르는 생활을 하였다. 주로 17세기 초엽부터 18세기 중엽까지 존재했다.
4 어원적으로 남아메리카 인디언이 말하는 '마마(자손)+루카(혼혈)'의 합성어라는 설과 "노예"를 뜻하는 아라비아어 마무르크가 스페인 사람 또는 포르투갈 사

는 사람들의 습격을 받았던 것은 널리 알려져 있다. 포르투갈인과 메스티조로 구성된 이 살인자 집단은 상파울로를 본거지로 하여 과라니족의 영역에 들어가 가능한 한 많은 인디언을 포로로 잡아 해안 지역의 식민주의자들에게 노예로 팔고 있었다. 선교소의 초기 역사는 이 **마멜루코스** 집단과의 싸움의 역사이다. 예수회의 옛 기록에 의하면 마멜루코스 집단은 몇 년 사이에 30만 명의 인디언을 죽이거나 생포했다고 한다. 1628년부터 1630년 사이에 포르투갈 사람들은 선교소에 소속된 6만 명의 과라니족 사람들을 납치했다. 1631년에 몬토야는 (포르투갈 영내에 있는) 과이라에 최후까지 남은 레둑시온을 포기하고 다른 지역으로 옮길 것을 결심하였다. 그의 지휘 아래 1만 2,000명의 인디언들이 도보로 절망적인 원정길에 올라, 파라나에 도착했을 때는 4,000명만이 생존했다. 한 마을에서 몬토야는 가족 수를 170으로 집계하고 있는데, 이는 인구수가 최소한 800~850여 명에 이르는 것이다.

 (1537년의 정복자들로부터 1631년의 예수회까지) 거의 한 세기에 걸친 이러한 다양한 자료들과 이 수치들은 비록 근사치에 불과하긴 하지만 투피족에 대한 수치와 거의 같은 수준이다. 브라질의 몬토야라고 할 수 있는 안치에타는 1560년에 예수회 산하에 이미 8만 명의 인디언들이 보호되고 있었다고 적고 있다. 이러한 투피-과라니족의 인구학적 동질성으로부터 두 가지의 가설적 결론을 내릴 수 있다. 첫째, 이

 람들과 함께 들어왔다는 설이 있다. 브라질에서는 유럽인과 인디언 사이에서 태어난 혼혈을 뜻한다.

들 집단에는 다른 토착 사회의 일반적인 인구수에 비해 많은 인구가 살고 있었다. 둘째, 필요하다면 과라니족의 현실을 논의하기 위해서 투피족의 수치를 실마리로 활용하는 것도 가능하다. 단 그 경우에는 우리의 방법이 유효하다는 것을 증명하지 않으면 안 된다. 이하에서는 그것을 시도해보도록 하자.

  여기서 우리가 하려는 것은 과라니족의 인구 규모를 산출하는 것이다. 이를 위해서는 먼저 과라니 인디언들이 점하고 있는 거주 영역의 면적을 산정해야 한다. 계측이 불가능한 투피족의 영역과는 달리 과라니족의 경우는 지적地積 측량식의 정확한 결과를 얻을 수는 없어도 계측하기가 비교적 쉽다. 과라니족 영역의 서쪽 경계는 파라과이 강 상류로는 적어도 남위 22도, 하류로는 남위 28도 사이로 거의 파라과이 강을 경계로 하고 있고, 남쪽 경계는 파라과이 강과 파라나 강 합류점보다 약간 남쪽이다. 동쪽은 대서양 해안을 경계로 하는데, 그 북쪽 한계선은 대략 (남위 26도의) 브라질의 파라나과 항이고 남쪽 한계선은 옛날 차루아Charrua 인디언의 영토였던 (남위 33도의) 현재의 우루과이와의 국경선이다. 이처럼 평행하는 두 선(파라과이 강과 대서양 해안선)이 그려지고, 그 각각의 남북단을 연결하면 과라니족 영역의 남과 북의 경계를 알 수 있다. 이 경계는 거의 정확히 과라니족이 살았던 지역과 일치한다. 거의 50만㎢에 달하는 이 평행사변형의 구석구석까지를 과라니족이 점유했던 것은 아니고, 카잉강족을 비롯한 여러 부족들도 이 지역 내에서 거주하고 있었다. 과라니족 영역의 면적은 35만㎢ 정도로 추정된다.

이러한 추정이 사실이라 가정하고, 이제 지역 집단의 **평균** 인구밀도만 안다면 전체 인구수를 추산하는 것이 가능할까? 이를 위해서는 이 영역 전체의 지역 집단의 수를 산정해야만 한다. 이 수준에서는 우리의 계측이 평균치나 "대략적인" 수치이므로 가설적인 것 이상은 아닌 것이 분명하지만 그렇다고 하더라도 자의적인 추계라고 할 수는 없다. 우리가 아는 한—해당 시기에 있어서—일정한 영역에 대한 인구조사는 한 번밖에 이루어지지 않았다. 그것은 17세기 초에 프랑스가 브라질에 식민지를 세우고자 마지막으로 시도했을 때 마라뇬 섬에서 클로드 다브빌Claude d'Abbeville 신부가 행한 조사이다. 그 조사에 따르면 면적이 1,200㎢인 이 섬에 1만 2,000명의 투피 인디언들이 27개의 지역 집단으로 나뉘어 살고 있었다. 따라서 각 마을의 평균 인구는 450명 정도였고, 각 마을은 평균 45㎢의 면적을 점하고 있었다. 그러므로 마라뇬 섬의 인구밀도는 1㎢당 정확히 10명이었다. 그러나 이 인구밀도를 그대로 과라니족의 거주 영역에 적용하는 것은 불가능하다(그렇게 하면 350만 명이 된다). 이 수치가 미덥지 않기 때문이 아니라 마라뇬 섬의 상황을 일반화시킬 수 없기 때문이다. 실제로 그 섬은 포르투갈인들로부터 벗어나고 싶어한 투피남바인들의 피난처였기 때문에 인구과잉이 된 곳이다. 그러나 이러한 사실은 역설적으로 집단의 크기가 작고 마을의 수가 너무 많은 이유를 설명해준다. 프랑스 선교사들의 조사에 따르면 섬에서 가까운 해안 지역인 타푸이타페라에는 15~20개, 쿠마에는 15~20개 그리고 카에테족Caeté에게는 20~24개의 집단이 있었다. 합계 50~64개의 이러한 집단에는 3~4만 명의 인구가 있었던 것이 틀림없다. 그리고 기록 작가들에 의하면 섬보다 훨씬 넓은 공간에 흩어져 있던 이들 마을 모두에는 섬 마을보다 인구가 많았다고 한다. 요약하자면 마라뇬 섬의 사례는 인구밀도를 포함해 그다지 일반적이지 않기 때문에 범례로서 활용하기에는 부적합하다고 하겠다.

　다행스럽게도 기록 작가들의 기록, 그중에서도 특히 매우 정확한 슈타덴의 기록은 우리의 추론을 진전시켜나갈 수 있게 해주는 정보를 제공하고 있다. 슈타덴은 투피남바족에게 붙잡혀 있었던 9개월 동안 이 집단 저 집단으로 끌려 다니면서 그의 주인들의 생활을 빠짐없이 관찰할 수 있는 시간을 가졌다. 그의 기록에 따르면 각 지역 집단인 마을은 일반적으로 9~12km 정도 떨어져 있었다. 따라서 지역 집단의 면적은 150km² 정도라고 할 수 있다. 이 수치를 받아들여 과라니족에게도 적용할 수 있다고 가정해보자. 이렇게 하면 과라니족의 지역 집단의 수─가설적이고 통계적인 것이지만─를 가늠할 수 있게 된다. 즉 35만 명을 150으로 나누면 약 2,340개 집단이 있다는 것을 추정할 수 있다. 각 지역 단위당 인구수로 600명 정도가 신뢰할 만한 수치라고 가정하면, 2,340×600=1,404,000명의 주민이 있었다는 결과를 얻을 수 있다. 즉 백인들이 도래하기 이전의 과라니 인디언의 인구는 150만 명에 약간 못 미치는 정도였다. 이는 1km²당 4명 정도의 인구밀도이다(마라뇬 섬은 1km²당 10명이다).

　많은 수는 아니겠지만 일부 사람들은 이 수치가 너무 크거나 사실일 것 같지 않거나 인정할 수 없다고 생각할 것이다. 그러나 이 수치를 부정할 만한 이유(이데올로기적 이유는 제외하고)가 없을 뿐만 아니라 우리는 오히려 이 수치가 낮게 잡은 것이라고 생각한다. 여기에서 아메리카 대륙과 아메리카의 인구에 대한 고전적 확신을 뿌리째 뒤엎는 성과를 거둔 인구사학자 집단, 이른바 버클리 학파의 연구를 상기해보도록 하자. 이미 1960년에 버클리 학파에 의해 이루어진 발견의 중요성에 대해 주의를 환기시키는 공적을 세운 것은 피에르 쇼뉘Pierre Chaunu인데, 이 아메리카 연구자 집단의 방법과 성과를 명료하고 강력하게 보고한 그의 두 텍스트[5]를 참조하기 바란다. 여기에서는 다만 흠잡을 데 없이 엄밀하게 수행된 이 학파의 인구 연구에 의해 지금까지 예상하지 못했고 또 거의 믿어지지 않았던 인구수와 인구밀도를 인정할 수밖에 없게 되었다는 것만을 밝혀두고 싶다. 즉 멕시코의 아나우악 지방(514,000km²)의 1519년 당시의 인구는 보라Borah와 쿡Cook에 따르면 2,500만 명이었고, 이것은 쇼뉘가 말한 것처럼 "1718년의 프랑스와 비슷한 1km²당 50명의 인구밀도"이다. 이로부터 가설적인 것이 아니라 엄격하게 증명된 버클리 학파의 인구론은 연구가 진척됨에 따라 수치가 점점 더 커질 수 있다는 것을 보여준다. 또한 안데스에 대한 최근의 바슈텔Nathan Wachtel의 연구도 일반적으로 생각하는 것보다 훨씬 많은 인구, 즉 1530년의 잉카제국의 인구로 1,000만 명이라는 수치를 제시하고 있다. 따라서 멕시코와 안데스에서 수행된 연구는 아메리카의 토

---

[5] "Une Histoire hispano-américaine pilote. En marge de l'oeuvre de l'Ecole de Berkeley", *Revue historique*, tome IV(1960), pp. 339~368과 "La Population de l'Amérique indienne. Nouvelles recherches", *Revue historique*, tome I, p. 118.

착 인구에 대한 강력한 가설을 받아들일 수밖에 없도록 한다. 우리가 추산한 과라니 인디언의 인구 150만은 고전적 인구론(로젠블랫과 그 동료들)의 눈에는 터무니없는 수치이지만 버클리 학파의 인구학적 시각에 비추어 봤을 때는 지극히 타당하다는 것을 알 수 있다.

우리의 추론이 맞고 실제로 35만㎢의 영토 안에 150만 명의 과라니 인디언이 거주했다고 한다면 우리는 삼림 지역에 사는 사람들의 경제생활에 대한 개념(생계경제라는 멍청한 개념)을 근본적으로 바꿔 이런 형태의 농업이 대규모의 인구를 먹여 살릴 수 없다는 어리석은 신념을 거부하지 않으면 안 된다. 정치권력의 문제를 전체적으로 재고해야 함은 물론이다. 우선 과라니족의 인구가 많아지는 데 장애가 된 것은 아무것도 없었다는 것을 지적하고 싶다. 실제의 필요 경작면적에 대해 생각해보자. 4~5인 가족이 살기 위해서는 대략 0.5ha의 토지가 필요하다. 이 수치[6]는 야노마미족을 연구한 자크 리조Jacques Lizot가 매우 정밀하게 계산하여 산출한 것이다. 그는 야노마미족이 (적어도 그가 계측을 수행했던 집단에 한해서는) 1인당 평균 1,070㎡의 토지를 경작한다는 것을 발견했다. 따라서 5명이 먹고살기 위해 0.5ha의 경지가 필요하다면 150만 명에게는 1,500㎢가 필요하다. 이는 150만 명의 인디언의 필요를 충족시키기 위해 동시에 경작되는 토지 총 면적이 전체 영역의 220분의 1에 불과하다는 것을 뜻한다. (이미 살펴본 것처럼 특수한 사례인 마라논 섬의 경우도 경지면적은 섬 전체의 90분의 1에

---

6) 이 수치에 대한 정보는 리조로부터 개인적으로 얻은 것이다.

불과했다. 그리고 이브 데브뢰Yves d'Evreux와 클로드 다브빌도 1만 2,000명의 주민이 특별히 식량 부족에 시달리지는 않았다고 보고하고 있다.) 결과적으로 우리가 추산한 과라니족 인구 150만 명도 가설이기는 하지만 전혀 틀린 것이라고는 할 수 없다. 오히려 1492년 당시의 파라과이의 인디언 인구가 28만 명이라고 추산한 로젠블랫의 견해가 터무니없는 것이다. 이 수치가 어떠한 근거로부터 나왔는지는 전혀 알 수가 없다. 스튜어드로 말할 것 같으면 그는 과라니족의 인구밀도가 100㎢당 28명이라고 밝히고 있는데, 그렇다면 총인구는 9만 8,000명이 되어야 할 것이다. 그런데 그는 왜 1500년 당시에 인구가 20만 명이었다고 단언하는가? 이것이 불가사의하고 일관성 없는 "고전적" 남아메리카 인디언의 인구론이다.

우리가 제시한 수치가 가설적인 성격을 지니고 있다는 점에 주의하도록 하자. (그렇지만 지금까지 산출된 수치와는 전혀 다른 인구 수치를 제시할 수 있었던 것은 하나의 성과라고 해도 좋을 것이다.) 그런데 우리는 우리의 계산이 타당한지 검증할 수 있는 수단을 가지고 있다. 버클리 학파가 사용하여 탁월한 성과를 거둔 **회귀분석 방법**을 토지 면적과 인구밀도를 상관시켜 산출하는 방법에 적용하여 검증할 수 있다.

사실 우리는 다른 방법, 즉 인구 감소율을 이용할 수 있다. 여기에서 예수회가 제시한 두 가지의 계산 수치를 활용할 수 있어 다행이다. 그것은 교구 안에 집단적으로 거주하는 인디언 인구, 즉 과라니족의 거의 전 인구에 대한 수치이다. 첫 번째 것은 쎕Sepp 신부가 만든 것으로, 1690년 당시 총 30개의 레둑시온이 있었는데 어느 곳이나 6,000명 이상이, 그중 몇 군데는 8,000명 이상의 과라니 인디언들이 거주하고 있었다고 한다. 따라서 17세기 말에 대략 20만 명의 과라니 인디언들(교구가 장악하지 못한 부락을 제외하고)이 있었던 것이다. 두 번째 것은 예수회의 역사학자 로자노Lozano 신부가 교구 전 주민에 대한 실제 인구조사를 통해 제시한 매우 정확한 수치이다. 그는 매우 소중한 기록인『파라과이 정복사Historia de la Conquista del Paraguay』에서 수치를 제시하고 있다. 그에 따르면 1730년 당시 파라과이 인구는 13만 명이었다. 이 자료에 대해 검토해보도록 하자.

  반세기가 못 돼서 인구의 3분의 1 이상이 죽었다는 사실이 나타내는 것처럼 예수교 교구는 그곳에 사는 인디언들의 인구 감소를 막는 데 어떤 역할도 하지 못했다. 오히려 소도시 수준으로까지 확대된 인구 집중으로 인해 전염병은 더욱 퍼지게 되었다. 예수회 선교사들의 편지는 천연두와 인플루엔자로 인한 정기적인 피해에 대한 끔찍한 보고들로 점철되었다. 예를 들어 셉 신부는 1687년의 편지에서 전염병으로 단일 교구에서 2,000여 명의 인디언들이 죽었다고 적고 있으며 또한 1695년의 편지에서는 천연두가 만연해 모든 레둑시온에서 대량의 사망자가 발생했다고 기록하고 있다. 인구 감소는 17세기 말에 시작된 것이 아니라 백인이 도래한 16세기 중반부터 시작되었다. 이 점에 대해서는 로자노 신부도 확실하게 보고하고 있다. 그가『파라과이 정복사』를 쓰던 때에 인디언의 인구는 정복 이전보다 상당히 감소한 상태였다. 16세기 말에는 아순시온 지방에만 엔코미엔다[5]에 속한 2만 4,000명의 인디언들이 있었지만 1730년에는 겨우 2,000명이 남아 있었다고 로자노 신부는 적고 있다. 파라과이의 이 지역에 거주하고 있던 부족들 중 예수회의 권위에 복종하지 않은 모든 부족들은 엔코미엔다의 노예사냥과 전염병으로 인해 완전히 사라져버렸다. 로자노 신부는 다음과 같이 신랄하게 적고 있다. "파라과이 지방은 인디언 거주 지역 중에서 가장 인구가 많은 곳이었지만 오늘날 거의 무인지경의 땅이 되어버렸다. 남은 자들은 교구에 속한 사람들뿐이다."

버클리 학파의 조사자들은 아나우악 지방의 인구 감소 곡선을 제시하였다. 놀랍게도 1500년에 2,500만 명이었던 인디언들이 1605년에는 고작 100만 명 정도밖에 남지 않았다. 바슈텔[7]이 잉카제국에 대해 산정한 수치도 마찬가지로 놀라울 따름이다. 즉 1530년에 1,000만 명이었던 인구가 1600년에는 100만 명으로 줄어들었다. 여러 가지 이유로 잉카의 인구 감소는 멕시코보다 심하게 나타나지 않았다. 왜냐하면 잉카는 인구 중 단지(그렇게 말할 수 있다면) 10분의 9만이 감소한 데

---

5 콜럼버스의 신대륙 발견 이후 스페인에 의해 인디언의 토지, 생산물, 노동력(인디언 자신)이 분배되었다. 이 분배 제도는 1503년 이사벨 여왕에 의해 엔코미엔다제로 제도화되었다. 엔코미엔다는 원래 스페인어로 "신탁"을 뜻한다. 왕권이 일정 지역의 원주민에 대한 권리, 의무를 개인에게 맡기는 제도이다. 이 신탁을 받은 스페인 사람을 엔코멘데로라고 부르는데, 이들은 인디언들을 교육하고 그리스도교로 개종시키며 보호하는 의무와, 인디언들에게 공조 부역을 부과할 수 있는 권리를 지녔다. 이 제도로 인해 서인도제도의 인구는 격감하여 16세기 중엽에는 라스 카사스Las Casas(1474~1566)를 필두로 한 수도사와 지식인들이 원주민 보호를 호소하기에 이르렀다. 1542년에 인디아스Indias 신법新法이 제정되고 1549년에는 사적인 부역이 금지되어 엔코멘데로는 몰락하게 되었다. 그러나 인디언의 지위는 거의 변하지 않았다.

7) N. Wachtel, *La Vision des vaincus*, Paris, Gallimard, 1971.

비해 멕시코에서는 인구의 100분의 96이 감소했기 때문이다. 안데스와 멕시코 모두에서 17세기 말부터 인디언의 인구는 완만하게 증가하였다. 그러나 이 현상이 과라니족에게서는 나타나지 않았다. 즉 과라니족의 인구는 1690년에서 1730년 사이에 20만 명에서 13만 명으로 감소하였다.

  이 기간에 자유로운 과라니족, 즉 엔코미엔다의 지배로부터도 교구의 통제로부터도 벗어나 있었던 과라니 인디언의 수는 어림잡아 2만 명을 넘지 않았을 것으로 생각된다. 이 수에 교구의 과라니족 인구 13만 명을 합한 15만 명이 1730년 당시의 과라니족 인구였다. 그래서 인구 감소율이 멕시코의 경우보다 상대적으로 낮아서 두 세기(1530~1730년) 동안 10분의 1이 살아남았다. 결과적으로 1730년 당시에 15만 명인 인구가 두 세기 전에는 그 10배인 150만 명이었다는 것이다. 10분의 9의 인구가 사라진 것만도 큰 재앙이기는 하지만 그래도 나는 이 수치가 낮게 잡은 것이라고 생각한다. 엔코미엔다의 인디언의 수가 16세기 말에 2만 4,000명에서 1730년에는 2,000명으로 매우 빠른 감소율을 나타내는 것을 보면 여기에서 교구는 상대적으로 "보호"의 기능을 가지고 있었다는 것을 알 수 있다.

  이러한 방법을 통해 산출해낸 1539년 당시의 과라니 인디언의 인구수 150만 명은 이전에 행했던 계산법에서와는 달리 더 이상 가설적인 것이 아니다. 우리는 이 수치가 오히려 최소치라고 생각한다. 아무튼 회귀분석 방법과 인구밀도 방법을 통해 얻은 결과가 같은 수치로 수렴한다는 사실은 우리의 견해가 틀리지 않았다는 확신을 준다. 그것은 로젠블랫에 따른 1570년 당시의 과라니 인디언의 인구수 25만 명과는 상당히 거리가 멀다. 그의 계산에 따르면 약 1세기 동안(1570~1650년)의 인구 감소율은 겨우 20%(1570년에 25만 명에서 1650년에 20만 명) 정도이다. 그러나 이 감소율은 완전히 자의적으로 설정된 것이고, 아메리카 전역의 그 어느 곳에서 나타난 비율과도 완전히 상충된다. 스튜어드의 계산은 좀 더 어처구니가 없다. 왜냐하면 만약 1530년에 과라니족 인구가 10만 명이었다면(스튜어드가 제시한 인구밀도는 100㎢당 28명이다) 아메리카에서는 유일하게 과라니족만이 16~17세기의 2세기 동안 꾸준히 인구가 증가한 것이기 때문이다. 이러한 견해는 심각하게 받아들일 필요가 없다.

그러므로 과라니족에 대해 고찰할 때는 다음과 같은 기초적인 사실을 수용해야 한다. 즉 정복되기 이전에 과라니족의 인구는 150만 명이었고, 35만㎢의 영역을 점유하고 있었다. 따라서 1㎢당 인구밀도는 4명이 약간 넘었다. 이 사실로부터 몇몇 중요한 결론을 도출할 수 있다.

1) 기록 작가의 대략적인 추정으로부터 연역해낼 수 있는 "인구 추계"는 옳았다고 결론지을 수 있다. 수치 수준에서 일치를 보인다는 점에서 서로 일관성을 지닌 그들의 계산은 추계의 결과와도 일맥상통한다. 이것은 전통적 인구론이 과학적 엄밀성을 완전히 결여하고 있다는 것을 보여준다. 로젠블랫, 스튜어드, 크로버 등이 왜 증거와는 반대로 하나같이 인디언 인구를 가장 낮게 잡았는지 의문스럽다.

2) 정치권력의 문제에 대해서는 차후에 광범위하게 다룰 것이다. 여기에서는 다음만을 지적하고 넘어 가겠다. 즉 25~30명으로 이루어진

이동 수렵민 무리를 이끄는 구아야키족의 지도자나 차코 지방의 100명 정도의 전사 조직의 지도자, 그리고 수천 명의 남자들로 이루어진 군대를 이끌고 전투에 임하는 투피-과라니족의 지도자, 위대한 **음부루비차** 사이에는 근본적인 차이 곧 질적인 차이가 있다.

3) 그러나 본질적인 초점은 백인 도래 이전의 인디언 인구의 문제 전반과 관련되어 있다. 멕시코에 대한 버클리 학파의 여러 조사와 안데스에 대한 바슈텔의 조사는 동일한 결론(과라니족의 인구가 많고 인구밀도가 높다는 강력한 가설)에 도달하였다. 단 양자 모두 이른바 고문화를 대상으로 했다는 공통점을 지니고 있다. 그런데 삼림지대의 원주민 집단인 과라니족에 대한 우리의 온건한 고찰도 이 연구들과 완전히 같은 결론에 도달하였다. 즉 삼림지대의 주민들도 인구가 많았고 인구밀도가 높았다는 것을 인정해야 한다. 따라서 우리는 다음과 같이 말한 쇼뉘의 의견에 전적으로 동의하는 바이다. "보라와 쿡의 연구 결과는 아메리카 역사에 대한 우리의 인식을 완전히 수정하도록 하였다. 콜럼버스 이전의 아메리카에 대해 리베가 추정한 4,000만 명이라는 인구 수치는 과장된 것이 아니며, 8,000만 명 또는 아마 1억 명의 인구가 살았을 수도 있다. 정복에 의한 재앙은 〔……〕 라스 카사스가 말한 대로 엄청났다." 우리를 얼어붙게 만드는 결론이 이로부터 도출된다. "16세기의 세균의 충격으로 인류의 거의 4분의 1이 소멸되었다."[8]

매우 한정된 삼림 지역에 대한 우리의 분석이 받아들여진다면 우리

---

8) Pierre Chaunu, *op. cit.*, 1963, p. 117.

의 분석은 버클리 학파의 가설을 뒷받침하는 것이다. 그것은 우리의 견해가 고문화뿐만 아니라 아메리카 전 지역에 적용될 수 있다는 것을 뜻한다. 과라니족에 대한 이 작업이 "15년 전부터 버클리 학파가 우리에게 집요하게 권고했던 대규모의 수정을 시작해야"[9] 한다는 확신을 주었다면 우리는 만족한다.*

---

9) *Ibid.*, p. 118.

* 이 글은 *L'Homme* XIII(1~2), 1973에 처음 실렸다.

제5장 활과 바구니

어둠이 순식간에 숲을 뒤덮고, 큰 나무들이 곁에 다가와 있는 듯이 보인다. 어둠과 함께 고요함이 깃든다. 새들과 원숭이들은 조용하고, 음울하고 쓸쓸한 **우루타우**urutau〔쏙독새〕 울음소리만이 들린다. 그리고 칠흑 속에서 서서히 고요 속으로 빠져드는 만물과 동조하듯이, 적은 사람들이 무리를 이루고 있는 캠프에서도 더 이상 아무 소리도 들리지 않는다. 여기에 구아야키 인디언 무리가 머물러 있다. 때때로 여섯 가족이 피워놓은 불그스레한 불꽃이 바람에 흔들리며 야자나무 잎으로 만든 임시 거처에 그림자를 만들어낸다. 유랑민의 보잘것없고 일시적인 캠프가 가족들의 휴식을 지켜주고 있다. 식사가 끝난 후 이어지던 속삭이는 대화도 점차 잦아들었다. 여자들은 웅크린 아이들을 끌어안은 채 자고 있다. 불 옆에서 전혀 미동도 하지 않은 채 조용히 불침번을 서고 있는 남자들도 자고 있는 듯 보이지만 사실은 자고 있지 않다.

사위의 어두움을 응시하는 그들의 눈은 꿈꾸는 듯한 기다림을 나타내고 있다. 왜냐하면 남자들은 노래할 준비를 하고 있기 때문이다. 그리고 남자들은 오늘밤에도 종종 그러는 것처럼 노래하기에 안성맞춤인 이때에 각자 자신을 위하여 사냥꾼의 노래를 부를 것이다. 그들의 명상은 영혼과 말이 입 밖으로는 나오는 그 순간의 미묘한 조율을 준비하는 것이다. 머지않아 처음에는 거의 느낄 수 없을 정도의, 안으로부터 나와 정확한 음조와 의미를 알 수 없는 명확하지 않은 중얼거리는 듯한 소리가 들린다. 그러나 그 소리는 점차 커지고, 자신감을 갖게 된 노래하는 이는 돌연 크고 자연스러우며 힘 있는 노래를 부르기 시작한다. 이에 고무되어 두 번째 목소리가 첫 번째 목소리에 합세한다. 소리들은 언제나 서로 앞 다투어 물음에 대답하려는 듯이 빠른 속도로 이어진다. 이제 모든 남자들이 노래하고 있다. 그들은 여전히 미동도 하지 않고 있지만 이전보다는 약간 방심한 채 어둠을 주시하고 있다. 그들은 모두 함께 노래하지만 각자는 자신의 노래를 부른다. 그들은 밤의 주인이자 각자 자기 자신의 주인이 되고자 한다.

그러나 아체Aché[1]의 사냥꾼들이 내뱉는 조급하고 열정적이며 진지한 말들은 그들도 모르는 사이에 그 말들이 잊고자 했던 대화 속에서 교차하는 것이다.

구아야키족의 일상생활은 매우 뚜렷한 대비를 통해 조직되고 지배된다. 성에 따라 분업이 이루어지기 때문에 남녀 각각의 활동은 확실

---

[1] 아체는 구아야키족이 자신들 스스로를 부르는 명칭이다.

히 분리된 두 영역을 형성하고 있지만, 여느 곳과 마찬가지로 그것은 상호 보완적이다. 그런데 다른 대다수의 인디언 사회와는 달리 구아야키족에게서는 남녀가 함께 참여하는 노동 형태가 전혀 발견되지 않는다. 예를 들어 남자와 여자는 비슷한 정도의 작업량으로 농업에 종사한다. 즉 여자들은 씨를 뿌리고 정원을 가꾸며 야채와 곡물을 수확하는 일을 하고, 남자들은 곡식을 심을 땅을 정비하고 개간하기 위해 나무를 베고 초목을 태우는 일을 한다. 그러나 역할 구분이 매우 명확하고 역할의 교환이 전혀 이루어지지 않는다면 농업과 같은 중요한 활동의 공동 실행과 성공을 보장할 수 없다. 그런데 구아야키족에게서는 이러한 역할 분담이 전혀 발견되지 않는다. 재배 기술이 전혀 없는 유랑민인 구아야키족의 경제생활은 오로지 삼림의 자연 자원 이용에만 의존한다. 이 자원은 크게 두 가지로 분류할 수 있다. 즉 사냥으로 얻는 것과 채집으로 얻는 것인데, 후자 중 중요한 것은 벌꿀, 유충, 핀도pindo 야자수의 수액 등이다. 이러한 두 가지 식량 획득 방식은 남아메리카에서 광범위하게 발견되는 모델과 일치한다. 즉 자연스럽게 사냥은 남자가, 채집은 여자가 수행하는 것이다. 그런데 실제로 구아야키족에서는 남자들이 사냥도 하고 채집도 하기 때문에 상황은 이와 매우 다르다. 이는 구아야키족 남자들이 아내들의 여가 활동을 배려해서 그들을 보통 여자들이 수행하는 의무에서 면제시켜주는 것이 아니다. 사실 채집 활동은 여자들이 수행하기에는 매우 어려운 작업들—벌통 찾기, 꿀 추출, 벌목 등—로 이루어져 있다. 따라서 이러한 종류의 채집 활동은 오히려 남자들에게 어울린다. 또 달리 말하자면 아메리카의 다른 곳에서 행해지는 씨앗, 과일, 뿌리, 곤충 등의 채집 활동은 구아야키 사회에서는 거의 찾아볼 수 없다. 이는 그들이 활동하는 삼림지대에 이러한 자원이 거의 없기 때문이다. 즉 이 사회의 여자들이 채집 활동을 하지 않는 것은 채집해야 할 자원이 사실 거의 없기 때문이다.

이처럼 문화적으로는 농사를 짓지 않고 생태적인 측면에서는 식용 식물이 상대적으로 적기 때문에 구아야키 사회의 경제적 잠재력은 제약되어 있고, 따라서 매일 반복되는 집단의 식량 수집의 임무는 기본적으로 남자들에게 부과된다. 그렇다고 여자들이 공동체의 경제생활에 참여하지 않는 것은 아니다. 여자들은 유랑민들에게 매우 중요한 가재도구를 운반할 뿐만 아니라 사냥꾼의 아내로서 바구니 짜기, 토기 만들기, 화살 끈 만들기 등을 하고 요리와 아이 돌보기 등을 수행한다. 즉 여자들은 무위도식하는 것이 아니라 이 모든 일을 하는 데 전 시간을 할애한다. 그렇지만 식량 "생산"이라는 면에서는 여자들의 역할은 매우 지엽적이고 남자들이 독점적인 역할을 수행한다. 보다 정확하게 말하자면 경제생활에 있어서 남녀의 차이는 생산자 집단과 소비자 집단의 대립으로 파악할 수 있다.

앞으로 보게 되겠지만 구아야키족의 사고는 이 본질적인 대립을 확연히 보여준다. 부족의 사회생활의 기저에 자리 잡고 있는 이러한 대립은 부족의 일상적인 생활을 뒷받침하는 경제를 통제하고, 사회관계망을 형성하는 일체의 태도에 이러한 대립의 의미를 부여한다. 이동 수렵민의 공간은 정착 농경민의 공간과 같은 방식으로 나누어져 있지 않다. 후자는 마을 및 경작지로 구성된 문화적 공간과 그것을 둘러싼

숲이라는 자연적 공간이 나누어져 동심원으로 구조화되어 있다. 이와는 대조적으로 구아야키 사회의 공간은 언제나 동질적이고, 마치 자연과 문화 사이의 차이가 사라진 듯한 순수한 범위로 환원된다. 그러나 실제로는 이미 물질생활의 차원에서 발생한 대립이 공간을 둘로 나누는 원리로 작동한다. 다만 그것이 다른 문화 수준의 사회보다 숨겨져 있을 뿐이지 구아야키 사회에서도 의미를 상실한 것은 아니다. 구아야키 사회에서도 남자와 여자의 공간은 나누어져 있어 남자는 사냥을 하는 숲을, 여자는 야영지를 각각의 공간으로 간주한다. 공간 구분이 흐려지는 것은 극히 일시적인 일이며 3일 이상 지속되는 경우는 드물다. 그렇지만 야영지는 여자들이 준비한 식사를 하는 휴식의 장인 반면에 숲은 사냥감을 찾는 남자들이 헤매고 다니는 운동의 장이다. 그렇다고 해서 여자들이 남자들보다 덜 움직인다고 할 수는 없다. 그러나 부족의 생존이 걸린 경제 방식 때문에 사냥꾼들이야말로 숲의 진정한 주인이다. 그들은 숲에서 얻는 모든 자원을 체계적으로 이용하기 위해서 숲의 세세한 부분까지 파악하고 숲을 효과적으로 자기 것으로 만든다. 남자들에게 위험으로 가득하고 항상 새로운 모험의 공간인 숲은 여자들에게는 반대로 두 개의 야영지 사이를 통과하는, 단조롭고 지루한 교차로이며 중립적이고 단순한 공간일 뿐이다. 숲과 대조되는 야영지는 남자들에게는 평온한 휴식과 일상적인 수작업을 하는 공간인 데 반해, 여자들에게는 자신들에게 고유한 활동을 하고 자신들의 감독 아래 가족생활이 이루어지는 공간이다. 그리하여 숲과 야영지는 남녀 각각에 따라 반대 기호를 지니게 된다. "흔해 빠진 일상"의 공간이란 여자에게는 숲이고 남자에게는 야영지이다. 즉 남자에게 진정한 생활은 사냥꾼으로서 존재할 때만, 즉 숲 속에서만 실현되지만 거꾸로 여자에게 진정한 생활은 아내이자 어머니로서 살 수 있는 야영지에서 이루어진다.

 남자와 여자 사이의 사회경제적 대립의 가치와 그 범위는 이 대립이 구아야키족의 시간과 공간을 어떻게 구조화하는가에 따라 측정할 수 있다. 그래서 그들은 이러한 실천의 경험이 사고의 영역 바깥에 위치하지 않도록 한다. 즉 그들은 그것에 대해 명확히 인식하고 있으며 사냥꾼들과 그 아내들 사이의 경제적으로 불균형한 관계는 **활과 바구니의 대립**으로 표현된다. 이들 두 가지 도구 각각은 대립하는 동시에 주의 깊게 분리되어 있는 존재 "방식"의 수단이자 기호이며 요약이다. 사냥꾼의 유일한 무기인 활이 남자들만의 도구이고, 그 자체가 여자의 물건인 바구니를 여자들만이 사용한다는 것은 강조할 필요조차 없다. 남자는 사냥하고 여자는 운반한다. 구아야키족의 교육은 주로 이러한 큰 역할 구분에 따라 이루어진다. 4~5세에 이르면 어린 소년들은 아버지로부터 자기 체격에 맞는 활을 받아 그때부터 활쏘기 기술을 연마하기 시작한다. 몇 년 후에는 좀 더 큰 활과 더 좋은 화살을 받는다. 그가 잡아서 어머니에게 갖다드리는 새는 그가 책임감 있는 소년이자 장래 훌륭한 사냥꾼이 될 것이라는 징표이다. 다시 몇 년 후, 성인식을 치를 즈음의 15세가량의 소년은 아랫입술에 구멍을 뚫고 **베타**beta라고 하는 입술 장식을 할 권리를 얻게 된다. 그리하여 그는 진정한 사냥꾼인 **키부추에테**kybuchuéte로 간주되게 된다. 즉 이는 머지않아 그가 아내를 맞이하게 될 것이며, 따라서 새로 꾸미게 될 가정에 필요한 식량을 제공해야 함을 뜻한다. 이제 막 남자 공동체에 들어간 초심자가 처음 전념해야 할 일은 자기가 쓸 활을 만드는 것이다. 이렇게 무리의 "생산자"의 일원이 된 남자는 스스로의 손으로 만든 무기를 가지고 사냥을 하며, 죽거나 늙기 전에는 활을 손에서 놓지 않는다. 여자의 일은 남자의 일과 상호 보완적이며 병행하여 이루어진다. 9~10세에 이른 어린 소녀들은 그들의 어머니가 만든 모형 바구니를 받는데, 이 바구니를 만들 때 소녀들은 주의 깊게 참관한다. 분명히 소녀들은 그 바구니로 물건을 운반하지는 않는다. 그러나 아무런 이유 없이 머리를 숙이고 목을 당기고 걷는 태도에서 소녀들이 곧 닥칠 미래를 준비하고 있다는 것을 알 수 있다. 12~13세쯤 월경이 시작되어 여자가 되었음을 공표하는 의례가 치러지면, 소녀는 젊은 처녀로 인정되어 머지않아 사냥꾼의 아내가 될 다레daré로 불리기 시작한다. 그녀는 새로운 지위를 얻은 후 첫 일로, 그리고 여자가 된 징표로 스스로 자신의 바구니를 만든다. 이들 젊은 남성과 여성은 각각 활과 바구니의 주인이자 얽매인 자로서 성인이 된다. 마침내 사냥꾼이 죽으면 그의 활과 화살은 의례를 통해 함께 묻히고, 여자 또한 가장 최근에 만든 바구니와 함께 묻힌다. 왜냐하면 각 개인의 상징물인 활과 바구니가 주인이 죽은 후에도 남아 있을 수는 없기 때문이다.

구아야키족 사람들은 사회가 작동하는 방식을 결정하는 이 중요한 대립을 호혜적 금기 체계로 이해하고 있다. 즉 여자들은 사냥꾼의 활을 만져서는 안 되고 남자들은 바구니를 잡지 못한다. 일반적인 도구나 기구는 말하자면 성적으로 중립적이지만 활과 바구니만은 예외이다. 이처럼 대립하는 성 각각의 가장 명료한 징표에 대해 신체 접촉을 금하는 것은 집단생활을 지배하는 사회적 성 질서를 위반하지 않도록 하기 위한 것이다. 이 금기는 철저하게 준수되고 있어서 여자가 활을 지니고 있는 모습이나 사냥꾼이 바구니를 들고 있는 것과 같은 기이한 모습은 절대 목격할 수 없다. 남녀 각각이 상대편의 고유한 물건에 대해 지니는 느낌은 매우 다르다. 사냥꾼은 바구니를 들고 가는 수치를 참을 수 없어 하는 데 반해 사냥꾼의 부인은 남편의 활을 만지는 것을 두려워한다. 여자가 활을 만지는 것은 남자가 바구니를 만지는 것보다 훨씬 더 심각한 일이다. 만일 여자가 활을 잡을 생각을 한다면 이는 반드시 그 활의 주인에게 파네pané, 즉 사냥에서의 불운을 가져다줄 것이고, 이는 다시 구아야키 경제에 심각한 타격을 줄 것이다. 사냥꾼으로 말하자면 그가 바구니 속에서 보고 피하는 것은 그가 무엇보다도 두려워하는 파네의 위협이다. 이는 남자가 그 주술에 사로잡혀 사냥꾼의 역할을 할 수 없게 되고 그로 인해 자기 본래의 속성과 능력을 잃어버리게 된다고 생각하는 것이다. 이렇게 되면 쓸모없게 된 활을 버릴 수밖에 없고, 남자다움을 잃어버려 슬프지만 체념하면서 바구니를 짊어질 수밖에 없게 된다. 구아야키족의 엄격한 법에서는 이처럼 빠져나갈 여지가 전혀 없다. 남자들은 사냥꾼으로서만 존재하고, 여자들이 활을 만질 수 없도록 함으로써 자신들의 삶에 대한 확신을 유지해나간다. 거꾸로 사냥꾼으로서 더 이상 활동할 수 없게 된 사람은 사냥꾼이기를 포기하는 동시에 남자이기를 포기해야 한다. 활에서 바구니로 가는 것은 은유적으로 남자가 여자가 되는 것이다. 실제로 남자와 활의 결합은 그 보완적인 대립물인 여자와 바구니의 결합으로 전환되지 않고는 깨어질 수 없다.

그런데 대립하는 두 쌍[남자-활:여자-바구니]으로 만들어지는 4개의 항[남자-활, 남자-바구니, 여자-활, 여자-바구니]으로 구성된 폐쇄 체계의 논리는 실제로도 나타났다. 구아야키족 남자 중 두 명이 바구니를 가지고 다녔다. 차추부타와추기Chachubutawachugi라는 이름의 한 사람은 파네였다. 그는 활을 가지고 있지 않았고 가끔 손으로 덫을 놓아 아르마딜로나 코아티라는 일종의 곰을 잡는 사냥을 할 뿐이었다. 이런 형태의 사냥은 구아야키족이면 누구나 하는 것이지만 활로 하는 사냥인 지본디jyvondy와 같은 품위를 지니지 못한 것으로 간주된다. 게다가 차추부타와추기는 홀아비였다. 그가 파네인 이상 어떤 여자도 그를 두 번째 남편으로조차 원하지 않았다. 그 자신도 자기 친족의 어떤 가족으로 들어가고자 노력하지 않았다. 친족 쪽에서도 사냥 기술도 없고 왕성한 식욕으로 식량을 축낼 남자를 곁에 두고 싶어하지 않았을 것이다. 활이 없기 때문에 아내도 거느리지 못한 남자에게는 비참한 말로만이 남아 있을 뿐이다. 그는 다른 남자들과 함께 사냥 원정에도 참여할 수 없었고, 전에 봐두었던 유충이나 꿀, 과일을 혼자서 또는 여자들의 무리와 함께 찾아 나섰다. 그리고 채집한 것을 운반하기 위해 한 여자로부터 얻은 바구니를 짊어지고 있었다. 사냥에서의 불운으로 인해 그는 여자를 거느릴 수 없게 되었고, 적어도 부분적으로 남자로서의 자격을 잃어버림에 따라 바구니로 상징되는 영역으로 내몰리게 되었다.

두 번째의 경우는 앞의 경우와 약간 다르다. 크렘베기Krembégi는 사실 동성애자였다. 그는 여자들과 함께 여자처럼 살았고 보통 다른 남자들보다 두드러지게 머리카락을 길렀으며 여자들의 일 이외에는 하려고 하지 않았다. 즉 그는 "바구니를 짤 줄" 알았고 사냥꾼한테서 얻은 동물의 이빨로 여자들이 만든 것보다 훨씬 더 예술적인 취향과 재능이 돋보이는 팔찌를 만들었다. 물론 그는 바구니의 소유자였다. 간단히 말해서 크렘베기는 구아야키 문화 속에 예상치 못한 세련됨이 존재한다는 것을 보여주었다. 그것은 보통 구아야키 사회 정도의 단순한 사회에서는 발견할 수 없는 것이었다. 이 이해하기 어려운 동성애자는 스스로를 여자라고 생각하였고 여자 특유의 태도와 행동을 보였다. 예컨대 그는 사냥꾼이 바구니를 만지지 않으려는 것과 마찬가지로 완강하게 활을 만지는 것을 피했다. 그는 자기에게 맞는 자연스러운 자리는 여자의 세계라고 생각한 것이다. 크렘베기는 파네였기 때문에 동성애자였다. 아마도 그의 사냥에서의 불운은 그가 애초부터 무의식적 성도착자였기 때문에 찾아왔을 것이다. 하여튼 그가 동성애자라는 것은 그가 활을 사용할 줄 모른다는 사실이 밝혀지고 나서 동료들에게 공인됨으로써 사회적으로 인정을 받았다. 구아야키인들에게 그는 파네였기 때문에 키리피-메노 kyrypy-meno(항문 성교)를 하는 자였다.

바구니를 지닌 이 두 남자 각각에 대한 아체 사람들의 태도는 매우 다르다. 우선 차추부타와추기는 진정한 악의가 담겨 있진 않았지만 모든 이의 조롱의 대상이었다. 남자들은 그를 상당히 노골적으로 경멸했고 여자들은 그를 등 뒤에서 비웃었으며 아이들은 그를 다른 어른들보다 훨씬 덜 공경했다. 이에 반해 크렘베기에 대해서는 어떤 이도 특별한 주의를 기울이지 않았다. 사람들은 그가 사냥을 할 줄 모르고 동성애자라는 사실을 명백하고 확실하게 받아들였다. 때때로 그의 성적 파트너가 되는 사냥꾼도 있었는데 이 에로틱한 유희는 성도착이라기보다는 외설스러운 행위로 생각된 것 같았다. 그렇지만 그것 때문에 사냥꾼들이 그를 경멸하는 일은 결코 없었다. 거꾸로 이들 두 사람의 구아야키인은 사회가 그들에게 만들어준 이미지에 순응하였고 각자의 새로운 지위에 서로 다른 방식으로 적응했을 뿐이다. 단지 크렘베기는 남자로서 여자의 역할을 매우 편안하고 차분하며 침착하게 수행하였고, 차추부타와추기는 불안해하고 신경질적이었으며 종종 불만스러워했다. 이처럼 적어도 공식적으로는 **부정적인** 의미를 지닌다는 점에서 동일한 존재인 두 사람을 대하는 아체 사람들의 태도에서 나타나는 차이를 어떻게 설명할 수 있을까? 그 대답은 두 사람 모두 **파네**라는 점에서는 다른 남자들과의 관계에서 같은 위치에 있지만, 각자의 **실제적인** 지위는 같지 않다는 것이다. 차추부타와추기는 남자로서의 특성 중 일부를 어쩔 수 없이 포기했지만 여전히 남자로서 살아왔던 데 반해, 크렘베기는 궁극적으로 여자가 됨으로써 사냥꾼이 아닌 남자라는 조건을 받아들였다. 다른 말로 하자면 후자는 자신의 동성애를 수단으로 해서 논리적으로 자신에게 남자의 공간을 차지할 능력이 없다는 **토포스**topos를 발견해낸 데 반해, 전자는 이와 동일한 논리의 적용을 거부함으로써 여자들의 무리에도 끼지 못한 채 남자들의 무리로부터 밀려난 것이다. 따라서 말 그대로 **그는 어디에도 없었고**, 크렘베기보다 훨씬 더 불안정한 상황에 놓여 있었다. 크렘베기는 아체 사람들의 관점에서 보면 역설적이기는 하지만 확실하게 자기가 있을 곳을 지니고 있었다. 어떤 의미에서는 모든 애매모호함으로부터 벗어나게 되어 집단 안에서의 그의 위치는 정상적인 것으로 간주되었다. 비록 그 정상적인 것의 새로운 규범이 여자의 규범이기는 하지만 말이다. 반대로 차추부타와추기는 그 스스로가 일종의 논리적 스캔들을 자초했다. 명확히 규정된 어떤 장에도 속하지 못한 그는 전체 사회의 시스템으로부터 벗어나 무질서를 불러일으킬 수 있는 요인으로 간주되었다. 어떻게 보면 그보다 더 비정상적인 사람은 없었다고 할 수 있다. 조롱의 이면에서 때때로 발견되는 그에 대한 구아야키인들의 은밀한 공격성은 아마도 이로부터 기인하는 것이리라. 또한 그의 심리적 장애와 버림받았다는 민감한 반응도 이로부터 연유하는 것으로 보인다. 그에게서 나타나는 것처럼 남자와 바구니의 부적절한 결합을 유지하는 것은 매우 어렵다. 차추부타와추기는 사냥꾼이 아니면서도 비장하다고 할 정도로 계속 남자로 남고 싶어했다. 즉 그는 일반적으로 분리되어 있는 두 영역 사이의 접점이었기 때문에 놀림감이자 조롱의 대상이 된 것이다.

  이 두 남자가 자신들의 남성성과 유지하는 관계의 차이는 바구니를 통해 지속된다고 할 수 있다. 크렘베기는 여자들이 그러듯 이마에 띠를 두르고 바구니를 날랐다. 반면에 차추부타와추기는 띠를 가슴에 두르지 결코 이마에 두르지 않았다. 가슴에 띠를 둘러 바구니를 운반하는 방식은 이마에 두르는 방식보다 분명히 매우 불편하고 피로를 느끼기 쉽다. 그러나 활을 가지고 있지 않은 그로서는 그것이 자신이 여전히 남자라는 것을 보여주는 유일한 방법이었던 것이다.

이처럼 남녀의 커다란 대립은 사회의 중심에서 강력한 영향을 미치며 구아야키인의 일상생활의 모든 측면에 각인되어 있다. 남자와 여자의 노래 사이의 차이도 이러한 대립으로부터 생긴다. 남자의 노래인 **프레란**prerä과 여자의 노래인 **첸가루바라**chengaruvara는 양식 면에서나 내용 면에서 완전히 대조적이고, 각각 서로 다른 생활의 두 가지 방식과 세계 속에서의 두 가지 존재 양태, 두 가지의 가치 체계를 나타낸다. 그런데 여자들의 노래는 노래라고 부르기가 매우 어렵다. 왜냐하면 실제로 그것은 대부분 "울먹이는 인사"이고, 이방인이나 오랫동안 집을 비운 친족에게 하는 의례적이지 않은 인사에서도 여자들은 울면서 "노래하기" 때문이다. 그녀들은 손으로 얼굴을 감싼 채 쭈그리고 앉아, 단조롭지만 큰 소리로, 귀에 거슬릴 정도로 흐느끼면서 모든 구절을 끊어서 노래를 부른다. 종종 모든 여자들이 함께 노래를 부르며 일제히 훌쩍거리는 소리는 사정을 모르고 듣는 사람을 불안감에 휩싸이게 만든다. 노래가 끝난 후, 울었던 여자들의 평온한 얼굴과 눈물이 맺혀 있지 않은 눈을 보고 또 한 번 놀라게 된다. 여자들은 언제나 의례적인 경우, 즉 구아야키 사회의 중요한 의례라든가 일상생활의 다양한 기회에 노래한다는 것을 강조할 필요가 있다. 예를 들어 어떤 사냥꾼이 캠프로 잡은 동물을 가져오면 한 여자가 이미 죽은 친족 중 누군가가 생각난다고 하면서 눈물을 흘리며 "인사"한다. 또는 한 어린아이가 놀다가 다치면 그 즉시 그 아이의 엄마는 다른 것들과 거의 흡사한 **첸가루바라**를 노래하기 시작한다. 앞에서 본 것처럼 여자들의 노래에는 전혀 즐거움이 담겨 있지 않다. 노래의 테마는 언제나 죽음, 질병과 백인들의 폭력 등이며, 여자들은 슬픈 노래를 통해 아체 사람들의 모든 고통과 고민을 떠맡고 있는 것이다.

　이러한 여자들의 노래는 남자들의 노래와 놀라울 정도로 대조적이다. 구아야키족에게는 언어활동에서의 성적 분업이 존재하는 것으로 보인다. 즉 생활의 부정적인 면은 여자들이 담당하고, 남자들은 쾌락이라고까지는 말할 수 없을지 몰라도 적어도 생활을 참아낼 수 있을 정도의 다양한 가치를 누리는 데 전념하는 듯 보인다. 노래하는 모습에 있어서도 여자들은 노래한다기보다는 오히려 울리는 듯 얼굴을 감추고 몸을 숙인 자세를 취하는 데 반해 사냥꾼들은 얼굴을 들고 몸을 곧추세운 자세로 자신을 찬양한다. 사냥꾼들의 노랫소리는 힘차고 거의 격렬하기까지 하며 때로는 성난 듯하기도 하다. 사냥꾼들이 노래에 담는 남자다움의 극치는 부족함이 없는 자신에 대한 확신과 무엇으로도 부정할 수 없는 자신과의 일치에 대한 확신으로 나타난다. 더욱이 남자들의 노래에 사용되는 언어는 상당히 변형되어 있다. 즉흥적으로 점차 거침없고 풍부해진 말들이 자연스럽게 흘러나와 잠시 후에는 드디어 다른 언어를 듣고 있는 듯이 느끼게 만드는 극단적인 변형이 이루어진다. 아체 사람이 아닌 사람은 이 노래를 완전히 이해할 수 없다. 노래의 주제는 기본적으로 부르는 사람 자신을 찬양하는 과장된 찬사이다. 그 이야기의 내용은 사실 완전히 개인적인 것이고 모든 것은 1인칭으로 이야기된다. 남자들이 이야기하는 것의 대부분은 사냥꾼으로서의 영웅적 행위, 즉 그들이 만난 동물, 그들이 입었던 상처, 활을 쏠 때의 솜씨에 대한 것이다. 끊임없이 되풀이되는 다음과 같은 주제는 강박관념처럼 큰 소리로 이어진다. 초 론 브레테테, 초 론 지본디, 초 론 이마 와추, 이마 치자cho rö bretete, cho rö jyvondy, cho rö yma wachu, yma chija, 즉 "나는 훌륭한 사냥꾼이다. 나는 언제나 내 활로 죽인다. 나는 태어나면서부터 강하고 성나 있으며 공격적이다." 그리고 종종 자신의 영예가 얼마나 확고한지를 나타내고자 하는 듯이 초, 초, 초cho, cho, cho, 즉 "나야, 나야, 나야" 하면서 힘주어 강조한다.[2]

노래의 차이는 성 사이의 대조를 훌륭히 보여준다. 여자들의 노래는 대부분 합창되는 애가哀歌이며 낮 동안에만 들을 수 있다. 한편 남자들은 대부분 밤에 노래를 부르고, 때로는 동시에 터져 나오는 소리가 마치 합창인 듯이 들리지만 그것은 단지 그렇게 들리는 것일 뿐 실제로는 각 사냥꾼이 혼자 부르는 것이다. 그뿐만 아니라 여자들의 **첸가루바**라는 다양한 의례에 맞도록 기계적으로 반복되는 정해진 형식이 있는 데 반해 사냥꾼들의 **프레란**은 완전히 부르는 사람의 기분대로 개성에 따라 불린다. 그것은 순수한 개인적 유희이고 발성에 따라 예술적인 효과를 추구할 수도 있다. 여자 노래의 집합성과 남자 노래의 개별성이라는 성격 규정은 우리들을 출발점이었던 대립으로 되돌아가게 만든다. 즉 구아야키 사회의 유일한 실질적 "생산자"인 사냥꾼들은 언어활동의 측면에서 창조의 자유를 누리는 데 반해 "소비자 집단"인 여

---

2) 여기서 든 파네인 두 남자는 우리가 예상한 대로 노래에 대해서 상당히 다른 태도를 보인다. 차추부타와추기는 자신이 직접적으로 관련된 의식, 예를 들면 아기의 탄생과 같은 몇몇 의식에서만 노래한다. 한편 크렘베기는 어떤 경우에도 노래하지 않는다.

자들에게서는 그러한 자유를 찾아볼 수 없다.

그런데 사냥꾼인 남자들이 누리고 표현하는 이러한 자유는 남자들을 집단으로서 여자들과 결합하거나 분리하는 관계의 성격만을 나타내는 것은 아니다. 왜냐하면 남자들의 노래를 통해서 남자 대 여자라는 제1의 대립과 똑같이 강력한 동시에 무의식의 영역에 놓여 있는 다른 하나의 대립, 즉 사냥꾼 사이의 대립이 은밀하게 드러나기 때문이다. 그들의 노래를 더욱 잘 듣고 그것이 정말로 무엇을 말하는가를 이해하기 위해서 우리는 다시 한번 구아야키족의 민족지와 그 문화의 근본적 차원으로 되돌아가야 한다.

아체의 사냥꾼들에게는 자기가 잡은 포획물을 절대로 소비해서는 안 된다는 엄격한 음식 금기가 있다. 바이 지봄브레 자 우에메레bai jyvombré ja uéméré, 즉 "자기가 죽인 동물을 먹어서는 안 된다"는 것이다. 따라서 남자들은 야영지로 되돌아오면 가족(아내와 아이들)과 무리의 다른 구성원들에게 잡은 동물을 나누어준다. 당연히 그는 아내가 요리한 고기를 먹지 않는다. 그런데 이미 보았듯이 고기는 구아야키족의 식량 중에서 가장 중요한 자리를 차지하고 있다. 따라서 남자들은 일생 동안 다른 사람들을 위해 사냥을 하고 자기의 식량은 그들로부터 얻는다. 이 금기는 엄중하게 지켜져 성인식을 치르지 않은 소년들이라 할지라도 새를 잡았을 때는 이에 따라 행동한다. 이 금기의 가장 중요한 효과 중 하나는 인디언들이 사실상 핵가족으로 분산되는 것을 막는다는 것이다. 남자들은 금기를 포기하지 않는 한 굶어죽을 것이기 때문이다. 따라서 집단적으로 움직이지 않으면 안 된다. 이에 대해 구아야키족은 자기가 죽인 동물을 먹으면 틀림없이 파네를 불러올 수밖에 없다고 단정적으로 생각한다. 사냥꾼들의 이러한 어쩔 수 없는 두려움은 그것이 근거로 삼고 있는 금기를 준수할 충분한 동기가 된다. 만일 짐승을 계속 잡고 싶다면 그것을 먹어서는 안 된다. 이 토착 논리는 소비 영역에서의 사냥꾼과 죽은 동물 사이의 결합은 "생산" 영역에서의 사냥꾼과 살아 있는 동물 사이의 분리를 가져온다는 단순한 관념에 뿌리를 두고 있다. 이 논리는 이러한 결합을 금지하는 것이기 때문에 본질적으로 부정적인 성격을 지니고 있다.

실제로 이 음식 금기는 긍정적인 가치도 지니고 있다. 그것은 구아야키 사회를 현재 있는 모습 그대로 만들어주는 구조화의 원리로 작동하고 있다. 그것에 의해 각 사냥꾼들과 그들이 잡은 생산물 사이의 부정적인 관계가 만들어지고 **모든** 남자가 동일한 위치에 서게 된다. 음식물 증여의 호혜성은 그 자체로 가능할 뿐만 아니라 피할 수 없는 것이다. 즉 모든 사냥꾼들은 고기를 증여하는 자임과 동시에 증여받는 자이다. 따라서 포획한 짐승과 관련된 금기는 구아야키족에 있어서 식량 교환을 창출하는 행위, 즉 그들 사회 자체의 기초인 것이다. 다른 부족사회에도 이와 같은 금기는 아마 있을 것이다. 그러나 구아야키 사회의 음식 금기는 주요 식량원과 관련되어 있기 때문에 특히 중요한 의미를 지니고 있다. 그것은 개인과 포획물을 강제로 분리함으로써 개인이 다른 사람들로부터 신뢰를 받을 수 있도록 해주고 사회적 결속이 확실하게 이루어질 수 있도록 해준다. 사냥꾼들의 상호 의존은 이 결속을 견고하고 영속적인 것으로 만들어주고 개인이 자율성을 잃는 만큼 사회는 강력함을 얻게 된다. 사냥꾼과 포획물의 분리는 사냥꾼 상호 간의 결합, 즉 구아야키 사회를 규제하는 계약을 만들어낸다. 더 나아가 소비 영역에서의 사냥꾼과 포획물 사이의 분리는 사냥꾼을 파네로부터 보호해주고, 미래의 사냥꾼들과 살아 있는 동물들 사이의 결합의 반복, 즉 성공적인 사냥과 사회의 존속을 보장해준다.

자연의 영역에서 사냥꾼과 그의 포획물의 직접적인 접촉을 없앰으로써 음식 금기는 문화의 심장부에 위치하게 된다. 음식 금기는 사냥꾼과 사냥꾼 자신의 식량 사이에 다른 사냥꾼들의 매개가 반드시 필요하게 만든다. 이렇게 하여 구아야키족 경제생활의 주요 부분의 윤곽을 규정하는 포획물의 교환은 그 강제적 성격을 통해 각 사냥꾼들을 하나의 관계로 변환시킨다. 사냥꾼과 그의 "생산물" 사이에는 금기와 위반의 위험한 공간이 깊숙이 자리 잡고 있다. 파네의 공포는 사냥꾼의 수확물에 대한 모든 권리를 박탈함으로써 교환이 이루어지도록 한다. 그 권리는 오직 다른 이의 수확물에 대해서만 행사될 수 있다. 그런데 재화의 유통의 수준에서 남자들을 엄밀하게 규정하는 이 관계의 구조가 결혼 제도의 측면에서도 반복되고 있는 것을 확인하는 것은 매우 흥미롭다.

이미 16세기 초에 최초의 예수회 선교사들은 구아야키족과 접촉하고자 노력했으나 허사로 돌아갔다. 그러나 선교사들은 신비스러운 이 부족에 대한 많은 정보를 수집할 수 있었다. 그리고 이들은 놀랍게도 다른 야만인들과는 반대로 구아야키 사회에는 남성 인구가 여성 인구보다 많다는 정보를 얻게 되었다. 그들은 틀리지 않았고, 거의 400년이 지난 후 우리들 역시 이와 같은 성비의 불균형을 발견할 수 있었다.

예를 들어 남부의 2대 부족 중 한 부족에서는 정확히 남성 대 여성의 비율이 2:1이었다. 여기에서는 이 이상한 현상의 원인을 찾아야 하는 것이 아니라[3] 그 결과를 검토하는 것이 중요하다. 사회에서 선호하는 혼인의 종류가 어떤 것이든지에 상관없이 어떤 사회 안에서나 잠재적인 남편과 아내의 수는 거의 동수라고 말할 수 있다. 구아야키 사회는 남편과 아내의 수를 균형적으로 유지하기 위해 여러 가지 해결책을 선택할 수 있었다. 근친혼 금기를 포기하는 자살적 해결책은 불가능하다고 했을 때, 우선 첫 번째로 남아 살해를 인정하는 방법을 생각해볼 수 있다. 그러나 모든 남자 아이들은 미래의 사냥꾼, 즉 공동체의 핵심적인 구성원이기 때문에 그들을 살해하는 것은 모순적인 행위이다. 비교적 많은 독신남을 사회가 허용하는 것도 가능한 하나의 방법이다. 그러나 이것은 첫 번째 선택보다 더욱 위험하다. 왜냐하면 인구가 상당히 감소한 사회에서 독신남만큼 집단의 조화를 깨뜨릴 수 있는 존재는 없기 때문이다. 따라서 인위적으로 잠재적인 남편의 수를 줄이는 것이 아니라 각각의 여자들의 실제 남편의 수를 늘리는 방법만이 남게 된다. 즉 일처다부제를 선택하는 것이다. 실제로 이 사회에서 남아도는 남자들은 두 번째 남편인 자페티바japétyva의 형태로 여자와 짝이 맺어진다. 이 남자들의 아내에 대한 위치는 이메테imété, 즉 첫 번째 남편과 거의 비슷하다.

  이렇게 구아야키 사회는 일처다부제를 통해 매우 불균형한 인구구

---

[3] Pierre Clastres, *Chronique des Indiens Guayaki*, Paris, Plon, 1972.

성으로 사회 전체가 붕괴될 수도 있는 위험에서 벗어날 수 있었다. 남자의 입장에서 본다면 이는 도대체 무엇을 뜻하는가? 실제로 어떤 남자도 자기 아내를 이른바 단수의 소유형으로 나타낼 수 없다. 왜냐하면 누구도 아내의 유일한 남편이 아니고, 별도의 한 명 또는 두 명의 남자들과 아내를 공유하고 있기 때문이다. 우리는 남자들이 그 문화 속에서, 그리고 그 문화에 의해서 규정되는 규범인 이상, 이러한 상황이 남자들에게 영향을 주지 않고 남자들도 특별한 방법으로 반응하지 않는다고 생각할 수 있다. 그러나 현실에서 문화와 그 문화 속에서 살고 있는 개인들 사이의 관계는 전혀 기계적이지 않고, 구아야키족의 남편들은 자기들에게 닥친 문제를 해결할 수 있는 이 유일한 해결책을 받아들이기는 하지만 그것을 감수하기는 쉽지 않다. 분명히 일처다부의 부부는 평온하게 생활하고, 삼각관계를 이루는 이들 세 사람은 우호적인 관계 속에서 살아간다. 그렇지만 거의 예외 없이 남자들은 은밀히—그들은 절대 서로 이야기하지 않기 때문에—아내를 공유하고 있는 남자에 대하여 공격성까지는 몰라도 노여운 감정을 품고 있다. 내가 머물렀던 구아야키 사회에서 한 유부녀가 젊은 미혼남과 정사를 나눈 일이 있었다. 격분한 남편은 최초로 나타난 경쟁 상대를 흠씬 두들겨주었지만 머지않아 아내의 강요와 공갈에 굴복하여 결국 내연남을 아내의 공식적인 두 번째 남편으로 맞아들일 수밖에 없었다. 그에게는 그 외에는 선택의 여지가 없었다. 만약 그가 이를 거부했다면 아마 그의 아내는 그를 버렸을 것이고, 그는 부족 내에 따로 결혼할 수 있는 여자가 전혀 없어서 할 수 없이 홀아비로 살아가야 했을 것이다. 게

다가 모든 혼란의 요인을 없애고자 하는 집단의 압력은 조만간 그에게 이런 종류의 문제를 정확하게 해결하기 위해 존재하는 제도에 순응하도록 강요했을 것이다. 이처럼 그는 아내를 다른 남자와 공유하게 되었지만 이는 완전히 그의 의지에 반하는 체념의 결과였다. 이 사건이 일어난 즈음에 다른 한 여자의 두 번째 남편이 죽는 사건이 있었다. 첫 번째 남편과 그의 관계는 줄곧 좋았다. 마음속으로부터 친숙한 정을 나누었다고까지는 할 수 없지만 적어도 변치 않고 예절을 지키는 관계였다. 그러나 살아 있는 이메테는 자페티바의 죽음에 대해 그렇게 큰 슬픔을 나타내지 않았다. 그는 만족감을 숨기지 않고 다음과 같이 말했다. "나는 만족한다. 이걸로 나는 아내의 유일한 남편이 되었다."

이런 예는 수없이 제시할 수 있다. 그러나 구아야키족의 남자들이 일처다부제를 받아들였다 하더라도 속마음은 탐탁지 않았다는 것을 이 두 사례만으로도 충분히 알 수 있을 것으로 생각한다. 이는 집단의 영속성을 ─효과적으로─ 보호하기 위한 혼인 제도와 그것의 영향을 받는 개인들 사이에는 "간극"이 있다는 것을 말해준다.[4] 남자들은 여자들이 부족한 탓에 필요로서 일처다부제를 받아들이지만 이 제도를

---

[4] 아체 가투 Aché Gatu 부족은 10년쯤 전에 분열된 적이 있었다. 추장의 처가 젊은 남자와 부정한 관계를 맺었기 때문이다. 매우 분노한 남편은 자기를 따르는 구아야키족 일부를 데리고 집단으로부터 떨어져 나갔다. 그는 자기를 따르지 않는 부족원들에게 심지어 활로 쏴 죽이겠다고 협박했다. 아내를 잃는다는 두려움과 아체 가투족의 집단적 압력으로 인해 그가 아내의 애인을 자페티바로 인정한 것은 불과 몇 개월 뒤의 일이었다.

매우 언짢은 의무로 감수하고 있을 따름이다. 많은 구아야키족의 남편들은 다른 남자들과 함께 아내를 공유해야만 한다. 그리고 당장은 홀로 남편의 권리를 누리는 사람들도 언제 독신자나 홀아비 때문에 이 드물고 불안정한 독점이 끝날지 알 수 없다. 이와 같이 구아야키족의 아내들은 아내를 주는 자들과 아내를 받는 자들 사이의 매개자인 **동시에** 아내를 받는 자들 사이의 매개자이기도 하다. 남자가 다른 이에게 딸이나 누이를 주는 교환은 교환된 여자들의 순환으로만 끝나는 것이 아니며, 그 "메시지"를 받아들인 남자는 조만간 그 "해독"을 다른 남자와 공유해야만 한다. 여성 교환은 그 자체로 가족 간의 연대를 만들어낸다. 그러나 구아야키식의 일처다부제는 여성 교환에 더해져 매우 명료한 기능을 수행한다. 즉 일처다부제는 집단이 여성 교환이라는 수단을 통해 성취하는 사회생활을 문화로서 보존할 수 있게 해준다. 궁극적으로 구아야키 사회에서 혼인은 일처다부 형태로밖에 존재할 수 없는데, 왜냐하면 일처다부 형태만이 혼인에 지속적으로 사회를 사회로 창조하고 유지하는 제도로서의 가치와 유효성을 부여할 수 있기 때문이다. 만일 구아야키 사회가 일처다부제를 거부했다면 구아야키 사회는 지탱되지 못했을 것이다. 왜냐하면 구아야키족은 인구가 적기 때문에 다른 부족을 공격하여 여자를 획득할 수 없었을 것이고, 곧 독신자들과 유부남들 사이의 내전, 즉 부족의 집단적 자살 행위에 직면할 수밖에 없었을 것이기 때문이다. 이러한 방식으로 일처다부제는 여성이라는 재화의 부족으로 인해 발생되는 남자들의 욕망의 대립을 해소하고 있는 것이다.

즉 구아야키족 남성들이 일처다부제를 받아들이도록 만든 것은 일종의 국가이성raison d'Etat이다. 각각의 남편은 부족이 사회적 통일체로 존속하게 하고 부족의 독신자들에게 편의를 제공하기 위해 아내를 배타적으로 거느리는 것을 포기한다. 아체의 남편들은 배우자에 대한 권리의 반을 포기함으로써 공동생활과 사회의 존속을 가능하게 한다. 그러나 앞서 본 예에서 알 수 있었던 것처럼 잠재적인 욕구불만이 생기지 않는 것은 아니다. 결국 달리 방도가 없으니까 다른 남자와 아내를 공유하지만 거기서 생기는 불쾌함은 어쩔 수 없다. 모든 구아야키족 남자는 잠재적으로 아내를 주는 자인 동시에 받는 자이다. 그가 받았던 여자에 대해 그 여자[아내]가 그에게 낳아준 딸로써 보상하기 이전에 그는 다른 남자에게 자기 아내를 내어주지 않을 수 없다. 여기서는 호혜성이 성립되지 않고 성립될 수도 없다. 딸을 주기 이전에 남자는 그 딸의 어머니를 주지 않으면 안 된다. 이는 구아야키 사회에서 남자는 반쪽짜리 남편의 지위를 받아들이지 않는 한 남편이 될 수 없고, 또한 첫째 남편이 둘째 남편보다 우위에 있는 것은 분명하지만 전자는 후자의 권리를 고려하지 않으면 안 된다는 것을 뜻한다. 여기에서 가장 특징적인 개인 사이의 관계는 한 사람의 여자를 공유하는 남편들 사이의 관계이고 그 관계는 대부분의 경우에 이미 살펴본 것처럼 부정적인 성격을 지니고 있다.

그런데 사냥꾼과 수확물 사이의 관계와 남편과 아내 사이의 관계의 쌍 속에서 어떤 구조적인 유사점을 발견할 수는 없는 것일까? 우선 첫째로 사냥꾼이자 남편인 남자에 대해 짐승과 여자가 등가의 위치에 있다는 것은 분명하다. 남자는 자신의 사냥의 수확물과 철저하게 분리되어 있다. 왜냐하면 그것을 먹어서는 안 되기 때문이다. 또한 남자는 완전한 남편이 될 수 없고 기껏해야 반쪽 남편밖에 되지 못한다. 즉 한 남자와 그의 아내 사이에는 둘째 남편이라는 제3항이 개재되어 있다. 따라서 남자는 자기 식량을 다른 남자의 사냥에 의존할 수밖에 없는 것처럼 자기 아내를 "소비하기"[5] 위하여 다른 한 사람의 남편에게 의존하고 그와의 공존을 지속하기 위하여 상대방의 욕망도 존중해야만 한다. 따라서 일처다부제 체계는 각 남편의 혼인의 권리를 이중으로 제한한다. 즉 한 아내를 공유하는 남편들은 서로를 중화시켜가는 한편 아내 쪽에서는 이러한 특권적 상황에서 이익을 얻기 위해 필요하다면 두 사람의 남편을 이간질하여 양자를 교묘하게 지배하는 기회를 놓치지 않는다.

결국 형식논리의 관점에서 보면 사냥꾼에 대한 수확물과 남편에 대한 아내의 관계는 양자 모두 남자들과 매개적인 관계만을 지닌다는 점에서 동일하다. 즉 구아야키족의 사냥꾼에게 있어서 동물 식량과 여자에 대한 관계는 다른 남자를 거치는 것이다. 구아야키족의 매우 특수한 생활 조건은 구아야키족에게 다른 지역 사람들보다 훨씬 더 엄격하게 교환과 호혜성을 이행하도록 강요한다. 이러한 과잉 교환의 요구는 [구아야키] 인디언들의 의식에서 두드러질 만큼 압도적이며, 종종 일처다부제의 필요에서 기인된 분쟁을 불러일으킨다. 실제로 [구아야키] 인

---

[5] 이것은 말장난이 아니다. 구아야키어에서는 티쿠tyku라는 동사가 먹는 행위와 성교하는 행위 모두를 뜻한다.

디언 남자들에게 있어서 수확물을 주는 의무는 의무로서 경험되지 않는데 반해 아내의 공유는 소외로 경험된다는 것을 강조해야 할 것이다. 단지 여기에서 명확하게 해두고 싶은 것은 사냥꾼-수확물, 남편-아내라는 두 관계의 형식상의 동일성이다. 음식 금기와 여성의 부족은 각기 고유한 영역에서 동일한 기능을 수행한다. 즉 사냥꾼의 상호 의존을 통해 사회라는 존재를 보증하고 여성의 공유를 통해 사회에 지속성을 부여한다. 지속적으로 사회구조를 창출하고 재창출한다는 점에서 긍정적인 성격을 지닌 이들 기능은 남자와 수확물 그리고 남자와 아내 사이에 정확히 말해서 사회가 파고들 거리를 만들어낸다는 의미에서 부정적인 차원도 지닌다. 그리고 사실 수확물의 증여, 아내의 공유는 각각 문화라는 구성체를 떠받치는 3가지의 기초 중 2가지, 즉 재화의 교환 및 여성의 교환과 관련되어 있다.

　남자들이 사회에 대하여 지니는 이중적이고 동일한 관계는 그들 자신이 결코 의식하지 못한다고 하더라도 정적인 상태로만 있는 것은 아니다. 오히려 무의식에 머물러 있기 위하여 훨씬 더 활동적인 이 관계는 사회를 사회로 존재하게 하는 제3의 위상, 즉 메시지의 교환으로서의 언어활동에 대한 사냥꾼의 특이한 관계를 규정하고 있다. 왜냐하면 남자들은 노래를 통해 사냥꾼이자 남편으로서의 그들의 운명에 대해 사고思考하지 않은 지식과 이러한 운명에 대한 항의를 함께 나타내기 때문이다. 이렇게 하여 남자들과 교환과의 3중 연결의 완성된 구도가 드러나게 되었다. 즉 개인으로서의 사냥꾼은 중심에 위치하고 재화와 여성, 말의 상징적 영역이 그 주변을 감싸고 있다. 단 남자들과 수확물 그리고 남자들과 여자들의 관계는 사회의 기초를 형성하는 분리의 관계인 데 비해, 남자들의 언어활동에 대한 관계는 노래를 통해 언어활동의 진정한 소통 기능을 부정하고 또한 교환 그 자체를 부정하는 철저한 결합의 관계로 응축되어 나타난다. 결국 사냥꾼의 노래는 음식 금기 및 일처다부제와 대칭적이고 역전된 위치에 있고, 사냥꾼이자 남편으로서의 남자가 이 양자를 부정하길 원한다는 것을 형식과 내용을 통해 명확하게 드러낸다.

남자들의 노래의 내용은 분명히 개인적이고 언제나 1인칭으로 불리며 노래하는 사람이 훌륭한 사냥꾼이라는 것을 칭송하는 데 할애된다는 것을 상기하도록 하자. 왜 그런 것일까? 남자들의 노래는 확실히 완벽한 언어활동이기는 하지만 더 이상 일상적인 보통의 언어활동, 즉 언어기호의 교환으로는 볼 수 없다. 오히려 그 반대라고까지 말할 수 있다. 말하는 것이 듣는 사람에게 메시지를 전달하는 것이라고 한다면 아체 남자들의 노래는 언어활동의 바깥에 위치하게 된다. 왜냐하면 노래하는 사람 외에 어떤 이도 사냥꾼의 노래에 귀를 기울이지 않고, 메시지를 발하는 사람 외의 그 누구에게 메시지가 전달될 것인지 알 수 없기 때문이다. 사냥꾼은 그 자신이 노래의 대상이자 주체로서 그 서정적인 노래를 오직 자기 자신에게 바친다. 그들을 체계의 한 요소로만 규정하는 교환에 사로잡힌 구아야키인들은 교환의 요구로부터 자유로워지기를 바라면서도 교환을 수행하고 받아들이는 한 그것을 거부할 수는 없다. 그렇다면 관계를 파괴하지 않고 한계를 극복할 수는 없는 것인가? 언어활동에 기대는 것 이외에는 다른 방법이 없다. 구아야키족 사냥꾼들은 재화와 여성의 영역에서는 결코 파기할 수 없는 교환을 언어활동의 영역에서 거부할 수 있게 하는 순수하고 심오한 지혜를 노래 속에서 발견했다.

남자들이 자신들의 자유의 찬가로 밤에 부르는 **독창**을 선택한 데에는 확실히 이유가 있다. 이 이외에 남자들이 어떤 하나의 경험을 확실하게 표명할 방법이 없고 또한 그렇게 하지 않는다면 사회생활의 필요로부터 생기는 지속적인 긴장을 아마도 견디기 힘들 것이다. 사냥꾼의 노래, 그 내적 언어활동은 그의 **고독**의 자유가 몸을 휘감는, 그로서는 진정한 휴식의 순간에 이루어진다. 바로 그렇기 때문에 밤이 되었을 때 각 남자들은 자신에게만 주어진 영예로운 영역 속에서 매우 편안하게 여러 가지 이야기를 통해 불가능한 "자기와의 일대일 대면"을 꿈꾸는 것이다. 그러나 자신의 언어활동에 새로운 신성함을 부여하는 벌거벗고 야만적인 시인인 야체 사냥꾼들은 다음의 사실을 알지 못한다. 즉 똑같은 언어의 마술을 구사함으로써—동시에 불리는 그들의 노래는 그들 고유의 몸짓으로부터 나오는 똑같이 감동적이고 순수한 노래는 아니지 않을까?—각자가 자신의 독자적인 차이를 성취하고자 하는 희망은 사라져버리고 만다는 것이다. 하긴 [그러한 것이] 그들에게 중요할까? 그들이 노래한 것은 그들이 말한 대로 **우리 브완**ury vwä, 즉 "스스로 만족하기 위한" 것이기 때문이다. 그렇기 때문에 몇 시간에 걸쳐 다음과 같이 도전적인 말들을 수차례 소리 높여 반복한다. "나는 훌륭한 사냥꾼이다. 나는 내 활로 많은 짐승을 쓰러뜨린다. 나는 날 때부터 강하다." 그러나 이러한 말들은 응수를 바라고 외친 것이 아니며,

또한 그의 노래가 그에게 승리의 자부심을 준다고 하더라도 이는 그가 모든 전투를 잊고 싶어하기 때문이다. 여기에서 우리가 문화생물학이라는 것을 시사하고자 하는 것은 전혀 아니라는 점을 명확히 하자. 사회생활은 생명 그 자체가 아니며 교환은 투쟁이 아니다. 우리는 원시사회에 대한 관찰을 통해 거꾸로 다음과 같은 것을 알 수 있다. 예컨대 사회영역의 본질인 교환이 교환 당사자 사이의 경쟁이라는 극적인 형태를 취한다 하더라도 그 경쟁 자체는 정적인 것으로 남게 된다. 왜냐하면 원시사회에서 쉬지 않고 작동하는 "사회계약"은 승리자도 패배자도 만들지 않고, 각자의 이익과 손실은 언제나 균형을 유지하고자 하기 때문이다. 간단히 말하자면 사회생활이란 어떠한 승리도 일체 차단하는 "투쟁"이라고 할 수 있고, 역으로 "승리"에 대해 말할 수 있는 이가 있다면 그것은 그가 모든 투쟁의 바깥, 즉 사회생활의 바깥에 있기 때문이다. 결국 구아야키 인디언들의 노래는 우리에게 다음과 같은 것을 상기시켜준다. 즉 어느 누구도 모든 면에서 승리할 수 없으며, 사회활동의 법칙을 지킬 수밖에 없고, 그 활동에 참가하지 않으려는 유혹은 커다란 환상으로 이어진다는 것을.

   이러한 노래들은 그 성질과 기능을 통해 언어활동과 인간의 일반적 관계의 전형을 예증한다. 그리고 멀리서 들려오는 이 목소리들은 이 관계에 대해 성찰하도록 우리를 유도하고 있다. 이 소리들은 또한 우리에게 이제는 거의 사라져버린 길을 따르도록 권유한다. 그리고 야만인들의 사고는 완전히 새로운 언어에 의해 표명되고 그 사고가 이끄는 대로만 움직일 뿐이다. 노래는 사냥꾼들에게 만족감을 줄 뿐만 아니라―그리고 그들도 모르게―사회생활의 기초가 되는 교환을 거부함으로써 사회생활로부터 도피할 수단을 제공하는 것이다. 그들이 사회적 인간으로부터 스스로를 분리하는 그 운동이 동시에 그들로 하여금 스스로를 자기 안에 갇혀 있는 구체적인 개별 존재로 자각하게 하고 스스로에게 선언하도록 한다. 즉 한 사람의 동일한 남자가 재화와 여성의 교환에 있어서는 순수한 관계로 존재하고 언어활동의 영역에서는 이른바 하나의 개체monade로 존재하는 것이다. 노래를 통해서 남자는 나로서의 자기의식에 접근하고 1인칭 대명사를 정당하게 사용할 수 있는 것이다. 남자는 자신의 독특한 노래 속에서, 그리고 노래를 통해서 존재하며, 자기 스스로 자기의 노래가 되는 것이다. 나는 노래한다, 고로 나는 존재한다. 그런데 노래라는 형태의 언어활동이 남자라는 존재가 진정 있는 곳을 나타낼 때 그것은 이미 교환의 원형으로서의 언어활동이 아닌 것이 된다. 왜냐하면 남자는 진정으로 교환으로부터 해방되기를 바라고 있기 때문이다. 바꿔 말하면 소통의 세계의 모델 자체가 그 세계로부터 도피하는 수단이기도 하다. 발화된 말은 교환되는 메시지인 동시에 모든 메시지의 부정이기도 하다. 그것은 기호로서도 기호의 반대물로서도 발화될 수 있는 것이다. 그러므로 구아야키족의 노래는 우리들에게 열려진 소통의 기능으로서도, 또한 자아 구성의 닫혀진 기능으로서도 전개될 수 있는 언어활동의 이중적이고 본질적인 성질을 가리킨다. 이러한 반대되는 기능을 실행할 수 있는 언어활동의 역량은 기호와 가치로 나누어질 수 있는 언어활동이 지닌 가능성으로부터 생겨나는 것이다.

오락이나 단순한 기분 전환의 순수함과는 거리가 먼 구아야키족 사냥꾼의 노래는 기호의 네트워크 전체(이런 맥락에서 말은 그 네트워크의 특권적 은유에 불과하다)로의 종속으로부터 도피하도록 고무하는 힘찬 지향을 들려준다. 그것은 언어활동의 기능을 공격하는 형태로 이루어진다. 언어가 더 이상 소통의 수단으로 사용되지 않고 타자와의 관계라는 "자연스러운" 목적으로부터 벗어날 때 그 말은 도대체 어떻게 되는 것인가? 말은 기호라는 성질로부터 분리된 채 더 이상 어떤 청자의 주의도 끌지 못하고, 그 자체가 목적이 되고 그것을 발화하는 자에게는 가치물로 전화한다. 또 한편으로는 언어활동이 발신자와 수신자 사이의 동적인 기호 체계로부터 자아에 대한 가치의 정립 그 자체로 전환되었다 하더라도 그것 때문에 의미의 장이라는 언어의 성격이 사라지는 것은 아니다. 즉 메타 사회적인 것le méta-social은 개인과 분리되어 있는 것l'infra-individuel이 아니며 사냥꾼의 고독한 노래는 광인의 담론이 아니고 또한 사냥꾼의 말은 절규하는 소리가 아니다. 아무런 메시지 없이도 그것의 의미는 지속되고 그 절대적인 지속 속에서 말의 가치가 가치 있는 것으로 존재하는 것이다. 언어활동은 아무 의미 없이 해체되어버리지 않고도 언어활동이기를 그칠 수 있으며, 아체 사람들의 노래는 실제로 어떤 것도 말하고 있지 않음에도 불구하고 사람들은 그것을 이해할 수 있다. 또는 오히려 이 노래가 우리로 하여금 귀를 기울이도록 유도하는 것은 말하는 것이 언제나 게임에 타자를 끌어들이는 것은 아니며, 언어활동은 그것 자체로서 이루어질 수 있는 것이고 또한 그것이 실행하는 기능으로 환원될 수 있는 것은 아니라는 것이다. 구아야키족의 노래는 절대적 가치로서의 의미가 출현할 수 있도록 하기 위해 기호의 사회적 세계를 폐지하는 언어활동 자체의 반성이다. 그래서 인간의 가장 무의식적이고 가장 집합적인 것—그의 언어활동—이 또한 가장 투명한 의식이자 가장 자유롭게 해방된 차원일 수 있다는 사실에는 아무런 역설도 없는 것이다. 노래하는 사람에게 있어서 인간과 사회의 분리는 노래 속의 말과 기호의 분리에 상응한다. 그리고 의미가 가치로 전환하는 것은 개인이 자신의 고독의 주체로 전환하는 것이기도 하다.

인간은 정치적 동물이고, 사회는 개인의 총계로 환원되지 않는다. 사회는 개인의 합계가 아니라는 것과 사회를 규정하는 체계와의 차이는 인간을 결합하는 교환과 호혜성 안에서 발견된다. 만약 우리가 이 진부한 문구에서 그 반대명제가 지시된다는 것을 짚고 넘어가고자 하지 않았다면 이 문구를 떠올리는 것은 쓸데없는 일이었을 것이다. 즉 만일 인간이 "병든 동물"이라고 한다면 그것은 인간이 오로지 "정치적 동물"이기만 한 것이 아니라 불안 속에서 인간의 이면에 숨어 있는 커다란 욕망이 일어나기 때문이다. 그것은 운명으로 겨우 수용되는 필연성, 즉 인간을 지배하는 필연성으로부터 벗어나 교환의 구속을 거부하는 욕망이고, 인간의 조건으로부터 해방되기 위해서 인간의 사회적 존재를 거부하려는 욕망이다. 왜냐하면 인간은 자기가 사회라는 영역의 현실에 익숙해서 왜소해졌다는 것을 알고 있기 때문에 현실로 환원되지 않으려는 욕망, 즉 현실로부터 도피하고자 하는 향수를 지니는 것이다. 몇몇 야만인들의 노래를 주의 깊게 들어보면 그것은 그야말로 노래이며 그 노래에는 보편적인 꿈, 있는 그대로의 자기로부터 벗어나고자 하는 꿈이 녹아들어 있다는 것을 알 수 있다.

인간 조건의 핵심에 위치한 것을 없애고자 하는 욕망은 단지 여러 가지 형태로 표현되는 꿈으로서만 실현된다. 그것은 때로는 신화로, 때로는 구아야키 사회에서처럼 노래로 표현된다. 어쩌면 아체 사냥꾼들의 노래는 단지 그들의 개인적인 신화일 뿐일지도 모른다. 어쨌든 인간의 은밀한 욕망은 단지 꿈꿀 수만 있을 뿐이며 언어활동의 공간에서만 유일하게 실현된다는 점에서 그 불가능성이 입증된다. 그렇지만 꿈과 언어가 이처럼 가까이에 있다는 것이 인간이 있는 그대로의 상태를 벗어나는 데 성공할 수 없다는 것을 나타낸다면, 이는 동시에 언어활동의 승리를 의미한다. 분명히 언어활동만이 인간들을 결합시키고 또한 그들을 맺는 끈을 단절하는 두 가지의 사명을 수행할 수 있다. 인간이 주어진 조건을 극복할 수 있는 유일한 가능성인 언어활동은 인간의 조건 너머의 것으로 나타나고, 말들이 그 가치로 말해졌을 때 그것들은 신들의 영역이 된다.

얼핏 그렇게 들리지 않는다 할지라도 아직 우리가 듣고 있는 것은 구아야키족의 노래이다. 우리가 이 점에 대해 의심을 품게 된다면 그것은 단지 우리가 더 이상 그들의 언어활동을 이해할 수 없기 때문이 아닐까? 분명히 이것은 번역에 관한 문제는 아니다. 결국 아체 사냥꾼들의 노래는 언어와 인간 사이에 어떤 밀접한 관계가 있다는 것을 보여준다. 좀 더 정확하게 말하면 그것은 원시인들에게만 살아남아 있는 것으로 보이는 밀접한 관계이다. 이국적인 것과는 전혀 관련이 없는 야만인의 소박한 담론은 우리에게 시인과 사색가만이 잊지 않고 있는 것에 대해 생각해볼 것을 재촉한다. 즉 언어활동은 단순히 도구가 아니라는 것, 인간은 언어활동과 완전히 대등해질 수 있다는 것, 현대의 서구는 언어활동을 남용함으로써 그 가치에 대한 감각을 상실하고 있다는 것에 대해서 말이다. 문명화된 인간의 언어활동은 인간에게 있어 완전히 외적인 것이 되어버렸다. 왜냐하면 그것은 이미 인간에게 단순한 소통과 정보의 수단에 불과할 뿐이기 때문이다. 거기에서는 의미의 질과 기호의 양이 반비례한다. 반대로 언어를 사용하는 것보다도 칭송하는 데 더 관심을 가진 원시 문화는 이미 그 자체로 성스러운 것과의 연대인 언어활동과 내적인 관계를 유지할 수 있었다. 원시인에게 있어 시적인 언어는 존재하지 않는다. 왜냐하면 그에게는 언어활동 자체가 말의 가치를 지닌 자연스러운 시이기 때문이다. 그리고 앞에서 구아야키족의 노래를 언어활동에 대한 공격이라고 이야기했지만 이제부터는 오히려 그것을 언어활동을 보호하는 피난처로 이해해야만 한다. 그러나 우리는 유랑하는 가엾은 야만인이 주는 언어활동의 올바른 사용 방법에 대한 너무나 강렬한 가르침에 아직 귀를 기울일 수 있을까?

이렇게 구아야키 인디언들은 생활한다. 그들은 매일 남자들과 여자들이, 활은 앞서고 바구니는 뒤서고 함께 숲을 뚫고 간다. 밤이 되면 그들은 흩어져 각자의 꿈속으로 빠져든다. 여자들은 자고 사냥꾼들은 때때로 각자의 고독 속에서 노래를 부른다. 이교도이자 미개인인 그들을 이 세계로부터 해방시킬 수 있는 것은 죽음뿐이다.*

* 이 글은 *L'Homme* VI(2), 1966에 처음 실렸다.

제6장 인디언을 웃게 만드는 것

"야만인"의 이야기를 진지하게 해독해보고자 한 최근 수년간의 구조적 분석은 그러한 이야기들이 매우 진지한 내용을 담고 있고 신화적 사고를 사고 자체의 수준으로까지 끌어올리는 문제 설정의 체계를 내포하고 있다는 것을 밝혀주었다. 우리는 클로드 레비스트로스의 『신화학Mythologiques』을 통해 신화가 공허한 이야기가 아니라는 것을 알게 되었고, 신화는 새로운 가치를 지닌 것으로 평가되기 시작하였다. 물론 이렇게 신화에 중요한 의미를 부여한다고 해서 그것이 곧 신화를 떠받드는 것은 아니다. 그렇지만 바로 이 근래의 신화에 대한 관심은 우리로 하여금 신화를 너무 "심각하게" 받아들이도록 하고 그 사고의 차원을 잘못 평가하도록 이끌고 있다. 요약하면 신화가 지닌 느슨한 측면을 밝히지 않은 채 이대로 묻어둔다면 수없이 많은 신화들이 공통적으로 지닌 특징, 즉 신화의 진지함과 모순되지 않는 유머러스한 측면을 잊어버린 일종의 과장증만이 확산되는 것을 보게 될 것이다.

신화를 수집하여 읽는 사람들뿐만 아니라 신화를 말하는 사람들(예컨대 인디언들)에게도 신화는 진지한 것이지만, 그 속에는 우스꽝스러운 내용이 담겨져 있어 신화는 가끔씩 듣는 이들을 즐겁게 하거나 그들의 폭소를 자아내는 기능을 수행하기도 한다. 신화가 지닌 진실을 온전히 보존하고자 한다면 신화가 불러일으키는 웃음의 참된 중요성을 과소평가해서는 안 된다. 즉 신화가 진지한 것들을 이야기하는 동시에 이야기를 듣는 사람들을 웃도록 만든다는 사실을 잊어서는 안 된다. "원시인들"의 생활은 험난하지만 그럼에도 불구하고 원시인들이 언제나 고생과 걱정 속에 놓여 있는 것은 아니다. 그들은 또한 여유를 지니는 법을 매우 잘 알고 있고 웃음에 대한 예리한 감각을 지니고 있어서 때때로 공포를 웃음으로 극복하기도 한다. 인디언의 여러 문화에서는 신화를 통해 사람들이 삶의 고통을 경감하고 스스로를 달래는 경우가 드물지 않다.

지금부터 소개할 두 신화는 바로 그러한 성격을 지닌 것이다. 이 신화들은 작년(1966년)에 파라과이의 차코 지방 남부에 살고 있는 출루피Chulupi 인디언들한테서 수집한 것이다. 익살스러우면서 음탕하고, 그러면서도 어느 정도 서정성이 가미된 이 이야기들에 대해서는 나이에 상관없이 부족원 전부가 잘 알고 있다. 그렇지만 그들은 정말로 크게 웃고자 할 때는 옛날이야기에 정통한 몇몇 늙은이들에게 이야기를 다시 한번 해달라고 조른다. 결과는 항상 성공적이다. 처음의 미소는 곧 참을 수 없는 낄낄거림으로 변하고, 그것은 폭소로 이어져 마침내 모두가 웃음의 도가니에 빠진다. 이 신화들이 테이프에 채록되는 동안에도 열 명 정도의 인디언들의 웃음소리가 말하는 사람의 이야기를 덮어버렸고 말하는 이 역시 냉정함을 잃곤 했다. 우리는 인디언이 아니지만 그들과 함께 즐거움을 맛보기 위해 그들의 신화에 귀를 기울여보는 것도 재미있을 것이다.

첫 번째 신화
이 남자에게 말을 거는 것은 금물[1]

어느 날 한 노인이 몇몇 친구들을 초대해 함께 호박을 먹을 것이니 친구들을 데리고 오라는 [부인의] 부탁을 받았을 때, 분명히 노인의 집에는 삶은 호박이 정말 조금밖에 없었다. 그렇지만 그는 큰 소리로 온 마을 사람들을 불렀다. 그는 최대한 큰 소리로 "모두들 와서 먹어요! 꼭 모두 와서 먹어야 해요!"라고 소리쳤다.

그러자 사람들은 "갈게요! 모두 함께 갈게요!"라고 대답했다. 그러나 호박은 한 접시가 될랑 말랑 할 정도에 불과했다. 따라서 먼저 도착한 두세 사람이 모두 먹어치우고 나니 나중에 오는 사람들 몫은 전혀 남아 있지 않았다. 모든 사람들이 노인의 집에 모여들었지만 아무것도 먹을 것이 없었다. 그는 깜짝 놀라며 "도대체 어떻게 된 거야?"라고 말했다. "도대체 왜 나한테 사람들을 불러다 먹이게 초대하라고 한 거

---

[1] 이것은 인디언들이 내게 직접 가르쳐준 제목이다.

야? 나는 하라는 대로 했을 뿐이야. 나는 호박이 많은 줄 알았어. 이건 내 잘못이 아니야! 언제나 누군가가 나에게 거짓말을 하게 한단 말이야! 그리고 나중에 모든 사람이 나를 실없는 사람으로 욕한단 말이야!" 그러자 그의 부인이 남편에게 설명했다. "당신은 조용히 말해야만 했어요! 아주 조용하고 낮은 목소리로 '와서 호박 드세요!'라고 말해야 했다고."

"그런데 왜 당신은 저 사람들을 초대한다고 말했지? 나는 저들이 들을 수 있도록 소리쳤을 뿐이야!" 그러자 늙은 부인은 "이 사람들을 다 불러 모으다니 멍청한 늙은이 같으니라고" 하며 투덜거렸다.

몇 시간이 지난 후, 그 노인은 친족들에게 자기 수박 밭의 수박을 따러 가자고 부추기고 있었다. 그때도 모든 이들이 몰려들었는데, 정작 그 밭에는 겨우 세 줄기의 수박만이 있을 뿐이었다. "우리 밭에 수박 따러 가세! 굉장히 많아!" 하고 그는 매우 큰 소리로 알렸다. 그래서 모든 사람들이 부대를 가지고 왔지만 그들 앞에는 세 줄기의 수박만이 있었다. "나는 진짜 수박이 많은 줄 알았어!"라고 노인은 변명하였다. "그 대신 호박과 안다이anda'i[2]가 있으니 그거라도 가져가!" 사람들은 부대에 수박 대신 호박과 안다이를 담아 가지고 갔다.

수확이 끝나고 노인은 집으로 돌아왔다. 그는 거기에서 손녀딸을 만났다. 그녀는 자신의 아픈 아기를 **토오이에**tôoie'éh, 즉 샤먼인 노인에게 치료해달라고 데리고 온 것이었다.

---

2) 동양 호박의 일종.

"할아버지! 증손자 좀 봐주세요. 열이 나요! 침을 뱉어주세요!"

"그래, 지금 즉시 봐줄게!"

그리고 노인은 아기에게 계속 침을 뱉기 시작했고, 곧 아기의 온 몸이 침으로 범벅이 되었다. 그러자 아기 엄마가 소리쳤다.

"그렇게 해서는 안 돼요! 입김을 불어넣어요! 빨리요! 할아버지 좀 더 잘 보살펴주세요!"

"그래, 그래 알았다! 그런데 왜 빨리 이야기하지 않았니? 넌 애한테 침을 뱉으라고 했지, 입김을 불어넣으라고 하진 않았잖아. 그래서 난 침을 뱉었을 뿐이야!"

손녀 말대로 노인은 아기에게 쉬지 않고 입김을 불어넣었다. 얼마 후 손녀는 노인을 멈추게 하고 아픈 아기의 영혼을 찾아야 한다고 말했다. 그러자 노인은 즉시 일어나서 집의 구석구석을 뒤지기 시작했다.

"아니요, 할아버지! 앉으세요! 입김을 불어주세요! 그리고 노래를 불러주세요!"

"왜 진작 그렇게 말하지 않았니? 증손자 영혼을 찾아달라고 해서 영혼을 찾으려고 일어섰지 않니!"

그는 다시 앉았고, 아기를 치료하고 영혼을 찾는 데 도움을 받기 위해 다른 주술사들을 부르러 사람을 보냈다. 그들은 모두 노인의 집에 모였고 노인은 그들에게 장광설을 늘어놓았다.

"우리 증손자가 아파. 그러니까 우리가 병의 원인을 찾아보세."

노인은 자신의 정령의 가축으로 암컷 당나귀를 키우고 있었다. 샤먼들의 정령들은 여행을 떠났다. 노인은 자기의 암컷 당나귀 위에 올라타서 다음과 같이 노래하기 시작하였다. "쿠보우이타체Kuvo'uitaché! 쿠보우이타체! 쿠보우이타체! 〔……〕 암컷 당나귀! 암컷 당나귀! 암컷 당나귀!〔……〕" 이렇게 그들은 꽤 오랫동안 걸었다.

어느 순간 암컷 당나귀가 한 발을 부드러운 땅에 집어넣었다. 거기에는 호박씨가 있었다. 암컷 당나귀는 멈추어 섰다. 노인은 이 사실을 그의 동료들에게 알렸다. "암컷 당나귀가 멈추어 섰어. 뭔가 있는 게 분명해!" 그들이 주의 깊게 살펴보자 거기에는 엄청난 양의 삶은 호박이 있었다. 그들은 그것들을 먹기 시작했다. 그들이 모두 먹어치우자 노인은 큰 소리로 말했다. "자! 그럼 이제 여행을 계속할 수 있겠군."

그들은 다시 같은 노래의 리듬에 맞춰 걷기 시작했다. "쿠보우이타체! 쿠보우이타체! 쿠보우이타체! 〔……〕 암컷 당나귀! 암컷 당나귀! 암컷 당나귀!〔……〕" 갑자기 당나귀의 귀가 쫑긋 섰다. "아하!" 하고 노인이 말했다. 그 순간 노인은 바로 근처에 벌들이 몰려와서 꿀을 만들어놓도록 자신이 막아놓은 벌집이 있다는 것을 기억해냈다. 그곳으로 당나귀가 갈 수 있도록 샤먼들은 숲을 가로질러 길을 만들었다. 그들은 벌집에 가까이 다다르자 당나귀의 엉덩이를 나무에 대고 당나귀의 꼬리로 벌꿀을 꺼내기 시작했다. 노인은 말했다. "벌꿀을 훑어! 꼬리로 벌꿀을 모두 훑어내도록 해! 더 많이 꺼낼 수 있을 것 같아." 당나귀가 다시 꼬리를 집어넣자 다시 더 많은 벌꿀이 꺼내졌다. "그래 계속해, 계속해!" 노인은 말했다. "벌꿀을 모두 먹어치우자, 다 똑같은 코를 가진 이들이여! 더 먹고 싶은가 아니면 배가 부른가?" 다른 샤먼들은 더 이상 배가 고프지 않았다. "좋아, 그렇다면 다시 떠나보자!"

그들은 다시 노래를 부르면서 걷기 시작했다. "암컷 당나귀! 암컷 당나귀! 암컷 당나귀![……]" 한동안 걷다가 갑자기 노인이 외쳤다. "아하! 앞에 뭔가가 있어! 저게 뭐지? 저건 악마의 정령인 찌체ts'ich'é가 틀림없어!" 그들은 그곳으로 가까이 다가갔고 노인은 소리쳤다. "오, 엄청 빠른 놈일세! 잡을 수 없을 것 같아." 그러나 그건 단지 거북이였다. 노인은 "내가 가운데에서 잡을 거야. 누가 뭐라고 해도 내가 나이도 많고 경험도 많아" 하고 말했다. 노인은 샤먼들을 둥그렇게 세웠고, 그들은 일제히 노인의 신호에 맞춰 "암컷 당나귀! 암컷 당나귀! 암컷 당나귀![……]"라고 하면서 거북이를 덮쳤다. 그러나 그것은 전혀 미동도 하지 않았다. 왜냐하면 그것은 거북이였기 때문이다. 그들은 거북이를 잡았다. 노인은 외쳤다. "얼마나 귀여운가! 얼마나 아름다운 무늬인가! 이제부터 내가 키울 거야." 노인은 거북이를 손으로 잡았고 다시 모두 함께 "암컷 당나귀![……]" 하고 노래하면서 길을 떠났다.

머지않아 "아하!" 하고 그들은 멈추었다. "암컷 당나귀가 더 이상 가려고 하지 않아. 앞쪽에 뭔가가 있나 봐." 그들이 살펴보니 스컹크 한 마리가 있었다. "그 놈은 우리 개가 될 거야!" 노인은 확신했다. "아주 예쁜 들개로구나!" 그들은 개를 둘러쌌고 노인은 "내가 나이도 제일 많고 너희들보다 실력도 좋아"라고 하면서 가운데를 차지하고 나섰다. 그리고 "암컷 당나귀! 암컷 당나귀! 암컷 당나귀![……]" 하고 노래를 부르면서 스컹크를 덮치려고 하였다. 그러나 스컹크는 자기의 땅속 동굴로 숨어버렸다. "그 놈은 여기로 들어갔을 거야! 내가 그 놈을 끌어내볼게" 하면서 노인이 동굴 구멍으로 손을 집어넣고 몸을 기울이자 스컹크는 그의 얼굴에 오줌을 쌌다.[3] "아흐!" 하고 그는 소리를 질렀다. 냄새가 어찌나 고약하던지 그는 거의 기절할 뻔했다. 다른 샤먼들도 혼비백산하여 흩어지며 외쳤다. "어휴 냄새야! 지독하게 고약하군!"

그들은 모두 함께 노래를 부르면서 다시 여행을 시작했다. 얼마 지나지 않아 그들은 담배를 한 대 피우고 싶어졌다. 암컷 당나귀가 귀를 쫑긋 세우더니 다시 멈춰 섰다. 그곳에서 노인은 "자 그럼 여기서 담배 한 대 피우지" 하고 말했다. 그는 자기의 작은 배낭 안에서 담배 피우는 도구를 모두 꺼냈다. 그런데 담배 파이프와 담배를 아무리 찾아도 없는 것이었다. "아! 파이프를 잊고 왔으리라고는 생각지도 못했어" 하고 사방을 뒤졌지만 아무것도 찾을 수가 없었다. "움직이지 말고 있어. 파이프하고 담배를 빨리 가지고 올게" 하고 그는 다른 샤먼들에게 말했다. 그는 "암컷 당나귀! 암컷 당나귀! 암컷 당나귀!〔……〕" 하고 흥얼거리면서 서둘러 떠났고 노래가 끝날 즈음에는 다시 되돌아왔다.

"돌아왔네!"

"그래, 돌아왔나? 그럼 이제 담배 한 대 피울 수 있겠군" 하면서 그들은 담배를 피우기 시작하였다.

그들은 맛있게 담배를 피우고 나서 아까의 노래를 다시 흥얼거리면서 길을 떠났다. 갑자기 당나귀의 귀가 쫑긋거리자 노인은 동료들을 멈추어 세웠다. "아하! 저 건너에서 누군가 춤을 추고 있는가 보네."

---

3) 실제로 스컹크는 항문 근처에 모아둔 지독한 냄새를 내는 액체를 발사한다.

분명히 북소리가 들렸다. 샤먼들은 연회장에 도착하여 춤을 추기 시작했다. 그들은 각각 춤추는 남녀 한 쌍에 합류했다. 그들은 한동안 춤을 추고 나서 여자들에게 그들과 함께 잠깐 동안 산책을 하자고 말을 건넸다. 그리고 춤을 추는 곳으로부터 떨어져 나와서 모든 샤먼들이 여자와 사랑을 나눴다. 늙은 샤먼의 우두머리, 즉 노인도 여자와 사랑을 나눴다. 그렇지만 그는 너무 나이를 많이 먹어서 성교가 끝나자마자 기절해버렸다. "어휴! 어휴! 어휴!" 하는 소리를 내면서 그의 숨은 점점 거칠어졌고, 마침내, 마지막 힘을 쏟아 부은 끝에 기절해버리고 말았다. 잠시 후 다시 정신이 돌아온 그는 "어휴! 어휴! 어휴!" 하면서 아까보다는 안정된 큰 숨을 몰아쉬었다. 점차 체력이 돌아오자 그는 동료들을 불러 모아 "그래, 너희들도 이제 편해졌어?" 하고 물었다.

"음, 그렇고 말고! 아주 좋아. 전보다 한결 나아졌으니까 다시 출발하도록 하지!"

다시 노래를 읊조리며 그들은 걷기 시작했다. 한동안 걷다 보니 매우 좁은 길이 나타났다. "자, 암컷 당나귀가 나무 가시에 찔리지 않도록 이 좁은 길을 깨끗이 치우도록 하자." 그 길 주변은 온통 선인장으로 가득 차 있었다. 깨끗이 치우면서 한동안 나아가자 다시 넓은 길이 나타났다. 그들은 "암컷 당나귀! 암컷 당나귀! 암컷 당나귀!(……)" 하고 계속 흥얼거리면서 걸어갔다. 이때 다시 당나귀의 귀가 움직이자 그들은 모두 멈춰 섰다. "앞에 무언가 있어! 무엇인지 확인해보자"고 하면서 그들이 앞으로 나아가자 늙은 샤먼의 눈에 도움을 주는 정령들이 보였다. 그는 자신들이 찾고 있는 것이 무엇인지를 그 정령들에게 미리 알려두었다. 그가 정령들 근처로 다가가자 정령들은 그에게 말을 건넸다. "네 증손자의 혼을 가지고 있는 것은 파이호아이Faiho'ai, 즉 숲의 정령이야. 그 정령은 오페추크파이Op'etsukfai, 즉 선인장의 정령의 도움을 받고 있어."

"그래, 맞아! 좋았어! 바로 그거야! 나는 그 정령들을 잘 알고 있어."

거기에는 다른 정령들도 있었지만 그는 그들을 알지 못했다. 도움을 주는 정령들로부터 여러 가지 도움을 받아 그는 자기 증손자의 영혼이 곳간[4)]에 있다는 것을 알게 되었다.

노인은 암컷 당나귀 위에 올라탄 채 노래하면서 나아가다가 도움을 주는 정령들이 알려준 곳에 도착했다. 그런데 그는 그 곳간을 짓는 데 쓰인 가시 돋친 나뭇가지들 사이에 갇혀 움직일 수 없게 되었다. 그래서 두려워진 노인은 동료들에게 도움을 청했다. 그러나 그들이 자신이 어려움에 빠진 것을 전혀 모르고 있는 것을 보자 그는 크게 소리를 질렀다. 그때서야 동료들이 그를 구하러 왔고 노인은 아픈 증손자의 영혼을 되찾을 수 있었다. 그는 그 영혼을 가지고 집에 돌아와서 아기의 몸으로 다시 집어넣었다. 그러자 노인의 손녀는 일어나서 나은 아기를 끌어안고 되돌아갔다.

이 늙은 샤먼에게는 다른 손녀들이 있었다. 손녀들은 알가로보algarrobo 열매를 따러 가는 것을 아주 좋아했다. 아기의 병이 나은 다음날 새벽에 그녀들이 그를 찾아왔다.

---

4) 이것은 인디언들이 식량을 저장해두는, 작은 가지들로 만든 오두막집이다.

"할아버지, 벌써 일어나셨어요?"

"물론이지, 오래전부터 일어나 있었어!"

"그럼 함께 가세요."

그리고 그는 손녀들 중 아직 독신인 한 손녀와 함께 검은 알가로보를 따라 떠났다. 그는 그 나무가 많은 곳으로 손녀를 데려갔고 손녀는 열매를 따기 시작했다. 그러는 동안 그는 앉아서 담배를 피웠다. 그런데 그에게는 이미 손녀와 무엇인가를 하고 싶은 욕망이 점점 생겨나고 있었다. 어제 여행 중 만났던 여자들과의 경험이 다시금 그의 열정을 불러일으켰던 것이다. 그래서 그는 손녀를 유혹할 수 있는 방법을 생각하기 시작했다.

그는 알가로보의 가시 한 개를 주워서 자기 발을 찌르고 그것을 뽑으려는 시늉을 했다. 그러면서 매우 고통스러운 신음을 토해냈다.

"아! 아! 아!"

"어머, 불쌍한 할아버지! 도대체 무슨 일이에요?"

"큰일이야! 발에 가시가 박혔어. 가시가 심장까지 뚫을 것 같아!"

놀란 손녀가 그에게 다가가자 그는 손녀에게 말했다. "네 허리띠를 풀어서 상처에다 감아줘! 더 이상 견딜 수가 없어!" 그녀는 그의 말대로 하였고 노인은 그녀를 앉혔다. "내 다리를 네 넓적다리 위에 놓을 수 있게 옷을 조금만 올려줘. 아! 아! 아야! 아야!" 그것은 두려움에 떠는 신음소리였다! 그는 진짜로 아픈 듯이 보였다. "네 넓적다리에다 내 발을 올려놓을 수 있게 해줘! 아! 아! 아! 얼마나 아픈지, 더 이상 견딜 수가 없어! 넓적다리를 약간 벌려봐. 아야, 아야!" 그러자 동정심이 많은 손녀는 그 말대로 따라했다. 그녀는 이제 거의 완전히 벌거벗은 상태였기 때문에 그는 무척 흥분했다. "흠! 애야, 정말 아름다운 다리를 가졌구나! 애야, 내 발을 조금 위로 올려주지 않겠니?"

그는 손녀 위로 몸을 던지면서 외쳤다. "아! 더 이상 네 미래의 남편에 대한 것은 잊도록 하자꾸나!"

그러고 싶지 않았던 손녀는 "아이고, 할아버지!"라고 말했다.

"난 네 할아버지가 아냐!"

"할아버지, 사람들에게 전부 말해버릴 거예요!"

"그렇다면 나도 그렇게 하겠다! 나도 전부 말해버릴 거야!"

그는 손녀를 넘어뜨리고 자기의 페니스를 손녀에게 집어넣었다. 일단 손녀 위에 올라타자 그는 외쳤다. "호! 잘 봐! 너는 나의 최후에 남은 것을 하사받는 것이란다. 정말로 이걸로 끝이야!" 그렇게 하고 나서 두 사람은 마을로 돌아왔다. 그녀는 너무 부끄러워서 그 일에 대해 누구한테도 말하지 못했다.

늙은 샤먼에게는 또 다른 손녀가 있었는데, 그녀도 독신이었다. 그는 그 손녀한테도 똑같이 해보고 싶었다. 그래서 그녀에게 **알가로보 열매**를 따러 가자고 하여 함께 길을 떠났다. 같은 장소에 도착하자 가시를 사용하여 똑같은 부위를 찔렀다. 그렇지만 이번에는 더 서둘러 손녀에게 가시를 보여주자마자 손녀를 쓰러뜨리고 그 위에 올라타 손녀의 몸속으로 페니스를 집어넣었다. 그러나 손녀가 격렬하게 저항하는 바람에 노인의 페니스가 잔디 덤불에 꽂혀 그만 약간 상처가 나고 말았다. "아야! 손녀가 내 코를 찔렀다!"[5] 다시 한번 그는 손녀에게 몸을 던졌다. 두 사람은 끌어안은 채 땅을 뒹굴었다. 절호의 기회에 노인은 뛰어올랐지만 또다시 실패하고 말았고 그의 페니스로 잔디 덤불 전부를 뿌리째 뽑고 말았다. 그러자 손녀의 배가 빨갛게 덮일 정도로 피가 흐르기 시작했다.

그녀는 안간힘을 다해 겨우 할아버지의 밑에서 벗어날 수 있었다. 그녀는 그의 머리를 잡고 선인장이 있는 곳으로 끌고 가 그 가시에다 그의 얼굴을 마구 문질러버렸다. 그는 "좀 봐주거라!" 하고 말했다.

"할아버지의 어떤 말도 듣기 싫어요!"

"할아버지는 죽을 것 같구나!"

"상관없어요!"

그녀는 그의 얼굴을 선인장에 계속 문질렀다. 그런 다음 다시 그의 머리를 잡고 카라구아타caraguata 덤불 안으로 끌고 갔다. 노인은 잠깐 참고 있다가 일어서려고 애쓰기 시작했지만 그녀는 그를 움직이지 못하게 하였다. 카라구아타의 가시가 노인의 배와 고환 그리고 페니스를 찔렀다. "내 불알! 내 불알이 발기발기 찢겼다" 하고 노인은 소리쳤다. 찍! 찍! 하는 소리가 나면서 가시가 그의 고환을 찢었다. 결국 손녀는 카라구아타 더미에 넘어져 있는 그를 남겨두고 가버렸다. 가시에 찔린 노인의 머리는 이미 크게 부어올랐다. 손녀는 자루를 집어 들고 집으로 돌아가서 할머니에게 할아버지가 하려고 했던 일을 모두 말해버렸다.

---

5) 출루피의 예의범절에 따르면 페니스를 그대로 부르는 것은 상스러운 것으로 간주된다. 그래서 "코"라고 말해야 한다.

눈도 가시에 찔린 노인은 거의 앞을 보지 못한 채 길을 더듬어 겨우 집으로 돌아왔다.

노인이 돌아오자 그의 부인은 허리에 두른 옷을 벗어 그의 얼굴을 때리면서 소리쳤다. "내 것도 한번 만져봐라" 하면서 노인의 손을 잡고 자기의 흘라수hlasu, 즉 성기에 갖다 댔다. 그녀는 몹시 화가 나 있었다.

"그래, 당신은 다른 사람들의 걸 좋아하지! 당신이 가진 것에는 전혀 관심이 없지!"

"나는 당신의 흘라수 따위는 원치 않아! 너무 낡았거든! 어느 누구도 낡은 것은 원하지 않아!"

두 번째 신화
재규어의 모험

어느 날 아침 재규어는 산책을 나왔다가 한 카멜레온과 마주쳤다. 모두가 알다시피 카멜레온은 화상을 입지 않고 불 속을 통과할 수 있다. 재규어는 외쳤다.

"나도 불 속에서 놀고 싶어!"

"원한다면 너도 할 수는 있어! 하지만 너는 열을 견디기 힘들 거고 화상을 입고 말걸."

"허어, 글쎄! 왜 내가 견딜 수 없다고 하지? 너도 알다시피 내가 얼마나 빠른데!"

"좋아! 그렇다면 반대편으로 가보자. 그쪽이 불이 약하니까."

둘은 그쪽으로 갔지만 사실 그곳은 다른 곳보다 더 뜨거웠다. 카멜레온은 재규어에게 어떻게 하는지를 설명하고 시범을 보이기 위해 불속을 한 번 통과했다. 그에게는 아무런 일도 일어나지 않았다. "좋아, 알았어! 거기에서 비켜봐! 나도 그쪽으로 갈 테니까. 네가 할 수 있다면 나도 할 수 있어!" 재규어가 불 속에 뛰어들자마자 그 즉시 훅! 하고 불이 붙고 말았다. 그는 가까스로 불을 뚫고 나왔지만 이미 절반은 숯처럼 타버렸고, 결국 재가 되어 죽고 말았다.

한창 이런 소동이 벌어지는 중에 짜찌ts'a-ts'i새가 날아와서 울부짖기 시작했다. "오! 나의 불쌍한 손자여! 나는 노루 발자국을 따라 노래하는 데에는 절대 익숙해질 수 없어!" 짜찌새는 나무에서 내려와 날개로 재규어의 재들을 쓸어 모아 산처럼 만들었다. 그리고 재에 물을 붓고 그 위를 뛰어넘었다. 그러자 재규어가 다시 살아났다. "아이고, 뜨거워!" 하고 재규어는 소리쳤다. "도대체 어떻게 내가 이글거리는 태양이 비추는 곳에서 잠들고 말았지?"라고 말하면서 그는 다시 산책하기 시작했다.

얼마 지나지 않아 그는 누군가가 노래하는 소리를 들었다. 그것은 자기 고구마 밭에서 노래하고 있던 노루였다. 그런데 그것은 실제로 고구마가 아니라 선인장이었다. "아토나이At'ona'i! 아토나이! 왜 이렇게 졸리지!"라고 노래하면서 노루는 선인장 위에서 춤을 췄다. 노루는 발이 아주 작았기 때문에 쉽게 선인장의 가시를 밟지 않을 수 있었다. 그 모양을 보고 있던 재규어가 말했다.

"아! 나도 그 위에서 춤추고 싶어!"

"넌 발이 가시에 찔리지 않으면서 선인장 위에서 춤출 수 없을걸."
"그렇지 않아. 네가 할 수 있으면 나도 얼마든지 할 수 있어!"
"좋아! 그러면 저쪽이 가시가 더 적으니까 저쪽으로 가자."

그런데 그곳에는 실제로 가시가 훨씬 더 많았다. 노루는 먼저 재규어에게 어떻게 해야 선인장 위에서 춤을 추어도 가시에 찔리지 않는지를 보여주었다. 노루는 가시에 전혀 찔리지 않은 채 내려왔다. "히! 히! 히! 이거 정말 재미있겠는걸!" 하고 재규어가 말했다. 이제 재규어의 차례였다. 재규어는 선인장 밭에 들어갔고, 그가 들어가자마자 가시들이 발에 박혔다. 두 발자국을 옮기자 선인장 밭의 중간에 오게 되었는데 그는 너무 아파서 더 이상 서 있을 수가 없었다. 그는 큰 대자로 뻗었고 온몸에 가시가 박혔다.

다시 **짜찌새**가 나타나 재규어를 선인장 밭 밖으로 옮기고 가시 하나하나를 빼주었다. 그리고 날개로 재규어를 좀 더 멀리 떨어진 곳으로 옮겼다. "아이고 더워라! 도대체 왜 뜨거운 태양이 비추는 곳에서 잠들어버리고 말았지?" 하고 재규어가 소리쳤다.

그는 다시 걷기 시작했다. 얼마 못 가 그는 도마뱀을 만났다. 도마뱀은 나무를 타고 가지 끝까지 갈 수 있었고, 떨어지지 않고 재빨리 내려올 수 있었다. 이 모습을 본 재규어는 곧바로 도마뱀처럼 놀고 싶어졌다. 도마뱀은 재규어를 다른 나무로 데려갔고 우선 나무 꼭대기에서 전속력으로 내려오는 방법을 보여주었다. 이번에는 재규어가 나무 위로 뛰어올랐다. 그런데 나무 꼭대기에 오르자마자 떨어져 그만 가지가 항문에 박혀 입으로 튀어나오고 말았다. 재규어는 "아야! 내가 설사했을 때와 똑같아!"라고 소리쳤다. 다시 짜찌새가 나타나 그를 궁지에서 구해냈고 그의 항문을 치료해주었다. 그래서 재규어는 다시 산책하기 시작했다.

그런데 이번에는 바람에 흔들려 마주치는 두 나뭇가지에서 놀고 있는 새를 만났다. 새는 두 나뭇가지가 교차하는 순간 재빨리 그 사이를 오가며 즐겁게 놀고 있었다. 이것을 본 재규어는 다시 똑같이 해보고 싶어졌다. "나도 한 번 해보고 싶어!"

"그건 무리야. 넌 너무 커, 난 이렇게 작잖아!"

"난 얼마든지 할 수 있어!"

새는 재규어를 다른 가지로 데려가 그에게 나뭇가지 사이를 지나다니는 모습을 한 번 보여주었다. 나뭇가지는 교차할 때 새의 꼬리에 거의 닿을 듯했다. "이제 네 차례야!" 재규어는 뛰어올랐다. 하지만 두 나뭇가지는 재규어의 몸 한 가운데를 교차하면서 그의 몸을 두 동강 내버렸다. "아야!" 하고 재규어는 소리쳤다. 두 동강 난 몸은 떨어졌고, 그는 죽고 말았다.

짜찌새가 다시 나타나 손자가 죽어 있는 것을 보고 눈물을 흘리기 시작했다. "나는 노루 발자국을 따라 노래하는 데에는 절대 익숙해질 수 없어!" 그는 날아서 내려와 재규어의 두 동강 난 몸을 다시 이었고 이은 부분을 달팽이의 껍질로 조심스럽게 다듬었다. 그리고 그가 재규어의 몸 위를 걸어가자 재규어는 다시 살아나서 일어섰다.

재규어는 다시 산책하기 시작했다. 그러다가 그는 위아래로 날아다니면서 즐겁게 놀고 있는 왕독수리 이토It'o를 발견했다. 재규어는 이번에도 똑같이 해보고 싶어져서 **이토**에게 너처럼 놀고 싶다고 말했다.

"야! 친구야! 나도 너처럼 할 수 있다면 얼마나 좋을까!"

"그렇게 할 수만 있다면 좋겠지만 너한테는 날개가 없잖아."

"그건 사실이지만 네가 나한테 날개를 빌려주면 되잖아." **이토**는 이 부탁을 받아들였다. 그는 밀랍으로 두 개의 날개를 만들어 아교로 재규어의 몸에 붙여주었다. 준비가 끝나자 그는 재규어에게 함께 날자고 하였다. 그들은 함께 믿을 수 없을 정도로 높이 날아올랐고 오전 내내 즐겁게 놀았다. 그렇지만 정오가 가까워지자 태양이 타는 듯이 뜨거워져 밀랍을 녹였고, 재규어의 두 날개는 떨어져 나갔다. 그래서 재규어는 그대로 땅에 떨어져 산산조각이 나 죽고 말았다. 이때 **짜찌새**가 나타나 재규어의 뼈를 다시 맞추어 그를 되살려놓았다. 재규어는 다시 걷기 시작했다.

얼마 지나지 않아 재규어는 나뭇조각을 부수며 놀고 있는 스컹크 부자를 만났다. 무슨 일인지 궁금하여 가까이 다가선 재규어는 그 즉시 아들 스컹크에게 덤벼들었고 다시 아버지 스컹크를 공격하려고 했다. 그렇지만 아버지 스컹크가 재규어의 눈에 오줌을 누었기 때문에 재규어는 아무것도 볼 수 없게 되었다.[6] 그는 계속 걸어갔지만 아무것도 볼 수 없었다. 그러나 **짜찌새**가 다시 한번 나타나 그의 눈을 깨끗하게 씻어주었다. 재규어의 시력이 매우 좋은 것은 그 때문이다. **짜찌새**가 없었다면 재규어는 더 이상 존재할 수 없었을 것이다.

---

6) 본 장의 주석 3 참조.

위의 두 가지 신화가 지니는 가치는 그것들이 유발하는 웃음의 힘에만 국한되지는 않는다. 정확하게 이 이야기들의 어떠한 점이 인디언들을 즐겁게 하는지를 이해해야만 한다. 또한 웃음을 불러일으킨다는 것만이 두 신화의 공통점이 아니라 좀 더 내적인 이유가 있기 때문에 이들이 단지 자의적인 병렬에 머물지 않고 상호 관련된 한 이야기를 구성할 수 있다는 것을 확인하는 것이 필요하다.

첫 번째 신화의 중심인물은 늙은 샤먼이다. 우선 이 노인은 모든 것을 문자 그대로 받아들여 표현과 그 이면의 의미를 혼동하고(그렇기 때문에 이 남자에게 말을 거는 것은 금물이다), 그 결과 다른 인디언들의 눈에 우스꽝스러운 사람으로 비친다. 다음으로 노인은 그의 "직업"인 의사로서 여러 가지 모험을 겪게 된다. 그가 증손자의 영혼을 찾기 위해 다른 샤먼들과 함께 시도한 어설픈 원정은 여러 삽화로 이루어져 있다. 이러한 삽화들은 그들이 의사로서 완전히 무능하며 원정의 목적을 망각하는 놀라운 능력만을 지니고 있다는 것을 보여준다. 그들은 사냥하고 먹고 여자와 잠을 자는 등 자신들이 의사라는 것을 잊어버리기 위해서는 어떤 구실도 마다하지 않는다. 샤먼들의 우두머리인 노인은 겨우 치료에 성공한 후에 도를 넘어선 음탕함에 빠져 자기 손녀들의 순진함과 친절함을 악용하여 숲 속에서 그녀들을 범하고자 한다. 간단히 말해서 노인은 기괴한 주인공이며 사람들은 그를 통해 웃는 것이다. 두 번째 신화에는 재규어가 등장한다. 그의 여행은 단순한 산책이지만 뜻밖의 사건들이 끊이지 않는다. 이 엄청난 얼간이는 산책하는 도중에 실로 많은 등장인물과 만나게 되는데, 언제나 그가 오만하게 얕본 그들이 만들어놓은 함정에 예외 없이 빠지고 만다. 재규어는 크고 강하지만 멍청하다. 그래서 그는 자신에게 어떤 일이 일어날지를 전혀 알지 못하고, 하찮은 작은 새의 도움이 없었다면 그는 아주 오래전에 죽고 말았을 것이다. 그의 움직임 하나하나가 그의 멍청함을 보여주고 캐릭터의 우스꽝스러움을 드러낸다. 결론적으로 이 두 신화는 샤먼과 재규어를 자신들의 멍청함과 자만심의 희생양으로 표현하고 있고, 이런 면에서 양자 모두 동정심보다는 폭소에 걸맞은 희생양으로 나타난다.

그런데 여기서 조롱의 대상이 되는 것은 도대체 누구인가 하는 의문이 생긴다. 우선 샤먼과 재규어는 그들이 만난 재난이 사람들의 웃음을 자아낸다는 점에서 깊은 관련을 맺고 있다. 그러나 이 두 가지 형태의 존재가 가지는 현실적인 신분, 즉 인디언들과의 실제 삶에서의 관계에 대해 검토해보면 샤먼과 재규어는 또 다른 하나의 유사점을 갖는다는 것을 알 수 있다. 즉 이들 둘은 코믹한 존재라기보다는 오히려 위험한 존재이기 때문에 두려움과 경외심, 그리고 증오를 불러일으킬 수 있는 대상이지 결코 웃음을 유발하는 대상은 아닌 것이다.

대부분의 남아메리카 인디언 부족들에게 있어서 샤먼은—스스로 정치적 역할을 담당하고 있지 않은 경우—권위와 위세를 추장과 나누어 가진다. 샤먼은 인디언 사회에서 매우 중요한 인물이고 그렇기 때문에 존경과 숭앙, 두려움의 대상이다. 즉 그는 초자연적인 힘을 가지고 있고 정령과 죽은 자의 위험한 세계를 통제할 수 있는 집단 내의 유일한 사람이다. 따라서 샤먼은 병자들을 치유함으로써 자신의 지식을 집단을 위해 쓸모 있게 사용하는 현자이다. 그런데 그를 의사, 즉 삶을 구원할 수 있는 자로 만들어주는 능력은 그로 하여금 죽음 또한 지배할 수 있도록 해준다. 샤먼은 사람을 죽일 수도 있다. 이러한 의미에서 샤먼은 위험하고 사람들을 불안에 떨게 만드는 존재이며 사람들은 그를 끊임없이 의심한다. 생과 사를 지배하는 자인 샤먼은 모든 비정상적인 사건에 대해 즉각적인 책임을 지며 매우 두려운 존재이기 때문에 흔히 죽음을 당하기도 한다. 결국 샤먼이 집단의 공간으로부터 아주 멀리 떨어진 외부에서 활동한다는 것은, 실제 생활에서 사람들이 샤먼을 마음껏 비웃기 위해 그를 너무 가까이 두려고 하지 않는다는 것을 뜻한다.

　재규어의 경우는 어떻게 설명할 수 있을까? 이 고양이과 동물은 힘이 세고 교활한 뛰어난 사냥꾼이다. 재규어가 가장 좋아하는 먹이들(돼지, 사슴과의 여러 동물들)은 또한 대부분 인디언들이 좋아하는 사냥감이다. 그렇기 때문에 인디언들은 재규어를 두려운 적이라기보다는 무시할 수 없는 경쟁자로 간주한다. 그리고 재규어가 등장하는 신화들도 이러한 관찰을 뒷받침해준다. 그렇지만 재규어가 위험한 동물이 아니라는 것은 아니다. 분명히 재규어는 사람을 거의 공격하지 않지만 재규어의 공격을 받아 잡아먹힌 인디언의 몇몇 사례를 우리는 알고 있다. 그래서 사람들이 재규어를 만났을 때는 언제나 위험하다. 더욱이 재규어의 숲에서의 지배력과 더불어 훌륭한 사냥꾼으로서의 능력 때문에 인디언들은 재규어를 충심으로 존경하고 절대 과소평가하지 않는다. 인디언들은 재규어를 대등한 존재로 존경하고 어떤 경우에도 재규어를 얕보지 않는다.[7] 실생활 속에서 재규어와 사람들의 웃음은 언제나 분리되어 있다.

그러면 검토의 첫 번째 단계에 대한 결론을 다음과 같이 정리할 수 있을 것 같다.

1) 살펴본 두 신화는 샤먼과 재규어를 기괴한 존재이자 조소의 대상으로 그리고 있다.

2) 인간과 샤먼 그리고 인간과 재규어 사이의 실제 관계 속에서 샤먼과 재규어는 이들 두 신화에 나타난 것과는 정반대의 성격을 지니고 있다. 즉 그들은 위험하고 존경스러우며 멀리해야 할 존재이자 웃음을 초월한 존재이다.

3) 신화 속 상상의 세계와 일상의 현실 세계 사이의 모순은 사람들이 신화 속의 조롱의 의도를 인식했을 때 사라진다. 즉 **출루피족 사람들은 현실의 차원에서 금지되어 있는 것을 신화의 차원에서 행하는 것이다.** 왜냐하면 현실의 샤먼이나 재규어는 조롱할 수 있는 대상이 아니기 때문이다. 따라서 인디언들로서는 샤먼과 재규어가 불러일으키는 공포와 경의를 문제 삼아 그들의 눈으로 그 정체를 밝히는 것이 중요하다. 이러한 문제 제기의 방식에는 두 가지가 있다. 하나는 너무 위험하다고 여겨지는 샤먼이나 숲에서 만난 재규어를 죽이는 현실적인 방식이고 또

---

7) 나는 구아야키, 과라니, 출루피라는 매우 다른 문화를 지닌 부족들이 공통적으로 재규어의 위험성을 과장하는 경향이 있다는 것을 발견했다. 그들은 실제로 이 짐승을 두려워하기 때문에 두려워하는 것을 연기演技하는 것이다.

다른 하나는 **웃음으로써**, 즉 신화를 통해(이 경우 신화는 탈신비화의 수단이 된다) 사람들이 조롱할 수 있는 샤먼이나 재규어의 변종을 만들어내는 상징적 방식이다. 신화 속의 샤먼이나 재규어는 현실의 속성을 잃어버린 마을의 조롱거리로 재탄생한 것이다.

예를 들어 첫 번째 신화를 생각해보자. 첫 번째 신화의 핵심 부분은 샤먼의 치료에 대한 묘사에 할애되어 있다. 병자를 치료하기 위해서는 먼 곳에 사로잡혀 있는 병자의 혼을 찾아서 병자의 몸과 재결합시켜야만 한다는 의미에서 의사의 임무는 매우 막중하다. 이것은 샤먼의 정령이 수행하는 탐사 여행 중에 샤먼은 자신의 일에 집중해야 하고 어떤 일이 있더라도 주의를 흐트러뜨려선 안 된다는 뜻이다. 그럼 신화 속에서 샤먼에게 어떤 일이 있었는가? 우선 치료해야 할 병이 아기의 발열이라는 가벼운 것이었음에도 불구하고 샤먼은 여러 명이었다. 현실 속의 샤먼은 정말로 절망적인 경우가 아니면 동료의 도움을 청하지 않는다. 다음으로 이 의사들은 마치 아이들처럼 모든 기회를 활용하여 야외 실습의 재미에 빠진다. 그들은 무언가를 먹고(먼저 삶은 호박, 그런 다음 암컷 당나귀의 꼬리로 뽑아낸 꿀), 사냥을 하고(거북이와 스컹크), 여자들과 춤추고(본래는 샤먼들끼리만 춤춰야 한다), 게다가 그 여자들과 잠을 자기 위해서 열심히 유혹했다(한참 치료 중인 샤먼에게는 여자와 자는 것이 절대로 금지되어 있다). 그러는 동안에 그 노인은 실제 샤먼이라면 결코 잊어서는 안 되는 유일한 물건인 담배를 잊어버렸다는 것을 깨닫는다. 게다가 어리석게도 나무의 가시덤불에 갇혀 움직일 수조차 없는 처지에 빠진다. 그가 도움을 요청하지 않았다면 그의 동료들은 그를 구하러 오지 않았을 것이고, 그는 홀로 갇혀 있을 수밖에 없었을 것이다. 동료들이 도움이 되었던 것은 이때 단 한 번뿐이었다. 요약하면 샤먼의 우두머리는 진짜 의사라면 해야 하는 것과 정반대로 행동을 했다. 신화 속의 샤먼을 조롱거리로 만들었던 행동 전부를 드는 것은 너무 번잡스러운 일일 것이다. 단지 다음의 두 가지에 대해서는 간단하게 지적하고 넘어가야만 한다. 즉 그의 "가축"과 노래이다. 차코 지방의 샤먼은 치료를 행할 때 자신의 애완동물을 탐사 여행에 보낸다(물론 상상 속의 이야기이다). 모든 샤먼은 이러한 정령-도움을 주는 동물esprit-assistant animal의 주인인데, 그 대부분은 아주 작은 새나 뱀이지 암컷 당나귀와 같은 (인디언들의 눈에) 웃기는 동물은 결코 아니다. 신화는 이처럼 우둔하고 고집 센 가축을 샤먼과 결합시킴으로써 단번에 형편없고 가련하며 이상한 남자에 대해 이야기할 것임을 암시하고 있다. 다른 한편 츌루피족의 샤먼의 노래에는 언제나 가사가 없다. 그것은 약간의 억양을 넣은 단조로운 선율로 무한히 반복되며 아주 이따금 한 단어, 즉 애완동물의 이름이 곁들여지는 노래이다. 그래서 신화 속의 샤먼의 노래는 오로지 그의 동물의 이름만으로 이루어진다. 그렇게 그는 스스로 "샤먼다운 모습"을 증명하기라도 하는 듯 마치 승리의 함성 소리 같은 큰 소리를 계속 질러대는 것이다.

여기에서 우리는 이른바 신화의 정화 기능이라고 부를 수 있는 것을 발견하게 된다. 즉 신화는 이야기 속에서 인디언의 열망인 두려운 대상을 조롱하고자 하는 숨겨진 강박관념을 해방시킨다. 그것은 현실에서는 그 존재를 알 수 없었을 강박관념을 언어를 통해 평가절하고,

웃음 속에는 어떤 죽음의 등가물이 존재한다는 것을 명시함으로써 인디언들이 어떤 대상을 웃음거리로 만드는 것은 곧 그것을 죽이는 것과 마찬가지라는 것을 우리에게 가르쳐준다.

지금까지의 피상적인 신화 읽기를 통해 우리는 샤먼과 재규어의 신화 속에서의 유사성이 현실 세계의 유사성을 변환시킨 것에 불과하다는 것을 확실히 알 수 있었다. 그러나 지금까지 드러난 둘 사이의 등가성은 외면적인 것에 머물러 있으며, 결정적으로 이 둘을 묶는 것은 여전히 제3항, 즉 샤먼과 재규어에 대한 인디언들의 실제 태도에서 찾아진다. 그러면 양자의 관련성이 드러나는 것보다 더 밀접한 것은 아닌지 알아보기 위해서 신화 텍스트에 한층 깊게 들어가보자.

먼저 첫 번째 신화와 두 번째 신화의 중심 부분이 전체적으로 완전히 똑같은 것에 대해 말하고 있다는 것을 주목해야 한다. 즉 양자 모두 곳곳에 장애물이 도사린 여행(샤먼의 경우는 병자의 영혼을 찾는 여행, 재규어의 경우는 단순한 산책이라는 여행)에 관한 것이다. 그런데 두 주인공들의 소란스럽고 요란하며 무모한 모험은 실은 순수한 가면 뒤에 상당히 진지한 계획과 매우 중요한 장르의 여행, 즉 태양에 다다르는 샤먼의 여행을 숨기고 있다. 여기에서 민족지적 맥락을 참조해야만 한다.

차코 지방의 샤먼들은 의사일 뿐만 아니라 미래(예를 들자면 군사 원정의 성패)를 예견할 수 있는 예언자이기도 하다. 때때로 자신의 지혜에 확신이 없을 때 그들은 전지전능한 존재인 태양에게 조언을 얻으러 간다. 그러나 귀찮은 것을 싫어하는 태양은 자신의 거처에 이르는 길에 넘기 힘든 여러 장애물을 설치해놓았다. 지혜가 풍부하고 용기가 있는 샤먼만이 그 시련을 견딜 수 있는 것도 그 때문이다. 이러한 과정을 거쳐 태양에 도달한 샤먼에게 태양은 빛을 비추지 않고 지혜를 전수해준다. 이러한 종류의 탐사 여행에는 어려움이 따르기 때문에 여행은 항상 집단적으로 경험이 가장 풍부한 주술사의 지휘에 따라 이루어진다. 그래서 태양을 향한 여행과 늙은 샤먼 및 재규어의 여행을 비교하면 우리는 두 신화가 샤먼의 위대한 여행의 여정을 매우 자주 정확하게 묘사하고 있다는 것을 알 수 있다. 첫 번째 신화는 병자의 치료에 대해 말하고 있다. 의사는 병자의 영혼을 찾기 위해서 자기의 영혼을 보낸다. 그러나 여행이 집단으로 수행된다는 사실은 이미 그것이 관습적인 이동이 아니라 훨씬 엄숙한 태양을 향한 여행이라는 것을 암시하고 있다. 또한 다른 한편으로 신화 속에서 샤먼들이 만나는 장애물들은 태양이 길의 여기저기에 만들어놓은 함정들과 대응하고 있다. 즉 예를 들어 가시가 있는 나무로 만든 장애물과 스컹크의 에피소드이다. 후자는 샤먼을 볼 수 없게 만들어 태양을 향한 여행의 한 단계, 즉 아무것도 보이지 않는 어둠 속을 통과하는 여정을 재현하고 있는 것이다.

결국 이 신화에서 발견되는 것은 태양을 향한 여행의 희화적인 패러디이다. 패러디는 샤먼들을 이중으로 조롱하기 위하여 인디언들에게 좀 더 친숙한 주제(즉 샤먼에 의한 치료)를 택하고 있다. 두 번째 신화에는 태양을 향한 여행의 여정 하나하나가 거의 그대로 들어 있고, 재규어가 실패하는 여러 놀이들, 즉 가시가 있는 나무를 만나 춘 춤, 교차하는 나뭇가지, 재규어를 어둠 속에 빠뜨린 스컹크, 그리고 마지막으로 왕독수리와 함께한 태양을 향한 이카로스의 비행은 실제 샤먼이라면 뛰어넘을 수 있는 장애물들과 대응한다. 그렇기 때문에 재규어의 날개를 고정시킨 밀랍이 녹아버린 것도 전혀 놀랄 만한 일이 아니다. 왜냐하면 태양이 빛을 비추지 않는 데 동의하기 위해서는 그에 걸맞도록 샤먼으로서 먼저 장애물들을 뛰어넘어야 하기 때문이다.

따라서 두 신화는 샤먼과 재규어가 성공하지 못하는 것을 보여줌으로써 그들을 희화화하기 위해 위대한 여행이라는 주제를 사용하고 있는 것이다. 인디언의 사고가 샤먼의 임무와 가장 긴밀하게 연결되어 있는 활동인 태양과의 극적인 만남을 택한 것에는 이유가 없지 않다. 인디언의 사고는 신화 속의 샤먼과 재규어 그리고 그들의 목적 사이에 무한한 공간을 끌어들이려 시도하는 것이고 그 공간을 희극적인 것으로 가득 채우고자 하는 것이다. 다시 말하자면 신중하지 못했기 때문에 날개를 잃은 재규어의 추락은 신화가 추구하고 있는 탈신화화를 은유적으로 표현한 것이다.

따라서 두 신화에서 각각 샤먼과 재규어가 여행한 두 길은 같은 방향으로 향하고 있다는 것을 알 수 있다. 그리고 우리는 두 신화가 두 주인공을 통해 인식시키고자 하는 유사점이 점차 명확해지는 것을 알 수 있다. 그러나 이 평행선은 어디에선가 만나도록 예정된 것일까? 지금까지의 고찰에 대해 다음과 같은 이견을 보이는 것은 불가능한 것인가? 즉 첫 번째 신화가 태양을 향한 여행을 성취하는 자들—샤먼들—을 조롱하기 위해서 태양을 향한 여행이라는 상황을 설정한 것이 완벽하게 조리 정연하고 심지어는 예측 가능하기까지 한 것이라면, 재규어로서의 재규어와 위대한 여행이라는 주제의 결합은 이해하기 어렵고 왜 인디언의 사고가 재규어를 조롱하기 위해 샤머니즘의 이러한 측면을 동원하는지 그 이유를 알 수가 없다. 두 신화 자체는 이 점에 대해서 아무것도 가르쳐주지 않는다. 따라서 우리는 다시금 차코 지방의 민족지를 살펴보아야만 한다.

이 지역의 여러 부족들은 이미 보았던 것처럼 유능한 샤먼들은 그들의 재능을 드러내주는 동시에 전지전능한 천체에게 물음으로써 그들의 지혜를 풍부하게 해주는 태양이 있는 곳에 도달할 수 있다는 확신을 공유하고 있다. 그런데 탁월한 주술사의 능력(그리고 사악함)을 재는 또 하나의 기준이 있다. 탁월한 주술사는 **재규어로 변신할 수 있다는** 것이다. 여기에서 두 신화의 비교가 자의적인 것이 아니라는 것이 드러나고 지금까지 표면적이었던 재규어와 샤먼의 관계는 동일성으로 대체된다. 왜냐하면 어떤 관점에서 **샤먼은 재규어이기** 때문이다. 우리의 증명은 이 명제의 역이 성립된다면 완성될 것이다. 즉 재규어가 샤먼인가?

그것에 대해서는 줄루피족의 다른 한 신화(너무 길어 여기에 옮겨 쓰지 않는다)가 대답해주고 있다. 오랜 옛적에 재규어들은 분명히 샤먼들이었다. 그것도 사악한 샤먼들이었다. 왜냐하면 담배 대신에 자기의 똥을 피웠고 병자를 치료하지 않고 먹어치웠기 때문이다. 이 최후의 정보는 앞에서 언급한 **재규어가 샤먼이다**라는 명제를 긍정할 수 있도록 해주기 때문에 이 질문에 대한 의문은 풀린 것이라고 하겠다. 동시에 두 번째 신화의 또 다른 애매한 측면도 분명해졌다. 즉 두 번째 신화에서 보통 주술사가 하는 것으로 예정된 모험을 재규어가 하는 것은 재규어가 재규어로서의 재규어가 아니라 샤먼으로서의 재규어이기 때문이다.

샤먼과 재규어가 어떤 의미에서는 교체 가능하다는 사실은 두 신화에 일정한 동질성을 부여하고 처음의 가설, 즉 두 신화는 일종의 그룹을 형성하며 그 두 가지의 요소 각각은 상대 요소에 준거해서만 이해될 수 있다는 가설에 신빙성을 더한다. 우리는 출발점으로부터 멀리 떨어져 있는지도 모른다. 애초부터 두 신화의 유사점은 신화 외적인 것이었다. 즉 이 유사점은 단지 샤먼 및 재규어와 웃음의 결합이라는 현실적으로는 불가능한 결합을 신화적으로 실현시키고자 한 인디언 사고의 필요에 기초한 것이었다. 지금까지의 신화에 대한 설명(이것은 어떤 의미에서도 분석은 아니라는 것을 강조하고 싶다. 오히려 분석의 예비 작업으로 보아야 할 것이다)은 이러한 결합이 희극적 의도 속에 두 등장인물의 동일성을 숨기고 있다는 것을 밝히고자 시도한 것이었다.

인디언들은 이 이야기들을 들을 때 자연스럽게 웃는 것밖에는 생각하지 않는다. 하지만 그렇다고 해서 신화의 희극적 요소가 신화의 심각한 측면을 감추지는 못한다. 터져 나온 웃음 속에서 교육적인 의도가 드러난다. 즉 귀를 기울인 사람들을 계속 즐겁게 하면서 신화는 동시에 부족의 문화를 전하고 알리는 것이다. 그렇게 하여 신화는 인디언들의 유쾌한 지식이 된다.*

* 이 글은 *Les Temps Modernes* n° 253, 1967. 6에 처음 실렸다.

제7장 말하기의 의무

말하는 것은 무엇보다도 말하는 권력을 소유하는 것이다. 또는 권력의 실천은 말하기의 지배를 확실하게 하는 것, 즉 주인만이 말할 수 있는 것이다. 신하들은 존경, 숭배 또는 공포로 인해 침묵한다. 말하기와 권력 사이의 관계는 한쪽의 욕구가 다른 쪽을 장악함으로써 실현된다. 왕자나 전제군주, 국가의 수장 등 권력자는 항상 말하는 남자일 뿐만 아니라 합법적인 말을 독점하는 자이다. 그것은 분명히 빈약하고 보잘 것없는 말이기는 하지만 굉장한 효력을 지닌 말이다. 왜냐하면 그것은 **명령**이라고 일컬어지고 명령을 실행하는 사람의 **복종** 이외에는 어떤 것도 원하지 않기 때문이다. 그 자체로 매우 정태적인 성격을 지니고 있는 권력과 말하기는 서로를 기반으로 해서만 유지되며 그 각각이 상대편의 본질을 이룬다. 이러한 결합의 영속성은 역사를 초월하는 듯이 보이지만 실제로는 역사를 움직이는 힘이다. 권력과 말하기는 서로 분리되어 무의미하게 되는 일이 사라지면서, 즉 양자의 조우라는 행위 자체에서 확립된다. 거기에서 역사적 사건이 생겨난다. 권력을 통해 획득한 모든 것은 곧 말을 통해 얻은 이익이다.

이러한 것이 모두 주인과 노예, 군주와 신하, 지도자와 시민 등의 분리에 기반을 둔 사회와 관련된 것임은 말할 필요도 없다. 이러한 분리의 본원적 징표이자 분리가 확대되어나가는 특권적인 장은 권력의 생성이라는 환원 불가능하고 확고하며 아마도 불가역적인 총체적 사실 그 자체이다. 일부의 구성원만이 소유하며 전체 사회로부터 분리된 권력, 즉 사회로부터 분리되어 사회를 향하여 또는 필요하다면 사회에 반하여 행사되는 권력이 생성되는 것이다. 국가를 형성한 모든 사회들을 이러한 시각으로 설명할 수 있다. 가장 고대적인 전제국가로부터, 그 국가 장치는 자유주의에 기반하고 있지만 **합법적 폭력**의 원격 통제자인 민주사회를 거쳐, 가장 현대적인 전체주의에 이르기까지 모든 국가는 이러한 성격을 지니고 있다.

말하기와 권력은 밀접하게 관련되어 있다. 이 명제를 오랫동안 들어서 익숙해진 우리는 이를 지극히 당연한 것으로 여긴다. 그렇지만 다음과 같은 민족학의 결정적인 교훈을 부정할 수는 없다. 즉 부족들의 야만적 세계, 원시사회의 우주, 또는―같은 것이기는 하지만―국가 없는 사회는 국가를 형성한 사회에서 이미 명확하게 나타나는 권력과 말하기의 결합에 대해 재검토할 필요성을 기묘하게 제기한다. 부족은 추장에 의해 지배되고 추장은 부족의 말하기를 지배한다. 달리 말하자면 특히 아메리카의 원시사회, 즉 인디언 사회에서는 추장―권력자―은 또한 말하기를 독점하는 자이기도 하다. 이 야만인들에게는 당신들의 추장이 누구인가라고 묻기보다는 당신들 중에서 말하는 이가 누구인가라고 물어보아야 한다. 많은 집단에서 추장은 말의 주인으로 불린다.

따라서 권력과 말하기는 따로 떼어 생각할 수 없는 것으로 보인다. 왜냐하면 양자의 관계는 분명히 초역사적이고, 국가를 형성하고 있는 사회에서와 마찬가지로 원시사회에서도 분리할 수 없는 것이기 때문이다. 그렇지만 이 양자의 관계를 구조적으로 정의하는 데 그치고 마는 것은 엄밀함이 결여된 것이다. 사실상 사회가 실재적이든 잠재적이든 간에 국가를 지니는가의 여부에 따라 사회를 나누는 근본적인 구분은 권력과 말하기의 연계 방식을 문제 삼지 않고는 충분히 밝혀질 수 없다. 국가 없는 사회에서는 이 연계 방식이 어떻게 작동하고 있는가? 인디언 부족들의 예를 통해 그 점에 대해 알 수 있다.

말하기와 권력의 결합 속에서 매우 명료한 동시에 매우 심오한 차이를 발견할 수 있다. 즉 국가를 형성한 사회에서는 말하기가 권력이 지닌 **권리**인 데 반해 국가 없는 사회에서는 거꾸로 말하기는 권력의 **의무**이다. 다르게 말하자면 인디언 사회는 추장에게 그가 추장이기 때문에 말하기의 권리를 인정하는 것이 아니라 추장이 되고자 하는 자에게 말을 지배할 수 있다는 것을 증명하도록 요구한다. 추장에게 말하기는 강제적 의무이고 부족은 추장의 말을 듣고 싶어한다. 침묵하는 추장은 더 이상 추장이 아니다.

그러나 예컨대 야만인들이 뛰어난 연설과 웅변의 재능, 유창한 언변 등에 민감하다고 할지라도 여기서는 단순히 그들의 기호嗜好를 문제

삼는 것이 아니라는 것을 명심해야 한다. 문제는 미학적 차원이 아니라 정치적인 영역에 대한 것이다. 원시사회의 총체적인 정치철학은 말하는 사람이 되어야 하는 추장의 의무 속에서 드러난다. 그곳에는 사람들이 생각하는 것과는 다른 권력이 차지하고 있는 진정한 공간이 펼쳐져 있는 것이다. 그리고 부족이 그것의 반복에 세심하게 주의를 기울이는 이러한 연설의 본질과 이러한 능숙한 말하기의 본질이야말로 우리에게 권력이 실질적으로 어디에 있는가를 알려준다.

추장은 무엇을 말하는가? 추장의 말하기란 무엇인가? 그것은 무엇보다도 의례화된 행위이다. 거의 매일 지도자는 새벽이나 황혼 무렵에 자기 집단에게 말을 한다. 그물 침대에 비스듬히 누워서 또는 자신의 화덕 옆에 앉아서 추장은 큰 소리로 사람들이 기대하고 있는 연설을 한다. 분명히 그의 목소리에는 사람들이 모두 들을 수 있도록 힘이 실려 있어야 한다. 실제로 추장이 말할 때 조용히 귀를 기울이면서 침묵하는 이는 찾아볼 수 없다. 모든 이가 아무 일도 없다는 듯이 자기가 하던 일을 계속할 뿐이다. 추장은 사람들에게 들려주기 위하여 말하는 것이 아니다. 즉 추장의 말에 귀 기울이는 사람은 한 명도 없다는 역설을 발견할 수 있다. 아니 오히려 관심을 보이지 않는 척하는 것인지도 모른다. 추장은 추장으로서 말하는 것을 강요당한다고 한다면, 추장의 말을 듣는 사람들은 거꾸로 그것을 듣지 않은 척하는 것이 의무인 것처럼 보인다.

어떤 의미에서 그들은 아무것도 잃는 것이 없다고 할 수 있다. 왜냐하면 추장은 장황하게 말을 늘어놓지만 전혀 아무런 것도 이야기하지 않기 때문이다. 그의 이야기의 요점은 이미 몇 번이고 반복된 전통적인 생활 규범에 대한 칭송이다. "우리 조상들은 그분들다운 생활 방식으로 행복하게 잘살았지. 그분들의 전례를 따르면 우리도 평화롭게 살 수 있을 거야." 추장의 이야기의 요지는 결국 이것뿐이다. 그렇기 때문에 그의 이야기가 사람들을 방해하지 않는 것이다.

그렇다면 이러한 추장의 말하기는 무엇을 의미하는가? 추장이 진정 어떤 것도 말하지 않기 위해 말하는 이유는 무엇인가? 권력의 소재지로 보이는 추장에게서 발화되는 공허한 이야기는 원시사회의 어떠한 필요 때문에 나타나게 된 것일까? 추장의 이야기가 공허한 것은 그것이 진정으로 권력의 이야기가 아니기 때문이다. 추장은 권력으로부터 분리되어 있기 때문에 말하기로부터도 분리되어 있다. 그렇기 때문에 그의 말은 권력의 말, 권위의 말, 명령의 말이 될 수 없다. 명령은 정말로 추장이 내릴 수 없는 것이고 추장의 말은 그처럼 충만한 말이 될 수 없다. 자기 의무를 망각하고 명령을 시도한 추장은 복종의 거부에 직면할 뿐만 아니라 머지않아 추장으로 인정받지 못하게 될 것이다. 지니고 있지 못한 권력을 남용한 추장만이 아니라 고작 권력의 남용이나 꿈꿀 정도로 미친 추장, 즉 **추장답게 행동해보려** 하는 추장도 사람들로부터 버림받는다. 원시사회는 추장이 아니라 사회 그 자체가 권력의 진정한 소재지이기 때문에 분리된 권력을 거부하는 장이다.

원시사회는 폭력이 권력의 본질이라는 것을 본능적으로 알고 있다. 권력과 제도, 명령권과 추장을 서로 분리시켜놓은 배려도 이러한 앎으로부터 생겨났다. 그리고 이러한 분리를 명확히 하고 경계선을 그어주는 것이 바로 말하기의 영역이다. 추장의 활동을 말하기의 영역, 즉 폭력의 대극의 위치에 머물도록 한 것이다. 그럼으로써 부족사회는 모든 것을 본래의 장에 머물게 하고 권력의 축이 사회 자체에 의존하게 하며 힘의 이동에 따라 사회질서가 혼란에 빠지지 않도록 보장하고 있는 것이다. 추장에게 부과된 말하기의 의무, 즉 그가 부족에 대해 지고 있는 이 공허한 말의 끊임없는 흐름이야말로 그의 무한한 부채이며 말하는 사람이 권력자가 되는 것을 막는 보증서인 것이다.*

---

* 이 글은 *Nouvelle Revue de Psychanalyse*, 8, 1973년 가을에 처음 실렸다.

제8장 밀림의 예언자

　아메리카의 인디언들은 그 위대한 얼굴을 이해하려고 시도하는 사람들을 끊임없이 당황하게 만든다. 때때로 그 얼굴의 예기치 않은 곳에서 진리를 보면서 우리는 우리가 그 얼굴에 대해 가지고 있는 평온한 이미지, 그리고 아마도 그 얼굴의 교묘한 술책일 그 평온한 이미지를 다시 생각해보게 된다. 전통은 우리에게 남아메리카 대륙과 그곳에서 사는 사람들에 대해 이처럼 간략하고 피상적인 사실만을 전하는 지리학을 물려주었다. 즉 우리는 한편으로는 안데스의 고문화와 그 세련된 문화에 대한 온갖 명성과, 다른 한편으로는 사바나와 밀림을 방황하는 부족들의 어둠의 왕국과 열대우림 지역을 떠올리게 된다. 여기에서 서구에 익숙한 방식으로 문명과 미개를 대비시키는 자민족 중심주의가 드러난다. 그리고 이러한 문명과 미개의 배열을 보완하는 좀 더 학술적인 다음과 같은 확신이 나타난다. 즉 정신은 문명이라는 좀 더 풍요로운 대지에 뿌리내렸을 때에만 고귀한 형태에 도달할 수 있다는 확신, 요약하면 야만인의 정신은 야만스러운 정신에 머물러 있다는 확신이다.

이 확신은 그릇된 것이라는 것, 그리고 인디언의 세계가 언어적 측면에서 일찍이 반향을 불러일으킨 적도 있었던 것처럼 서구인들을 깜짝 놀라게 할 만한 힘을 지니고 있다는 것을 음비아-과라니족Mbya-Guarani은 가르쳐주었다. 왜냐하면 신들과 인간들이 여전히 친밀한 관계를 맺고 있는 세계의 원초적인 신선함 속에서 전개되는 인디언들의 종교 사상은 엄밀하면서도 자유로운 명상의 깊이를 지니고 있기 때문이다. 투피-과라니족—음비아족은 최후까지 존속했던 투피-과라니족 중 하나이다—은 아메리카 민족학에 특별한 수수께끼를 던져준다. 즉 그것은 정복 이전부터 그들로 하여금 신화 속에서 약속된 피안의 세계인 이우이 마라 에인ywy mara eÿ, 즉 악이 없는 대지를 향한 끊임없는 탐색에 나서게 만든 수수께끼이다. 남아메리카에서는 유례를 찾아볼 수 없는 이 장대한 탐색은 우리에게 그 눈부신 결과로 잘 알려져 있다. 초기 연대기 작가들이 보고하고 있는 종교적 민족 대이동이 바로 그것이다. 계시를 받은 샤먼들의 지도 아래 부족은 전진하였고, 단식과 춤을 통해서 신들이 있는 동쪽의 풍요로운 땅으로 가까이 가려고 했던 것이다. 그러나 그때 두려운 장애물이자 고통으로 가득한 경계인 거대한 대양이 모습을 드러냈다. 그것은 반대편 해변에 영원한 땅이 있다는 그들의 확신을 뒷받침하는 것이었기에 한층 가혹한 것이었다. 확신이 있었기 때문에 언젠가 반대편 해변에 도달할 수 있다는 희망은 그대로 이어졌다. 샤먼들은 그들의 실패의 원인을 열의의 부족과 단식

법의 위반 탓으로 돌리고, 하늘로부터 다시 탐색을 재개하라는 신호나 메시지가 오기를 끈기 있게 기다렸다.

투피-과라니족의 샤먼들, 특히 그중에서도 가장 위대한 자들인 카라이들karai은 부족에 상당한 영향력을 행사하고 있었다. 그들의 말은 악령의 모든 힘을 지니고 있다고 선교사들은 개탄하고 있다. 선교사들이 남긴 텍스트에는 불행하게도 카라이들의 말의 내용이 기록되어 있지 않다. 그것은 선교사들이 악령에 사로잡힌 인디언들에게 악마가 교시했던 것을 기록함으로써 악마의 공범자로 몰리는 것을 두려워했기 때문인 것으로 판단된다. 그러나 테베, 노브레가Nobrega, 안치에타 등은 그들의 기록 속에서 야만인들을 교화시키는 데 주요한 장애물인 이들 마술사들의 말이 사람들을 끌어들이는 힘을 지니고 있다는 것을 인정함으로써 의도한 바와는 달리 그 말의 내용을 어느 정도 알 수 있게 해준다. 그 기록에는 기독교가 투피-과라니족, 즉 "원시인들"의 정신세계 속에서 포교의 의도와 동등한 차원에서 훌륭히 맞설 만큼 상당히 뚜렷하게 윤곽 잡힌 무언가와 조우했음이 그들도 모르는 새 슬며시 고백되어 있다. 열렬한 예수회 선교사들은 힘겨운 포교 활동 속에서 놀라고 씁쓸하며 자신들의 세계의 한계와 기독교 담론의 공허함을 이해하지 못한 채 발견하게 되었다. 그들은 인디언들의 악마적인 미신이 종교라고 이름 붙일 수 있을 정도의 높은 수준으로까지 고양되어 있다는 것을 대경실색하며 확인한 것이었다.

따라서 이 은폐된 고대의 지혜는 만일 최후에 남은 과라니 인디언들이 그것의 부름에 귀를 기울이면서 자신들의 기억을 소중히 간직하고 조용히 지켜나가지 않았다면 영원히 사라져버리고 말았을 것이다. 예전에는 강력한 종족이었던 과라니 인디언들은 지금은 파라과이 동부의 삼림 지역에 겨우 소수만이 남아 있을 뿐이다. 자기 자신을 포기하지 않는 놀라운 끈기를 가진 음비아족은 4세기에 걸친 공격에도 굴복하지 않았다. 그리고 그들은 신들이 인간에게 거주지를 주고 떠날 때 명령한 규범을 지키면서 조상들을 따라 자신들의 고토古土에 계속 거주하기를 이상할 정도로 고집하고 있다. 그들은 과거의 시련과 고난에 대항하면서 부족적 정체성을 유지해왔다. 17세기에 예수회 선교사들은 그들에게 우상숭배를 버리고 다른 인디언들과 함께 선교소로 나올 것을 설득했지만 실패하고 말았다. 자신들이 멸시하던 것이 자신들의 생존과 명예 그리고 윤리를 위협하는 것을, 즉 새롭게 나타난 자들의 신이 자신들의 신들과 신들의 이야기를 서서히 파괴하는 것을 앉아서 지켜봐야 하는 치욕과 고통을 그들은 잘 알고 있었고, 그렇기 때문에 그들의 거부는 강력한 것이었다. 그 거부야말로 과라니족 특유의 것이고 인디언 문화 속에서 과라니 문화가 차지하는 매우 특수한 위치를 잘 보여주는 것이며 또한 그들이 민족학적 흥미를 불러일으키는 이유이기도 하다. 실제로 자기 신앙 체계의 규범을 지켜나가면서 그 독자적인 영역을 외부로부터 빌리지 않고 거의 순수하게 유지하는 경우는 매우 드물다. 백인의 세계와 인디언 세계의 접촉은 대부분의 경우 빈약한 종교적 혼합syncrétisme을 탄생시키고, 언제나 피상적인 수준에 머무는 기독교의 그늘 아래서 토착적인 사고는 서서히 소멸되면서 생명을 연장할 따름이다. 그러나 음비아족의 경우에는 이러한 사태가 일어나지 않았다.

지금까지 그들은 어떠한 포교도 받아들이지 않고 있다.

　후루아Juru'a, 즉 백인들의 종교에 굴복하지 않은 과라니족의 수 세기에 걸친 오랜 저항은 고대의 신들과의 약속이 자신들의 운명을 지배한다는 확신을 밑바탕에 깔고 있다. 이 확신은 바로 **이우이 음바에**ywymba'é, 즉 사악한 대지에서 규범을 지키면서 살아간다면 장차 높은 곳에 있는 존재로부터 두려운 바다 너머의 영원한 땅으로 자신들을 이끄는 길을 열도록 해줄 계시를 받을 수 있다는 약속이다. 역사를 거쳐 오면서 겪게 되는 사건들에 전혀 영향을 받지 않은 듯한, 거의 터무니없어 보이기까지 하는 이러한 흔들리지 않는 강한 확신에 사람들은 놀랄지도 모른다. 이것은 종교적 열정의 사회학적 영향을 무시하는 것이다. 사실 현재의 음비아족이 스스로를 하나의 부족이라고, 즉 여전히 변별적 특성을 지닌 사회적 통일체라고 생각한다면 그러한 지향은 무엇보다도 종교적인 기초에 투사되어 있다. 음비아족은 비기독교적인 종교적 소수파이며 그들을 통일시키는 핵심 매체가 공통된 신앙이기 때문에 하나의 부족일 수 있다. 신앙과 가치의 체계가 집단을 집단으로서 유지할 수 있도록 해준다. 또한 역으로 그들의 이러한 자기 자신에 대한 단호한 폐쇄가 집단을 가장 하찮은 경험에서조차도 존중되는 지식의 보관자로, 그들의 신에 대한 충실한 옹호자이자 법에 대한 수호자로 만드는 것이다.

　확실히 종교적 주제에 대해 부족의 구성원들이 비슷한 수준으로 이해하고 있는 것은 아니다. 대부분의 인디언들은 그렇게 하는 것이 당연하기 때문에 의례를 행할 때 열심히 춤을 추고, 전통적인 생활 규범을 준수하며, 그들의 파이들Pa'i, 즉 샤먼들의 훈계에 귀를 기울이는 것에 만족해한다. 왜냐하면 파이들이야말로 예전에 카라이들이 했던 것과 똑같이 열정에 충만하여 고양된 상태에서 신에게 질문을 던지는 진정한 현자들이기 때문이다. 여기에서 우리는 말하는 자와 듣는 자로서의 인디언들의 말에 대한 선호를 다시 확인할 수 있다. 말하기의 주인인 카시케-샤먼들caciques-chamanes이 열의를 가지고 하는 이야기에 인디언들은 언제나 귀를 기울인다.

이러한 이야기들은 거의 항상 글자 그대로 음비아족의 머리를 떠나지 않는 주제들에 관한 것이다. 즉 이 지상에서의 운명, 신들에 의해 정해진 규범에 순종할 필요성, 완벽한 상태, 즉 아구이에aguyje의 상태에 도달할 희망이다. 이 상태에 도달한 자들에게만 하늘에 거하는 자들이 사악함이 없는 대지로 통하는 길을 열어주는 것이다. 샤먼들의 관심사의 성격과 의미, 효력 그리고 그들이 그것을 드러내는 방법은 신들의 영靈에 따라 움직이는 말의 황홀경에 빠질 수 있는 이들 남자들의 진정한 성격을 샤먼이라는 말로는 충분히 설명할 수 없다는 것을 보여준다. 이들은 때때로 의사의 역할도 하지만 반드시 의사인 것은 아니며, 병든 몸에 건강을 되돌려주는 것보다는 춤과 이야기 그리고 명상을 통해 내적인 힘과 강인한 정신을 획득하는 데 좀 더 관심을 가지고 있다. 오직 그것만이 나만두Ñamandu, 카라이 루 에테Karai Ru Ete 그리고 과라니족의 모든 신들을 즐겁게 할 수 있는 것이다. 즉 음비아족의 파이들은 의사라기보다는 명상가이다. 신화와 전통의 튼튼한 기초 위에서 그들은 그들의 텍스트에 각자 자기 자신을 위하여 진정한 의미의 주석을 다는 작업을 수행하고 있는 것이다. 따라서 과라니족의 구전 "문헌"에서는 이른바 두 가지 침전의 층위가 발견된다. 하나는 세속적인 것으로서 신화 체계의 전체, 특히 쌍둥이의 신화로 알려져 있는 위대한 신화에서 발견되고, 다른 하나는 성스러운 것, 백인들에게는 감추어져 있는 것으로서 기도와 종교적인 노래 그리고 파이들이 그들에게 깃든 신이 말하고 싶어하는 것을 느낄 때 끓어오르는 열정으로 그들의 입을 빌려 터져 나오는 즉흥적인 이야기 모두가 포함된다. 샤먼이라기보다는 예언자라고 부르는 것이 걸맞을 이들 파이들은 이야기 속의 놀랍도록 심오한 부분에서 시적 풍부함으로 가득한 언어형식을 드러낸다. 거기에서 우리는 세속적인 언어를 부정하는 언어로써 성스러운 영역을 표현하는 인디언들의 마음을 확실히 읽을 수 있다. 존재와 사물을 그들의 숨겨진 차원과 신성한 본질에 따라 명명하고자 하는 바람으로부터 생겨난 언어의 창조 행위는 일상적 세계의 언어적 변환에, 즉 위대한 이야기에 이른다. 그래서 위대한 이야기는 비밀스러운 언어라고까지 생각되었다. 예를 들어 화살을 가리켜서 "활의 꽃", 파이프를 "안개의 뼈", 나만두의 손가락을 "꽃이 핀 가지"라고 한다. 이는 표면적인 혼란과 슬픔을 사라지게 하는 찬탄할 만한 변형이라고 할 수 있는 것이다. 신들의 사후까지 살아남지 않겠다고 결의한 음비아족의 진정한 이름인 **최후의 인간**의 정열은 혼란과 슬픔의 표면에 머무는 것을 허용하지 않는다.

새벽의 어스름한 빛이 큰 나무 꼭대기의 윤곽을 드러내기 시작한다. 동시에 과라니 인디언들의 마음속에 밤의 평온함에 저항하는 고뇌가,

테코아치tekoachy, 즉 병든 삶에 대한 고뇌가 눈을 뜬다. 태양이 다시 병든 삶을 비추어 대지의 백성인 그들의 삶의 조건을 상기시킨다. 그때 파이가 일어서는 것을 보는 것은 드물지 않은 일이다. 보이지 않는 것에 고무된 소리의 주인이자 인간과 신들과의 대화를 기다리는 자인 파이는 자신의 이야기 속에 엄밀한 로고스와 아름다운 지혜의 형태로 생동하는 신념을 집어넣는다. 숲 속의 야생의 새벽 기도와 그의 애조 띤 이야기는 하늘의 전지전능한 주인인 나만두의 눈에 보이는 사자使者, 즉 태양을 향해 동쪽 방향으로 바쳐진다. 그의 기도는 나만두를 향한 것이다.

 희망으로 가득 찬 처음의 정당한 움직임을 부인하면서, 말하는 자에게 천체의 비상을 계시하는 이야기는 그를 서서히 신의 침묵으로 인해 빠지게 될 비탄의 순환 속으로 밀어 넣는다. 그들의 거주지로부터 벗어나고자 하는 인간의 노력은 부질없는 것이다. 왜냐하면 인간이 도움을 청하는 신들은 그러한 노력에 동요하는 존재가 아니기 때문이다. 그러나 그러한 의심과 고뇌의 아득한 정점에 도달했을 때 그것을 느끼고 이야기하는 자에게 과거의 기억과 조상들에 대한 기억이 되살아난다. 조상들은 춤과 단식, 기도에 대한 보답을 받았던 것은 아닐까? 그리고 그들은 바다를 건너는 것과 건너기 위한 길을 발견하는 것을 허락받았던 것은 아닐까? 만일 그렇다면 인간들은 아직 신들과의 끈을 놓친 것이 아니며 모든 것이 아직 가능한 것이다. 그러므로 현재의 인간들, 즉 최후의 제구아카바들Jeguakava에게도 비슷한 운명이 남아 있다는 명백한 확신이 생긴다. 그들이 신으로부터의 말, 즉 계시를 기다리는 것은 헛되지 않을 것이고 신들은 귀를 기울이는 자들에게 그 소리를 들려줄 것이다.

뒤늦거나 혹은 너무 때 이른 애원의 움직임은 이렇게 구성된다. 나만두는 다시 빛을 비추어줌으로써 인간들이 계속 살아갈 수 있도록 해준다. 밤의 잠은 일종의 죽음이며 새벽은 사람들을 죽음으로부터 벗어날 수 있게 해준다. 그러나 제구아카바들, 즉 의례적인 남성의 머리장식을 한 자들에게 있어서 사는 것은 단지 사물들의 중립성에 눈뜨는 것만이 아니다. 음비아족은 구도자로서 대지 위를 걷고 있는 것이고 아버지, 즉 나만두는 탄원하는 자들의 불평을 기꺼이 듣고자 한다. 그러나 구도 자체의 가능성이 기초하고 있는 희망이 싹틈과 동시에 현세의 피로함이 그 희망의 약동을 더디게 만든다. 피와 살이 그들의 피로의 정도를 측정하고, 기도와 춤, 특히 춤의 정확한 리듬이 세속의 짐을 덜어주어 피로감을 이겨낼 수 있도록 해준다. 무엇의 부재가 하루를 시작하면서 행하지 않으면 안 될 정도로 이러한 추구를 절박하게 만드는가? 그것은 네엔 포란 테논데ñe'ë porä tenonde, 즉 태초의 아름다움으로 충만한 말이며 인간들의 구원을 담고 있는 신성한 말의 부재이다. 제구아카바들이 악의 대지에서 산다는 것은 그들이 원래 살아야 할 곳의 입구에 다다라 잠시 멈춰 서 있다는 것을 뜻한다. 신체와 영혼의 불완전함은 그들로 하여금 악의 대지를 버리지 못하고 경계의 이쪽 편, 즉 은유적으로 바다의 이쪽 편에 머물러 있게 한다. 때때로 인디언들에게는 알 수 없는 현실의 바다보다도 오히려 다음과 같이 느껴지는 것이 훨씬 두려운 것이리라. 즉 인간과 영혼이 각각의 해변에 정박하고 있어서 어쩌면 결정적으로 분리되어 있는 것이 아닌가 하는 느낌이 바로 그것이다. 신을 기쁘게 하는 것, 영원한 땅에 이르는 길을 열어주는 말, 미래의 삶의 규범을 가르쳐주는 이야기를 칭송하는 것, 이것이 음비아족의 소망이다. 신들이시여 마지막으로 이야기해주소서! 신들이시여, 인간들의 노력, 단식, 춤, 기도를 들어주소서! 조상들 못지않은 덕을 지닌 제구아카바 테논데 포란구에이Jeguakava tenonde porängue'i, 즉 최초로 몸을 장식한 자들 중에서 최후로 남은 자들은 대지를 떠나기를 열망한다. 따라서 그들의 운명은 성취될 것이다.

 이른 아침의 숲의 적막 속에서 비극적으로 퍼지는 한 인디언의 명상 기도는 다음과 같다. 그 호소의 명징함도 기도 속에 은밀히 자리 잡고 있는 죽음의 감각과 냄새를 어찌지 못한다. 과라니족의 지혜의 정수는 죽음을 향해 나아가는 방법을 아는 것이다.

 우리 아버지! 나만두여! 또다시 당신은 우리를 일으켜 세웁니다!
 언제나 마찬가지로 당신은 다시 한번 몸을 장식한 형제들인 제구아카바들 모두를 일으켜 세웁니다.
 그리고 몸을 장식한 자매들인 자추카바들Jachukava 모두를 다시금 일으켜 세웁니다.
 그리고 당신이 제구아카를 주지 않았던 자들도 모두 다시 일으켜 세웁니다.
 그리고 지금 몸을 장식한 자들, 몸을 장식하지 않은 자들 모두를 대신하여 저는 묻습니다.

그러나 아직, 이 모두에 대해,

카라이 루 에테여, 당신은 전혀 말해주지 않으셨습니다.

저에게도, 그리고 불멸의 땅, 어떤 조그만 것도 변하지 않는 영원의 땅을 약속받은 당신의 아들들에게도 말해주지 않으셨습니다.

당신은 우리가 힘을 얻게 될 규범, 우리가 정열을 얻게 될 규범을 담고 있는 이야기를 해주지 않으셨습니다.

왜냐하면, 진실로,

저는 불완전한 존재이기 때문입니다.

저의 피는 불완전한 자연의 것이고,

저의 육신은 불완전한 자연의 것이며,

그것은 혐오스러운 것이고, 뛰어난 점이라고는 전혀 찾아볼 수 없습니다.

사물들이 이처럼 배열되어 있는 것은,

저의 불완전한 피가,

저의 불완전한 육신이,

분발하여 그 불완전함을 멀리 떨쳐버리기 위함입니다.

무릎을 꿇고, 머리를 숙여,[1] 용감한 심장을 구하기 위함입니다.

그렇지만 아직 당신은 아무 말도 해주지 않으셨습니다.

---

1) 의례적인 춤의 동작을 묘사한 것임.

이 모든 것을 위해서,
저는 당신의 말이 필요합니다. 그것은 분명 헛된 바람이 아닙니다.
힘을 얻게 될 규범에 대한 말,
용감한 심장을 얻게 될 규범에 대한 말,
열정을 얻게 될 규범에 대한 말을.

삼라만상 중 어떤 것도 더 이상 제 마음속에 용기를 불어넣지 못합니다.
어떤 것도 더 이상 제 삶의 미래의 규범을 가리켜주지 못합니다.

그리고 재앙의 바다여, 재앙의 바다여,
당신은 제가 이 바다를 건너도록 해주지 않으셨습니다.
진실로 그 때문입니다, 저의 형제들이 이렇듯 몇 명 안 되는 것은,
저의 자매들이 이토록 몇 명 안 되는 것은
그 때문입니다.

지금, 여기에서 살아남은 몇 안 되는 자들을 위하여
저는 통곡하고 있는 것입니다.
그들을 위하여, 저는 다시 묻겠습니다.
왜 나만두가 그들을 일으켜 세우셨는가를.

사물들은 이처럼 배열되어 있고,
모든 완전히 일어나 있는 자들로 말하자면,

그들 모두의 시선은 미래의 음식을 향해 있습니다.
그들의 시선이 미래의 음식을 향할 때,
그들 모두는 살아 있는 자들입니다.

당신은 그들의 말을 고양시킵니다,
당신은 그들의 의문을 불러일으킵니다,
당신은 그들 모두에게서 비탄의 소리를 불러일으킵니다.

그렇지만 여기서 저는 애써 일어섭니다,
하지만 당신은 말을 해주지 않으시고, 아니, 진실로 당신은 어떤 말도 하지 않으셨습니다.

그렇기 때문에, 저는 다음과 같이 말하고자 합니다,
카라이 루 에테여, 카라이 취Chy 에테여,
적지 않았던 이들이여,
불멸의 땅, 어떤 조그만 것도 변하지 않는 영원의 땅을 약속받은 자들,
당신은 옛날에, 그들 모두에게 그들 자신의 삶의 미래의 규범에 대한 문제를 던지셨습니다.
그리고 예전에, 그들은 분명히 그 규범을 완벽하게 알고 있었습니다.

그리고 만일 제가 익숙해진 불완전함으로부터 벗어난다면,
그리고 피가 익숙해진 과거의 불완전함으로부터 벗어난다면,

그것은 분명 모든 사악한 것들로 인한 것이 아닙니다.

그것은 저의 불완전한 피, 저의 불완전한 육신이 스스로 분발하여 그 불완전함을 멀리 떨쳐버린 것입니다.

그렇기 때문에 당신은 많은 말을 해줄 것입니다.

고귀한 영혼의 말을,

어떠한 신호로도 나누어지지 않는 자를 위하여.[2]

당신은 많은 말을 해줄 것입니다,

오! 카라이 루 에테, 카라이 취 에테여,

불멸의 땅, 어떤 조그만 것도 변하지 않는 영원한 땅을 약속받은 사람들 모두를 위하여.

당신이여, 당신이여![3]*

---

2) 즉 그리스도교의 세례를 거부하는 자를 위하여.
3) 이 텍스트는 1966년 6월 파라과이의 동부에서 수집하였다. 녹음은 원어로 행해졌고 번역은 레온 카도간Léon Cadogan의 협력으로 가능했다. 이 자리를 빌려 감사드린다.
* 이 글은 *Echanges et Communications*, J. Pouillon et P. Maranda, éd., Paris-La Haye, Mouton, 1970(레비스트로스의 60세 기념 논문집)에 처음 실렸다.

제9장 여럿이 없는 "하나"에 대하여

홍수가 지나간 뒤였다. 교활하고 계산적인 신이 아들에게 세계를 제자리로 되돌려놓을 방법을 가르쳤다. "아들아! 다음과 같이 해야 한단다. 태어나려고 하는 불완전한 대지의 기초를 쌓도록 하거라. 〔……〕 대지의 기초로서 적당한 갈고리를 놓아두어라. 〔……〕 불완전한 대지를 충만하게 하는 것은 작은 돼지이다. 〔……〕 아들아, 우리가 원하는 만큼 대지가 커졌을 때 내가 너에게 그것을 알려주마. 〔……〕 나, 투판Tupan은 대지를 돌보는 유일한 존재이다〔……〕." 우박, 비 그리고 바람의 주인인 투판은 지루했다. 그는 혼자 놀고 있었고 같이 놀 친구가 필요했다. 그러나 누구든, 어디든 상관없는 것은 아니었다. 신들은 같이 놀 상대를 고르는 것을 좋아한다. 투판은 새로운 대지가 불완전하고 사악한 대지이기는 하지만 그곳에 머물러 살 작은 존재를 맞아들이기를 원했다. 왜냐하면 앞을 내다볼 수 있는 투판은 앞으로 안개의 주인인 난

데 루 에테Ñande Ru Ete와 대치할 수밖에 없다는 것을 이미 알고 있었기 때문이다. 난데 루 에테가 피우는 파이프로부터 나오는 음침하고 검은 안개는 불완전한 대지에 사람들이 살 수 없도록 만든다. "나는 난데 루 에테보다 노래를 더 잘 부른다. 나는 해야 할 일이 무엇인지를 알기 때문에 되돌아올 것이다. 나는 그렇게 하여 불안전한 대지에 내리는 안개를 옅게 만들 것이다. 그렇게 해야만 우리가 그곳으로 보내는 작은 존재들은 상쾌한 기분을 느끼고 행복을 맛볼 것이다. 우리가 대지로 보내는 사람들, 즉 우리의 작은 자식들, 우리의 일부분들은 행복할 것이다. 그 작은 존재들, 우리는 그들을 속여야 한다." 신성한 투판은 정말로 장난꾸러기였다.

 신의 이름으로 이처럼 말하는 자는 누구인가? 죽음을 피할 수 없는 인간 중 도대체 누가 감히 겁 없이 높은 곳의 권력자들과 어깨를 나란히 하고자 하는가? 그러나 지상의 이 온화한 거주자는 미치지 않았다. 그는 세상의 여명 이래 투판이 자기에게 기쁨을 가져다줄 임무를 맡긴 자들인 작은 존재들 중 하나이다. 그는 바로 과라니 인디언의 일원이다. 만물에 밝은 그는 오만하면서도 비통한 확신에 차서 자신들을 최후의 인간들이라 칭하는 자기 부족의 운명에 대해 숙고한다. 신들은 때때로 그들의 계획을 드러낸다. 그리고 신들의 이야기를 잘 이해하고 진실만을 말하는 카라이는 동료들에게 신들의 계획을 알린다.

 어느 날 밤에 그는 투판으로부터 영감을 받았다. 그의 입은 곧 신의 입이었고, 그는 자신이 신이 되어 미완성의 대지인 이우이 음바에메구아ywy mba'emegua의 생성에 대해 말했다. 이 대지는 과라니족의 행복을 위해 장난스럽게 맡겨진 대지였다. 그의 말은 장황했고 불꽃이 그의 표정의 변화를 비추었다. 그는 어떤 때에는 초연한 투판의 평온한 모습과 위대한 이야기에 걸맞은 당당함을 드러내다가 또 어떤 때에는 아주 인간적인 모습으로 돌아와 생소한 말에 골몰하며 불안하고 긴장 어린 표정을 띠고 있었다. 신의 이야기에 이어 그 의미를 찾고자 하는 노력이 행해진다. 죽음을 피할 수 없는 인간의 마음으로는 오해하기 쉬운 진리를 말로 나타내고자 노력한다. 신성한 존재는 깊이 생각할 필요가 없다. 한편 최후의 인간들은 그들 나름대로 포기하지 않는다. 아마도 그들이 최후의 인간들일 것이다. 그들은 그 이유를 알고 있다. 그리고 카라이의 영감을 받은 입술이 불행의 수수께끼를 풀어낸다. 이는 어떠한 원한도 그 빛을 바래게 할 수 없는 순수한 해석과 냉철한 폭로이다. "모든 사물은 전체 속에서 하나이다. 그리고 그러한 것을 원치 않았던 우리에게 모든 사물은 악이다."

확실히 이러한 단편에는 난해함과 심오함이 있다. 여기에 나타난 사고는 그 엄밀함과 기원으로 인해 우리들의 주의를 끈다. 실제로 이것은 파라과이의 깊은 삼림에 사는 과라니족의 늙은 샤먼, 즉 무명의 야만인의 사고이다. 그리고 우리는 그 사고가 우리와 완전히 동떨어져 있지 않다는 것을 잘 느끼고 있다.

여기에서 언급한 문제는 불행의 연원에 대한 것이다. 만물은 악이며 인간은 불완전하고 사악한 대지에 살고 있다고 텍스트는 가르쳐준다. 그것은 언제나 그러해왔다. 과라니족은 불행에 익숙하다. 그것은 새삼스러운 것도, 놀랄 만한 것도 아니다. 그들은 이미 오래전부터, 서구인들의 도래 이전부터 그것을 알고 있었던 것이다. 이 점에 대해 서구인들로부터 배운 것은 아무것도 없다. 불행한 운명을 지닌 채 탄생하지 않았다는 확신과 앞으로 사악함이 없는 대지인 이우이 마라 에인에 도달할 것이라는 믿음에 완전히 사로잡힌 과라니족은 바로 그 점에서 지금껏 한 번도 선량한 야만인인 적이 없었다. 그리고 과라니족의 현자들은 사악함이 없는 대지에 도달할 수단을 끊임없이 모색하면서 기원의 문제에 대해 고민했다. 즉 우리는 도대체 왜 불완전한 대지에서 살지 않으면 안 되는가? 이 질문의 위대함은 다음과 같은 영웅적인 대답에 상응한다. 이러한 인간 존재의 부조리함은 인간의 탓이 아니다. 불완전한 상태로 존재하는 것에 대해 인간 스스로 죄를 뉘우칠 필요는 없다.

그러나 인간을 괴롭히는, 그리고 우리가 원하지 않았던 이 불완전함의 뿌리는 어디에 있는 것인가? 그것은 "모든 사물은 전체 속에서 하나"라는 사실로부터 온다. 서구 사고의 최초의 여명기를 아찔하게 뒤흔들어놓을 정도의 놀라운 논리 전개이다. 그러나 그것이야말로 과라니족의 사상가가 항상 말하고 주장한—더불어 가장 엄밀하면서도 가장 무모한 결론까지—것이다. 즉 이 불완전한 세계를 구성하는 모든 사물은 하나이기 때문에 불행은 그 불완전함으로부터 생긴다. 그것은 세상 만물의 특성이다. 하나란 불완전함의 이름이다. 결국 과라니족 사상가의 이러한 신랄하고 간략한 이야기들을 모아보면 과라니족의 사고가 말하는 것은 무엇인가? 그것은 하나란 악 그 자체라는 것이다.

인간 존재의 불행, 세계의 불완전함, 세계를 구성하는 사물들의 핵심 속에 새겨진 균열로서의 통일성이야말로 과라니 인디언들이 거부하는 것이고 언제나 그들을 재촉하여 또 다른 공간을 찾도록 만드는 것이다. 그 공간은 근본적인 상처를 치유한 존재이자 하나로부터 해방된 지평에 펼쳐진 존재의 행복을 알 수 있는 곳이다. 그런데 과라니족이 이토록 집요하게 바라는 하나가 아닌 것은 도대체 무엇인가? 그것은 서구 형이상학에 익숙한 이분법에 따라 여럿 속에서 세상의 완성을 발견하는 것인가? 그리고 고대 그리스인과는 달리 과라니족은 우리가 자연스럽게 선을 실격시키는 곳에서 선을 긍정하는 것일까? 과라니족에게서는 하나의 절대적 지배에 대한 **능동적인 반항**을, 그리스인에게서는 하나에 대한 **사변적 동경**을 읽어낸다 하더라도 과라니족이 긍정하는 것은 여럿이 아니다. 과라니족은 선과 완전함을 하나의 기계적인 해체 속에서 발견하지 않는다.

하나라고 불리는 사물들이 바로 그 사실로 인해 불완전함의 사악한 영역에 빠져버린다는 것은 도대체 어떤 의미인가? 그렇지만 단편의 문자가 요청하는 듯이 보이는 하나의 해석, 즉 전체Tout로서의 하나라는 해석은 제외시켜야 한다. 과라니족의 현자는 "모든 사물은 전체totalité 속에서 하나"라고 언명하지만, 이것은 그의 사고 속에는 없는 범주일 전체Tout를 명명하는 것이 아니다. 그가 말하는 것은 세계를 구성하는 각각의 "사물"—땅과 하늘, 물과 불, 동물과 식물 그리고 마지막으로 인간—에는 하나라는 불길한 각인이 새겨져 있다는 것이다. 하나라는 것은 도대체 무엇인가? 사물에 새겨진 하나의 각인은 어떻게 알 수 있는가?

소멸하는 모든 것은 하나이다. 하나의 존재 양식은 일시적이고 무상

하며 덧없는 것이다. 오직 소멸하기 위하여 태어나고 자라는 것은 무엇이든 하나로 불린다. 그것은 무엇을 뜻하는가? 여기에서 우리는 동일성의 원리를 기묘하게 적용하고 있는 과라니족 종교의 우주관의 기초를 접하게 된다. 하나는 소멸이라는 측면에서 보면 유한함의 기호이다. 인간의 세계는 불완전함과 부패 그리고 추함만을 내포하고 있을 따름이다. 사악한 대지의 또 다른 이름은 추한 대지이다. 그것은 이우이 음바에메구아, 즉 죽음의 왕국이다. 궤적을 따라 움직이는 모든 것, 죽음을 피할 수 없는 모든 것이 하나라는 것을 과라니족의 사고는 말해주고 있다. 하나는 죽음의 정박지이고 죽음은 하나에 속하는 것의 운명이다. 불완전한 세계를 구성하는 모든 것들은 왜 죽어야만 하는가? 그것들은 유한하기 때문이고, **불완전하기 때문이다**. 부패하기 쉬운 것은 불완전한 채로 소멸한다. 하나는 불완전한 것의 특성이다.

아마 이제 좀 더 확실하게 이해하게 되었을 것이다. "모든 사물이 전체 속에서 하나"인 불완전한 대지는 불완전한 것들의 왕국이고 유한한 것들의 공간이며 동일성의 원리가 엄격하게 적용되는 장이다. 왜냐하면 A=A, 즉 이것은 이것이고 사람은 사람이라고 말하는 것은 동시에 A는 비非A가 아니고 이것은 저것이 아니며 인간은 신이 아니라고 말하는 것과 똑같기 때문이다. 만물에 통일성을 지정하고 만물을 그 통일성에 따라 명명하는 것은 만물에 한계와 유한성 그리고 불완전함을 부여하는 것과 같다. 그것은 세계를 가리키고 모든 존재를 규정하는 능력—이것은 이것이지 다른 것이 아니고, 과라니족은 인간이지 다른 어떤 존재도 아니다—이 진정한 힘, 즉 침묵 속에서 이것은 이것임과 동시에 저것이고 과라니족은 인간임과 동시에 신이라는 것을 언명할 수 있는 감추어진 힘을 조롱하는 것에 불과할 뿐임을 비극적으로 발견하는 것이다. 그 발견이 비극적인 것은 우리가 그것을 원하지 않았기 때문이고, 우리의 언어가 사람을 속인다는 것을 알고 있기 때문이며, 우리가 진정한 언어의 고향, 즉 신들의 소멸하지 않는 대지이자 사악함이 없는 대지, 존재하는 모든 것이 하나라고 불리지 않는 곳에 도달하고자 전혀 노력하지 않기 때문이다.

불행이 사라진, 하나가 없는 대지에서는 옥수수가 저절로 자라고 사냥하지 않더라도 화살이 사냥감을 잡아서 가져다준다. 혼인을 규제하는 규칙도 없고 인간은 영원히 젊음을 잃지 않고 살아간다. 사악함이 없는 대지에 사는 이를 한마디로 특징지을 수는 없다. 그는 분명히 인간인 동시에 인간과는 다른 존재, 즉 신이기도 하다. 악은 하나이다. 선은 여럿이 아니라 둘이며, 하나임과 동시에 다른 어떤 것인 둘은 진실로 완전한 존재들을 가리키는 것이다. 최후의 인간들의 목적지인 이 우이 마라 에인에 사는 존재들은 모두 인간도 아니고 또한 신도 아니다. 그들은 하나에 의해 명명될 수 없는 평등한 자들인 신-인간이자 인간-신이다.

수세기에 걸쳐 불완전한 대지에 예속될 것을 도도하게 거절해왔고 영적인 존재의 위치에 오르는 것을 열망할 정도로 오만한 광기를 지닌 사람들인 과라니 인디언들보다 종교적인 집단은 없다. 그들은 아주 최근까지도 그들의 진정한 고향을 찾아 방랑을 계속해왔다. 그것은 "우리 얼굴의 맞은편"에, 즉 태양이 떠오르는 쪽에 있다고 그들은 생각했다, 아니 알고 있었다. 그리고 매번 사악한 대지의 경계이자 목적지가 거의 바라보이는 해변에 도착했을 때 그들은 동일한 신의 계략과 동일한 고통과 좌절, 즉 영원한 장애인 태양과의 사이에 놓인 바닷길을 만나게 되었다.

이제 그들은 그 수도 적고, 자신들이 신의 죽음을 경험하고 있는 것이 아니라 자신들 스스로의 죽음을 경험하고 있는 것이 아닌지를 자문한다. 우리는 최후의 인간들이다. 그렇지만 그들은 여전히 포기하지 않는다. 예언자인 카라이들은 재빨리 그들의 의기소침함을 넘어선다. 그들을 포기하지 않도록 하는 힘은 도대체 어디에서 생겨나는 것일까? 그들은 맹목적이고 미친 것일까? 좌절의 힘겨움도, 하늘의 침묵도, 반복되는 불행도 그들의 생각을 바꾸지 못한다. 때로는 신들도 말씀을 내려주지 않을까? 숲 속 깊숙한 어느 곳에서 신들의 말에 귀를 기울이는 선택받은 자가 언제나 있는 것은 아닐까? 그날 밤 신의 혼이 깃든 한 인디언의 입을 통하여 투판은 오래된 약속을 되풀이했다. "아들아, 우리가 불완전한 대지로 보낸 자들을 우리는 번영시킬 것이다. 그들은 반려자를 만나 결혼하여 아이들을 낳을 것이다. 그것은 우리로부터 유래한 말에 도달하기 위한 것이다. 그들이 그곳에 도달하지 못하면 그들에게 좋은 것은 아무것도 없을 것이다. 이러한 것 모두를 우리는 잘 알고 있다."

그렇기 때문에 다른 모든 것—하나에 속하는 모든 것—에 한눈을 팔지 않고 오로지 스스로 원치 않는 불행을 없애는 데만 주의를 기울이는 과라니 인디언들은 다시 다음과 같은 신의 목소리에 즐겁게 귀 기울이는 것이다. "나 투판은 너희들에게 조언하겠다. 이 가르침 중에서 한 가지라도 너희들의 귀에 남게 된다면 너희들은 내가 남긴 흔적을 알게 될 것이다. 〔······〕 그러한 것에 의해서만 너희들은 지시된 대로 목적지에 도달할 수 있을 것이다. 〔······〕 나는 먼 곳으로, 더욱 먼 곳으로 가고 있어 너희들은 다시는 나를 볼 수 없을 것이다. 그러니 나의 여러 가지 이름을 잊지 말거라."*

* 이 글은 *L'Ephémère*, 19~20, 1972~1973에 처음 실렸다.

제10장 원시사회에서의 고문

1. 법과 쓰기

어느 누구도 법의 준엄함을 잊어서는 안 된다. **법은 엄격하기에 법이다** Dura lex sed lex. 이 준엄함에 대한 기억을 항상 새롭게 유지하기 위해 각 시대와 각 사회가 여러 가지 수단을 고안하였다. 우리의 경우에 가장 명쾌하면서도 가장 최신의 수단은 무상 의무교육의 보급이었다. 일단 교육이 의무적으로 보편화되자 어느 누구도 더 이상 거짓 없이는 ― 법을 위반하지 않고는 ― [법을] 모른다고 주장할 수 없게 되었다. 실제로 엄격한 것으로서의 법은 동시에 쓰기이다. 쓰기는 법을 위하여 존재하고 법은 쓰기 속에 살아 있다. 한쪽을 알면서 다른 한쪽을 부인하는 것은 이미 불가능하다. 모든 법은 쓰기이며 모든 쓰기는 법의 지표이다. 역사상 계속 등장하는 전제군주들, 사람들에게 법을 부과한 모든 왕과 황제, 파라오, 모든 태양이 그것을 가르쳐준다. 즉 어느 곳 어느 시대에나 재창조된 쓰기가 돌에 새겨지고, 동물 가죽에 그려지며, 파피루스에 쓰여져 법의 힘을 즉시 천명하였다. 잉카제국의 퀴푸quipu조차도 쓰기의 한 형태로 간주할 수 있다. 그 매듭지어져 있는 끈은 단순히 기억하기 위한 기록 수단이 아니며 무엇보다도 필연적으로 황제의 법의 정당성과 황제의 법이 사람들에게 불러일으키는 공포를 뒷받침하기 위한 쓰기였던 것이다.

2. 쓰기와 신체

법은 예기치 않은 공간에 새겨져 있다는 것을 우리에게 가르쳐주는 문학작품이 있다. 『유형지에서la Colonie pénitentiaire』[1])의 관료는 탐험가에게 법을 쓰는 기계의 작동에 대해 자세하게 설명한다.

> 이곳의 판결은 전혀 엄격하지 않습니다. 죄수의 몸에 그가 범한 죄를 써레herse로 적어 넣는 것뿐입니다. 예를 들어 이 죄수 — 관리는 옆에 있는 남자를 가리키면서 — 의 몸에 "너의 상관을 존경하라"라고 쓸 것입니다.
>
> 그리고 죄수 자신이 스스로에게 내려진 판결을 모른다는 것을 알고

---

1) F. Kafka, *La Colonie pénitentiaire*, Paris, "Le Livre de poche", 1971.

놀라는 탐험가에게 당연하다는 듯이 관리는 다음과 같이 설명한다.

그에게 알려줄 필요가 없지요. 곧 몸으로 알게 될 텐데요.

그는 이어서 다음과 같이 말한다.

당신도 보셨다시피 이 문자를 눈으로 읽어내기는 결코 쉽지 않습니다. 그래서 이 죄수들은 상처로 문자를 판독합니다. 말할 필요도 없이 그것은 어려운 일입니다. 끝내기까지 6시간이나 걸리니까 말입니다.

여기에서 카프카는 신체를 쓰기의 표면, 즉 법을 이해할 수 있는 텍스트가 기록될 수 있는 표면으로 지정한다.

그리고 만일 작가의 상상 속에서만 가능한 것을 사회적 사실의 영역으로까지 적용할 수 없다는 반론을 편다면, 카프카 소설풍의 이러한 망상은 오히려 미래를 예견하는 경우에 보이며 문학적 허구는 가장 동시대적인 현실을 알리는 것이라고 대답할 수 있다. 마르첸코Martchenko의 증언[2]은 카프카가 예상한 법과 쓰기 그리고 신체 사이의 삼자 연대를 명료하게 보여준다.

---

2) Martchenko, *Mon Témoignage*, trad. François Oliver, Paris, Ed. du Seuil(Coll. "Combats"), 1971.

그리고 그때에 문신이 탄생하였다. 나는 예전에 민사범이었다가 "정치범"이 된 두 사람을 알게 되었다. 한 사람은 무사Moussa, 다른 한 사람은 마자이Mazaï라는 별명으로 불리고 있었다. 그들의 이마와 두 볼에는 "공산당원=학살자", "공산당원은 인민의 고혈을 빨아 먹는다"라는 문신이 새겨져 있었다. 나중에 나는 얼굴에 비슷한 문구가 새겨져 있는 많은 죄수들을 만나게 되었다. 대부분의 경우에 그들의 이마에는 큰 글씨로 "흐루시초프의 노예", "소련공산당의 노예"라고 적혀 있었다.

그러나 1960년대의 소련의 수용소의 현실에서는 (카프카의 글에서와 같은) 허구의 유형지를 뛰어넘는 일이 벌어졌다. 즉 후자에서 법의 체계는 수동적으로 시련을 감내하는 죄수의 신체에 텍스트를 적기 위해 기계를 필요로 했던 데 반해 전자에서는 삼자의 긴밀한 연대가 극단적으로 이루어져 기계의 필요성조차 없었다. 오히려 죄수 자신이 법을 기록하는 기계로 변신하였고 법을 스스로의 신체에 기록하였던 것이다. 몰다비아의 유형 형무소에서는 법의 준엄함을 표현하기 위한 것으로 희생자의 손 자체와 신체 자체를 발견했다. 극한에 다다르면 죄수는 완전히 법 밖에 놓이게 되고 그의 기록된écrit 신체가 그것을 말해준다.

3. 신체와 의례

수많은 원시사회에서는 이른바 통과의례 제도를 통해 사회의 젊은 구성원이 성인이 되었음을 허가하는 것이 매우 중요하다는 것을 강조하고 있다. 이러한 입문 의례는 종종 공동체의 사회생활과 종교생활 전체가 구성되는 핵심적인 축으로 기능한다. 그런데 입문 의례는 거의 예외 없이 새로운 입문자의 신체를 대상으로 하여 이루어진다. 사회는 그 신체를 즉각적인 어떤 **시간**의 징표이자 어떤 **통과**의 자국 그리고 어떤 **운명**의 결정을 나타내는 데 적절한 유일한 공간으로 지정한다. 신규 입문자의 신체를 한순간에 완전히 소유하는 의례는 그들을 어떤 비밀스러운 것에 가입시키는 것일까? 입문 의례는 신체와 비밀, 신체와 진리 사이의 인접성과 연대를 보여준다. 이 점을 받아들인다면 좀 더 분명한 물음을 던질 수 있다. 개개인의 신체가 부족의 **에토스**éthos의 결집점이 되어야만 하는 것은 무엇 때문인가? 젊은 구성원들의 **신체**에 대한 의례라는 **사회적** 조작을 수단으로 해서만 비밀이 전해지지 않으면 안 되는 것은 무엇 때문인가? 신체는 지식 습득을 매개하고 그 지식은 신체에 새겨진다. 의례를 통해 전해지는 이러한 지식의 성격과 의례 수행 과정에서의 신체의 역할이라는 두 가지 질문은 바로 입문 의례의 의미에 대한 질문이다.

4. 의례와 고문

오! 보는 것도 두렵고 말로는 표현하기 힘든 경이로움horrible visu, et mirabile dictu! 신이어 감사합니다. 모든 것이 끝났습니다. 이제 제가 본 모든 것을 당신께 말씀드릴 수 있습니다.

조지 캐틀린George Catlin[3]은 [북아메리카의] 인디언인 만단족Mandan[1]
의 나흘간 거행되는 성대한 연례 의례에 참여했다. 그는 이 대평원 지
대의 인디언 전사들에 대해 찬탄을 금치 않으면서도 자세한 기술과 정
교한 삽화 속에서 의례를 목격한 그가 느꼈던 공포와 혐오를 숨기지 않
고 있다. 의례는 본래 사회가 신체를 소유하는 것이기는 하지만 사회가
아무렇게나 신체를 소유하는 것은 아니다. 이곳의 의례에서는 언제나,
바로 이것이 캐틀린을 두렵게 만들었는데, 신체에 **고문**을 가한다.

이미 나흘 동안의 단식과 갈증 그리고 사흘 밤에 걸친 불면에 지
친 젊은이들은 한 사람씩 앞으로 나갔다. 때가 된 것이었다.

---

3) G. Catlin, *Les indiens de la Prairie*, trad. par France Franck et Alain Gheerbrant, Club des Libraires de France, 1959.〔조지 캐틀린(1796~1872)은 1829년 서부에서 온 인디언들에게 매료된 이후 일생을 인디언을 소재로 한 그림을 그리는 데 바쳤다. 1830년대 대부분을 대평원 지역과 북서부 지역의 인디언들과 함께 생활하면서 그림을 그리는 데 보냈고 1839년부터는 몇 명의 인디언들을 이끌고 미국 동부, 프랑스, 영국 등에서 개인전을 열었다. 1846년에는 파리의 살롱에도 작품을 출품하여 "강렬한" 색채로 인해 매우 주목받았다. 1850년대에는 캘리포니아의 중앙부와 남부의 인디언들과 함께 살면서 작품을 제작하였다. 그리고 그 뒤에는 남아메리카 안데스 지방을 방문하였다. 인디언의 관습을 기술한 책을 여러 권 간행하였다. 그의 작품 대부분은 스미스소니언연구소, 미국 자연사박물관에 보관되어 있다.〕

1 미국의 북다코타, 남다코타 주에 살고 있던 수Sioux어족에 속하는 부족이다. 모든 대평원 지역의 인디언들은 수어족에 속하는데 이들은 대초원에 대량 서식하는 야생 소를 중요한 식량원으로 하고 있었다. 이들은 금광 발견 등이 계속되면서 이어진 백인들의 침입에 매우 강력하게 저항하였다. 만단족도 처음에는 옥수수 경작을 하였으나 말이 도입된 이후에는 말을 이용한 야생 소의 사냥을 주된 생업으로 하였다. 18세기 말에는 인구가 약 3,600명에 달했으나 그후 천연두의 창궐과 백인들과의 전쟁 등으로 격감하여 지금은 거의 찾아볼 수 없는 지경에 이르렀다.

몸에 뚫린 구멍, 상처를 뚫고 나온 꼬챙이, 목매달기, 절단, **마지막 달리기 경주**, 찢겨 나간 살 등 잔인함을 나타내기 위한 수단은 이루 다 헤아릴 수도 없다. 그럼에도 불구하고,

> 고통을 견디는 젊은이들의 태연함 또는 오히려 평정함이라고밖에 부를 수 없는 태도는 고문 그 자체보다도 더욱 놀라운 것이었다. 그들 각자는 칼이 살을 파고들어도 전혀 얼굴 표정이 변하지 않았다. 젊은이들 중에는 내가 스케치하고 있는 것을 알아차리고 내 눈을 바라보면서 즐거운 미소를 띠는 이마저 있었다. 나는 그들의 몸을 칼로 도려내는 소리를 듣고 눈물을 멈출 수가 없었다.

부족에 따라, 지역에 따라 이러한 잔인함을 명확하게 드러내는 기법과 수단, 목적은 다르지만, 최종 목적은 항상 동일하다. 즉 고통을 겪게 한다는 것이다. 나도 다른 저작[4]에서 등 전체에 상처를 내는 구아야키족 젊은이들의 입문 의례를 기술했다. 고통은 더 이상 참을 수 없는 상태에서야 끝이 나고, 고통을 당한 자는 침묵한 채 결국 실신한다. 파라과이 쪽 차코 지방의 유명한 음바야-구아이쿠루족Mbaya-Guaycuru에서도 전사 집단에 가입하고자 하는 젊은이들은 매우 고통스러운 시련을 통과해야만 했다. 그들은 날카로운 재규어의 뼈로 성기와 다른 신체 부위를 뚫었다. 여기에서도 고통의 대가는 침묵이었다.

---

4) P. Clastres, *Chronique des Indiens Guayaki*, Paris, Plon, 1972.

사례를 수없이 들 수 있지만 그 예 모두는 단지 한 가지, 즉 원시사회의 입문 의례의 본질은 고문이라는 것을 보여준다. 그러나 신체에 가해지는 이러한 잔인함은 오로지 젊은이들의 육체적 인내력을 측정하고 사회가 그 구성원의 자격을 보증하기 위한 것인가? 의례 중에 행해지는 고문의 목적은 단순히 개인적인 가치를 드러낼 기회를 주기 위한 것인가? 캐틀린은 이러한 고전적 견해를 아주 적절하게 표현하였다.

이러한 광경에 내 마음은 아팠고 이처럼 매스꺼운 관습이 혐오스러웠다. 그러나 이와 같은 야만스러운 행위를 하게끔 만드는 미신을 지닌 인디언들을 나는 질책하고 싶지 않다. 그들이 증명해 보인 용기, 놀랄 만한 인내력, 한마디로 하자면 가장 숭고한 금욕주의 때문에 나는 진정으로 그들을 용서하고 받아들이고 싶다.

단 이러한 견해에 머무는 것은 고통의 기능을 무시하고 그것이 지닌 의미를 너무 좁게 해석하는 것이며, 고통을 통해 부족이 개개인에게 가르치고자 하는 것을 간과하는 것이 될 것이다.

5. 고문과 기억

입문 의례의 집행자는 고통의 강도가 그 정점에 달하도록 밀어붙인다. 예를 들어 구아야키 사회에서는 대나무로 만든 작은 칼이면 입사자의 살을 베는 데 충분할 것이다. 그러나 그것으로는 **충분히 고통을 줄 수**

없을 것이다. 그렇기 때문에 모서리가 있지만 너무 날카롭지 않은 돌을 사용하여 살을 자른다기보다는 찢는다. 그래서 이러한 경험을 했던 안목이 있는 남자가 개울 바닥으로 고문용 돌을 찾으러 간다.

조지 캐틀린은 만단족에도 마찬가지로 고통의 강도를 높이기 위한 조치가 있었다고 적고 있다.

> 의례를 집행하는 자는 엄지와 검지로 어깨나 가슴의 살을 1인치 이상 잡아당겨 오른손에 쥔 칼로 뚫어버렸다. 그 칼은 좀 더 고통을 주기 위해 이가 빠져 있었다.

구아야키족의 의례 집행자처럼 만단족의 샤먼 역시 전혀 동정심을 표시하지 않는다.

> 집행자는 가까이 다가온 몸을 세심하게 검사한다. 고문이 끝나기 위해서는 그들의 표현을 빌리자면 입문자가 **완전히 죽어야**, 즉 정신을 잃어야 한다.

입문 의례가 개인의 용기를 시험하기 위해 이루어진다는 것은 분명하다. 그리고 이 용기는 고통과 대비되는 침묵을 통해 드러난다고 말할 수 있다. 그러나 입문 의례가 끝난 후 이미 모든 고통이 **잊혀졌을** 때에도 되돌릴 수 없는 나머지로서, 칼이나 돌로 몸에 새겨진 **흔적들**, 그리고 상처 자국들이 남는다. 입문 의례를 받은 자는 자국이 남아 있는 자이다. 고문하는 바로 그 순간에 의례가 노리는 것은 신체에 자국을 남기는 것이다. 입문 의례를 통해 사회는 젊은이들의 신체에 사회의 각인을 새겨 넣는다. 이제 상처, 흔적, 각인은 없어질 수가 없다. 살갗 깊숙이 새겨진 그것은 고통이 단지 나쁜 기억으로밖에 남지 않게 되었을 때에도 그 고통이 공포와 전율과 함께 경험된 것임을 영원히 증명해준다. 각인은 망각에 대한 장애물이고, 신체 자체가 기억의 흔적을 간직하고, 신체가 기억이 된다.

실제로 그것은 부족이 맡긴 비밀스러운 기억, 입문 의례를 거친 젊은이가 지니고 있는 지혜의 기억을 잊지 않는 것과 관계된다. 젊은 구아야키족 사냥꾼과 젊은 만단족 전사는 어떤 지혜를 얻은 것일까? 각인은 그들이 어디에 속하는지를 명확하게 말해준다. "너는 우리와 같은 집단에 속하고, 너는 그것을 잊지 않을 것이다"라고 말해주는 것이다. 초경을 맞은 소녀의 얼굴에 잔인한 방식으로 문신을 새기는 아비폰족Abipones의 의례를 본 예수회 선교사 마르틴 도브리즈호퍼Martin Dobrizhoffer[5]는 할 말을 잃어버렸다. 그리고 문신을 하는 도중 가시바늘에 찔리는 고통을 참지 못하고 신음소리를 낸 한 소녀에게 시술하던 노파는 화가 나서 다음과 같이 소리를 질렀다.

이런 건방진 것 같으니라고! 너는 우리 종족의 쓰레기다! 가시에

---

5) M. Dobrizhoffer, *Historia de los Abipones*, Universidad Nacional del Nordeste, Facultad de Humanidades, Resistencia(Chaco), 3 vol., 1967.

약간 찔렸기로서니 참지 못하는 것은 당치도 않은 일이다! 넌 자신이 상처투성이 승리자들의 종족 출신이라는 것을 전혀 모르는 게냐? 이 약해 빠진 년이 친구들을 욕보이는구나. 너는 솜보다도 약한 것 같구나. 너는 틀림없이 결혼도 못하고 죽고 말게다. 우리 영웅들 중 누가 너를 자기와 걸맞은 상대라고 생각하겠느냐, 두렵지 않느냐?

그리고 나는 1963년의 어느 날 구아야키족 사람들이 한 젊은 파라과이 여자의 진정한 "국적"을 어떻게 확인했는지를 떠올리게 된다. 그들은 그녀의 옷을 모두 벗기고 그녀의 어깨에서 부족의 문신을 발견했다. 그녀는 어릴 적에 백인들에게 납치되었던 것이다.

개개인의 인내력을 측정하는 것과 사회적 소속을 표시하는 것이 신체에 각인을 남기는 입문 의례의 명백한 두 가지 기능이다. 그러나 진정 간직해야 하는 것은 고통 속에서 얻은 기억이 전부인 것일까? 인간은 자아의 가치와 부족 의식, 종족 의식, 국민 의식을 언제나 잊지 않기 위해서 정말로 고문을 당하지 않으면 안 되는 것일까? 전수된 비밀과 드러난 지혜는 어디에 있는 것일까?

6. 기억과 법

입문 의례란 집단으로부터 개인에게, 부족으로부터 젊은이에게 전수되는 일종의 교육이다. 그것은 일방적인 독단에 의한 교육이며 대화가 아니다. 따라서 입문자는 고문을 당하면서도 침묵하지 않으면 안 된다. 침묵하는 것은 동의하는 것이다. 그런데 젊은이들은 무엇에 동의하는 것인가? 그들은 의례를 거친 후 그들이 앞으로 될 것, 즉 공동체의 완전한 성원이 될 것을 스스로 받아들이는 데 동의한 것이다. 그 이상도 그 이하도 아니다. 그리고 그들은 불가역적인 방식으로 그러한 자로 각인된다. 입문 의례 속에서 집단이 젊은이들에게 보여주는 비밀이란 바로 이것이다. 즉 "너희들은 우리와 같은 무리에 속한다. 너희들 한 사람 한 사람이 우리와 같고 너희들은 서로 같다. 너희들은 똑같은 이름을 지니고 그 이름을 바꾸지 않을 것이다. 너희들 각각이 우리들 사이에서 똑같은 공간과 장소를 차지한다. 너희들은 그것을 지킬 것이다. 너희들 중 그 누구도 우리보다 못하지 않고 낫지도 않다. 그리고 너희들은 그것을 절대로 잊지 못할 것이다. 우리가 너희들의 몸 위에 남긴 동일한 각인이 그것을 너희들에게 계속 기억시킬 것이다."

바꿔 말하면 사회는 구성원들에게 사회의 법을 받아쓰게 하고 사회는 신체의 표면에 법의 텍스트를 새겨 넣는다. 실제로 부족의 사회생활이 뿌리박고 있는 법을 아무도 잊을 것 같지 않다.

16세기에 초기의 기록 작가들은 브라질 인디언들에 대해 신앙도, 왕도, 법도 지니고 있지 않은 사람들로 기술하였다. 확실히 이들 부족은 분리된 준엄한 법과 분화된 사회에서 소수의 몇몇이 권력을 다른 이들에게 행사하는 법을 몰랐다. 분리된 이러한 법, 왕의 법, 국가의 법을 만단족도, 구아이쿠루족도, 구아야키족도, 아비폰족도 전혀 알지 못했다. 그들이 고통 속에서 알게 된 법은 원시사회의 법이고, 그 법은 너는 그 누구보다 낫지도 않고 못하지도 않다는 것을 각자에게 말해준다. 몸에 새겨진 법은 사회분화의 위험과 사회 자체로부터 분리된 힘, 즉 사회의 통제를 벗어난 힘의 위험에 대한 원시사회의 거부를 나타낸다. 잔인하게 가르쳐진 원시의 법은 한 사람 한 사람이 잊어서는 안 될 불평등의 금지인 것이다. 집단의 본질로서의 원시의 법은 개개인의 본질이 되고 법을 완수하는 자발적인 개인 의지를 창출한다. 여기서 다시 한번 조지 캐틀린의 말을 들어보도록 하자.

> 그날 원무圓舞 중 하나는 결코 끝나지 않을 것처럼 보였다. 한쪽 다리의 살에 [꼬챙이를 꿰어] 고라니의 두개골을 매단 불쌍한 젊은이가 원 주위를 되풀이해서 돌았지만 그 무게는 줄지도 않았고 살이 찢기지도 않았다. 이 불쌍한 젊은이의 몸에 엄습한 위험을 지켜본 주위 사람들은 안타까운 비명을 질렀다. 그러나 원무는 계속되었고, 의식을 주관하는 자가 멈추라고 명령할 때까지 그것은 계속되었다.
> 이 젊은이는 매우 아름다운 소년이었다. 곧 그는 의식을 차리고 힘을 회복하였다. 그리고 찢겨서 피가 흐르는 자기 다리와 다리 살에 매달린 두개골을 일부러 바라보면서, 도전하겠다는 듯이 미소를 머금고 군중 속을 지나 초원을 향해 기어갔다(입문자는 사지에서 모든 꼬챙이들이 떨어져 나갈 때까지 어떠한 경우에도 걷지 못하게 되어 있었다). 그는 반 마일 정도 이동하여 사람들의 눈이 닿지 않는 장소에 다다라 사흘 밤낮을 누구의 도움도 없이 먹을

것도 없이 홀로 대정령大精靈에게 빌면서 지냈다. 그러는 동안에 상처가 썩어 문드러져 꼬챙이가 떨어져 나갔고 그는 팔과 무릎으로 기어서 마을로 되돌아왔다. 그는 체력이 완전히 바닥나 일어설 수조차 없었던 것이다. 사람들은 그를 치료하고 먹을 것을 주었고, 머지않아 그는 체력을 회복했다.

만단족의 젊은이를 움직인 힘은 과연 무엇이었을까? 그것은 분명 어떤 피학적인 충동이 아닌 법에 대한 충성, 즉 다른 신입자 이상도 이하도 아닌, 동등하고자 하는 의지였다.

나는 모든 법이 쓰여진 것이라고 말했다. 여기에서 이미 인정한 신체, 쓰기, 법이라는 삼자의 연대가 일정한 방식으로 재구성되고 있다. 몸에 남겨진 흉터는 원시적 법이 새겨진 텍스트이며 그런 의미에서 **몸에 대한 쓰기**이다. 원시사회는 각인의 사회라고 『앙티 오이디푸스L'Anti-Oedipe』의 저자들(질 들뢰즈, 펠릭스 가타리)은 힘차게 주장하고 있다. 그러한 의미에서 분명히 원시사회는 쓰기가 먼저 분리되어 멀리 떨어져 나간 전제적인 법, 즉 마르첸코의 동료 죄수들이 스스로의 신체에 새긴 국가의 법을 가리키는 의미에서의 쓰기는 존재하지 않는 사회이다. 그리고 진정으로 이러한 법, 즉 불평등을 뿌리내리고 보장하는 법을 거부하기 위해서, 국가의 법에 대항하기 위해서 원시의 법이 스스로를 제시한다는 것은 아무리 강조해도 지나치지 않는다. 고대적 사회, 각인의 사회는 국가 없는 사회, **국가에 대항하는** 사회이다. 모든 신체에 똑같이 새겨진 각인은 다음과 같이 선언한다. 즉 너희들은 권력의 욕망을 지니지 않을 것이고 복종의 욕망을 지니지 않을 것이다라고. 이 분리되지 않은 법은 분리되지 않은 공간, 즉 신체 그 자체 이외의 곳에 새기는 것이 불가능한 것이다.

   이미 이 모든 것을 알고 있었고, 끔찍한 참혹함을 대가로 그보다 더 끔찍한 참혹함이 출현하는 것을 막고자 한 야만인들의 감탄을 금할 수 없는 심오함, 그것은 바로 신체에 새겨진 법은 망각할 수 없는 기억이라는 것이다.*

---

* 이 글은 *L'Homme* XIII(3), 1973에 처음 실렸다.

제11장 국가에 대항하는 사회

원시사회는 국가 없는 사회이다. 그 자체로 옳은 이 사실판단은 실제로는 어떤 견해, 즉 정치인류학이 엄밀한 과학으로 구축될 수 있는 가능성을 제약하는 하나의 가치판단을 은밀히 숨기고 있다. 실제로 이 명제에 들어 있는 것은 모든 사회—우리 사회도 그 한 예이다—와 마찬가지로 원시사회도 반드시 갖추고 있어야 할 어떤 것—국가—을 원시사회가 가지고 있지 않다는 것이다. 따라서 원시사회는 불완전하다. 원시사회는 전혀 진정한 사회가 아니며—왜냐하면 국가로서 질서 잡히지 않았기 때문이다—, 하나의 결여—국가의 결여—라는 고통스러운 경험으로부터 벗어나지 못하고 그 결여를 메우려고 노력하면서도 결국은 국가를 성취하지 못하고 만다. 여행가들의 견문록과 연구자들의 저작에서 때로는 명확하게 때로는 애매하게 서술되고 있는 것이 바로 이것이다. 즉 국가 없는 사회는 생각할 수도 없고, 국가는 모든 사회의 숙명이라는 것이다. 우리는 이런 접근 속에서 대부분 무의식적이기는 하지만 매우 강력한 자민족 중심주의적 편견을 발견할 수 있다. 이러한 시각의 즉각적이고 자연스러운 준거는 가장 잘 알려진 것은 아닐지라도 가장 친숙한 것이다. 사실상 우리들의 생각 속에는 신앙을 가진 자의 믿음과 같이 내면화된, 즉 사회는 국가를 위해 존재한다는 확신이 들어 있다. 그렇다면 원시사회의 존속 자체는 보편적인 인류 역사에서 제외된 것은 아니라고 하더라도 다른 모든 지역에서 이미 뛰어넘은 역사 단계의 시대착오적 잔재로밖에 생각할 수 없는 것인가? 여기에서 우리는 앞의 확신을 보충하는 확신, 즉 역사는 단선적으로 진보하며 모든 사회는 야만 상태로부터 문명 상태로 나아간다는 자민족 중심주의의 또 다른 모습을 발견할 수 있다. "정치적으로 통합돼 있는 모든 사회는 과거에는 야만 상태였다"고 레이날Guillaume-Thomas Raynal[1]은 주장하였다. 그러나 진화를 자명한 것으로 보는 주장이 문명 상태를 그대로 국가의 문명으로 마음대로 연결시켜 후자를 모든 사회의 필연적인 도착 지점으로 상정하는 학설을 정당화시킬 수는 없다. 그렇다면 아직도 원시인들을 야만 상태에 놓여 있게 하는 것은 무엇인가 하

---

[1] 레이날(1713~1796)은 프랑스인으로 제수이트파 목사였으나 성직자의 길을 포기하고 역사 연구에 전념하여 계몽주의자들의 살롱에 출입하면서 그들과 교유하였다. 초기의 저작으로는 1748년에 낸 『영국 의회의 역사Histoire du Parlement d'Angleterre』가 있다. 1770년에 그가 비합법적으로 출판한 『두 인도의 역사Histoire des deux Indes』는 식민지 정책과 교회에 대한 비판을 담고 있었기 때문에 의회는 체포장을 발부하였고 그는 국외로 도망쳤다. 귀국과 출국을 반복한 후 1787년에 삼부회에 선출되었지만 고령을 이유로 고사하였다.

는 질문을 던질 수 있다.

실제로 오늘날의 정식화의 이면에는 낡은 진화주의가 그대로 남아 있다. 철학적 언어가 아닌 인류학적 언어로 표현되어 있어 좀 더 교묘한 모습을 띠고 있을 뿐 이 낡은 진화주의는 과학적이라고 주장되는 개념 범주에 놓여 있다. 고대적 사회가 거의 언제나 여러 가지를 결여하고 있는 부정적인 성격을 지닌 사회로 규정되는 것은 상식이 되다시피 하였다. 즉 국가 없는 사회, 무문자 사회, 역사 없는 사회가 바로 그 대표적인 예이다. 이 사회들이 경제적인 수준에서 생계경제에 머물러 있다는 규정도 똑같은 것이다. 이 표현이 원시사회는 잉여생산물을 유통시키는 시장경제를 모른다는 것을 지적하기 위해 사용된 것이라면 그것은 어떤 의미도 지니지 못하며, 마찬가지로 우리 자신의 사회를 기준으로 하여 원시사회에 결여된 점을 또 하나 들어 만족해하는 것에 불과하다. 즉 국가 없는, 무문자의, 역사 없는 사회는 또한 시장 없는 사회라는 것이다. 그러나 잉여가 없다면 시장은 무슨 소용이 있는가라는 상식적인 의문이 생긴다. 그런데 생계경제라는 착상 자체에는 다음과 같은 단정이 슬며시 숨겨져 있다. 원시사회가 잉여를 생산하지 않는 것은 겨우 생존할 수 있을 정도의 필요를 충족시키는 데 급급하여 잉여를 생산할 능력이 없기 때문이라는 것이다. 야만인의 비참한 생활이라는 오래된, 그리고 여전히 효과가 있는 이미지. 그리고 하루하루를 근근이 버텨나가는 침체 상태와 언제나 식량을 구해야 하는 영구적인 소외 상태로부터 벗어나지 못하는 원시사회의 무능력함을 설명하기 위하여 기술 장비의 부족과 기술 수준의 낙후함 등이 동원된다.

현실은 도대체 어떠한가? 자연을 절대적으로 지배하기 위해서(이는 우리 세계와, 우리 세계의 데카르트적인 어리석은 시도에서만 통용되는 것이다. 이 시도가 생태적으로 어떤 결과를 초래할 것인가는 이제 겨우 측정되기 시작하였다)가 아니라 주위의 자연을 인간의 필요에 맞게 만들기 위해서 인간이 스스로 만들어낸 기술 전체를 놓고 볼 때 더 이상 원시사회가 기술적으로 낙후되어 있다고 단정할 수는 없다. 원시사회 역시 공업화된 기술 사회가 자랑스럽게 여기는 것과 비슷한 정도로 필요를 만족시킬 수 있는 능력을 보여준다. 바꿔 말하자면 모든 인간 집단은 자신이 차지하고 있는 환경에 대해 필요한 최소한의 지배력을 확보하고 있는 것이다. 현재까지 외부로부터의 구속이나 폭력을 제외하고, 통제가 불가능한 자연 공간에 형성된 사회는 전혀 없었다. 에스키모들이나 오스트레일리아 원주민들에게서는 기술 활동의 다양함과 풍부한 상상력, 섬세함 등을 발견할 수 있고, 그들이 사용한 도구를 통해 그들이 상당한 발명의 재주와 효율성을 지니고 있었음을 엿볼 수 있다. 민족학 박물관을 한번 둘러보기만 해도 하나하나의 하찮은 일용 도구가 거의 예술 작품이라고 할 정도까지 엄밀하게 제작되었다는 것을 알 수 있다. 즉 기술적 영역에서는 우열을 찾아볼 수 없는 것이다. 고등 기술도 하등 기술도 있을 수 없다. 한 사회가 얼마나 기술을 잘 갖추고 있는가는 그 사회가 주어진 환경에서 사회의 필요를 어느 정도 만족시키는가에 따라 평가되어야 한다. 그리고 이러한 관점에서 볼 때 원시사회가 그러한 목적을 성취하기 위한 수단을 창출할 수 없었다고는 볼 수 없다. 원시사회에서 나타나는 기술적 혁신이 오랜 기간에 걸쳐 이루어진 것은 분명하다. 어떤 것도 단번에 실현된 것은 아니다. 끈질긴 관찰과 탐구, 장기간에 걸친 시행착오, 성공과 실패의 연속이 그 속에서 전개되었다. 구석기시대의 조잡한 초기 양면 석기로부터 솔뤼트레기solutréen[2]의 찬탄을 금할 수 없는 돌칼에 이르기까지 어느 정도의 시간이 필요했는가를 선사학자들은 우리에게 가르쳐주고 있다. 다른 관점에서는 농업의 발견과 식물의 재배가 구대륙과 아메리카에서 거의 같은 시기에 나타났다는 것을 들 수 있다. 아메리카 인디언들은 이용할 수 있는 식물들의 잡다하고 다양한 종을 선택하고 구별하는 기술의 면에서 구대륙보다 우수하지도 열등하지도 않았다.

인디언들에게 불행을 가져다준 금속 도구에 대한 관심에 대해서 잠시 생각해보자. 사실 이것은 원시사회의 경제와 직접적으로 관련되어 있지만 그 관련 방식은 사람들이 예상하고 있는 것과는 다르다. 이들 사회는 기술 수준이 낮기 때문에 생계경제에 머물러 있을 수밖에 없다고 많은 사람들은 생각한다. 그러나 지금 본 것처럼 이 주장에는 논리적으로나 사실적으로 어떤 근거도 없다. **논리적이지 않다는 것은** 기술의 "강도"를 측정할 수 있는 추상적인 척도가 없기 때문이다. 한 사회의 기술적 장치는 다른 사회의 장치와 **직접적으로** 비교될 수 없다. 총과 활을 대조시키는 데 활용할 수 있는 척도란 있을 수 없다. **사실적이지 않다는 것은** 고고학, 민족지, 식물학 등이 원시사회의 기술 체계가 효율성과 경제성을 지니고 있었다는 것을 증명해주고 있기 때문이다. 따

---

[2] 월계수 잎사귀 꼴의 돌칼이 특징이었던 구석기 시대 후기.

라서 원시사회가 생계경제에 기초하고 있는 것은 기술적인 노하우가 없기 때문이 아니다. 진짜 물어야 할 것은 이들 사회의 경제가 과연 생계경제인가 하는 문제이다. 만약 우리가 말에 어떤 의미를 부여한다면, 생계경제란 시장이 없고 잉여 생산이 없는 경제—이는 단지 자명한 진리인 차이를 확인하는 것에 불과하다—라는 것에 만족하지 않는다면, 우리는 사실 이런 유형의 경제는 그 사회의 존속만을 유지할 수 있다는 것과, 그 사회는 그 사회의 구성원에게 생존에 필요한 최소한의 것을 제공하기 위해 항상 생산력의 총체를 동원해야 한다는 것을 주장하는 것이다.

이것은 뿌리 깊은 편견이며, 동시에 이 견해와 서로 모순되면서 마찬가지로 널리 퍼져 있는 또 하나의 관념인 야만인들은 게으르다는 관념과 기묘하게 결합되어 나타난다. 우리 문화에서 인구에 회자되고 있는 표현으로 "검둥이처럼 일한다"라는 말이 있는데, 남아메리카에서는 "인디언처럼 게으르다"라고 말한다. 그렇다면 다음의 두 가지 중 하나만을 받아들일 수밖에 없다. 즉 아메리카나 그 이외의 원시사회에서 사람들은 생계경제하에서 살아가고 그들의 대부분의 생활은 식량을 찾는 데 할애된다는 것과, 아니면 그들은 생계경제에 놓여 있지 않으며 그물침대에 누워 담배를 피우고 여가를 즐긴다는 것 중 하나이다. 후자야말로 브라질 인디언들을 처음 목격한 유럽인들에게 강한 인상으로 남은 광경이었다. 그들은 건강미 넘치는 장년의 남자들이 밭에서 일하지 않고 여자처럼 몸에 그림을 그려 넣거나 깃털로 장식하는 것을 좋아하는 것을 크게 비난하고 있다. 분명히 이들은 일을 해서 먹을거리를 장만해야 한다는 사실을 고의로 무시하고 있었다. 그것은 분명 지나친 것이었고, 또 오랫동안 지속되지 못했다. 인디언들은 곧바로 일에 투입됐고 그들은 일을 하다가 죽기도 하였다. 서구 문명은 분명히 그 여명기부터 두 가지의 공리에 따라 이룩되어왔다고 생각한다. 즉 첫 번째 공리는 진정한 사회는 국가의 비호 아래 전개된다는 것이다. 그리고 두 번째 공리는 일을 하지 않으면 안 된다는 정언명령이다.

실제로 인디언들은 거의 일을 하지 않았다. 그럼에도 불구하고 그들은 굶어죽지 않았다. 그 시대의 연대기들은 하나같이 어른들과 아이들의 건강한 모습, 풍부하고 다양한 먹을거리 등을 묘사하고 있다. 결국 여러 인디언 부족들의 생계경제는 모든 시간을 식량을 얻는 데 투여하는 고통스러운 것과는 전혀 다르다. 그들의 생계경제는 생산 활동에 주어진 시간이 매우 적다는 것과 관련된 것이다. 예를 들어 남아메리카의 농경민인 투피-과라니족의 사례를 들어보자. 이들의 게으름에 대해 프랑스인도 포르투갈인도 대단히 짜증을 냈다. 인디언들의 경제생활은 주로 농업에 기초하고, 여기에 사냥과 어로 그리고 채집이 병행되었다. 한 토지는 4~6년 동안 계속 경작된 뒤에 폐기되었다. 그 이유는 지력이 고갈되었거나 아마도 개간한 토지에 제거하기 어려운 기생식물이 많이 자랐기 때문이었을 것이다. 중노동이 요구되는 부분은 필요한 면적을 돌도끼와 불을 이용하여 개간하는 작업인데, 이는 남자들이 했다. 우기가 끝날 즈음에 이루어지는 이 작업에는 남자들이 1~2개월 정도 동원되었다. 농사의 나머지 부분―씨뿌리기, 제초하기, 추수하기―은 거의 대부분 노동의 성별 분업에 따라 여자들이 했다. 그리하여 다음과 같은 행복한 결론이 도출된다. 즉 인구의 절반을 차지하는 남자들은 4년마다 2달만 일했던 것이다! 나머지 시간은 남자들로서는 고통이 아니라 즐거움인 사냥과 어로, 놀이와 음주 그리고 마지막으로 그들이 열정적으로 좋아하는 전쟁을 하는 데 쓰였던 것이다.

이러한 질적이면서도 인상적인 정보는 현재 진행 중인 연구를 포함한 최근의 연구와 명쾌하게 들어맞는다. 이들 연구는 생계경제 사회의 노동시간을 계산하고 있기 때문에 엄밀하게 논증적인 성격을 지니고 있다. 이에 따르면 칼라하리 사막의 수렵 채집민들도, 정착 농경민인 아메리카 인디언들도 보통 하루의 평균 노동시간이 4시간을 넘지 않는다는 것을 알 수 있다. 베네수엘라 아마존 유역에 사는 야노마미 인디언들과 여러 해 동안 살아온 리조는 그 사회의 성인이 하루 노동하는 시간은 모든 활동을 포함하여 3시간을 약간 넘는 정도라는 것을 조사를 통해 밝혔다. 우리가 직접 파라과이의 삼림지대에 거주하는 이동 수렵민인 구아야키족들에 대해 비슷한 조사를 수행하지는 않았지만, 우리는 그들이 남녀 모두 하루 중 적어도 절반 정도는 거의 아무것도 하지 않고 지냈다는 것을 분명히 말할 수 있다. 왜냐하면 사냥과 채집은 대개 아침 6~11시 사이에 이루어지고 그것도 매일 행하는 것이 아니기 때문이다. 현재 남아 있는 원시인들에 대해서 똑같은 연구를 한다면 생태적 차이를 고려한다 하더라도 거의 비슷한 결과를 얻게 될 것이다.

그래서 우리는 생계경제가 전혀 비참한 생활 속에 놓여 있지 않았다는 것을 알 수 있다. 원시사회의 인간은 살아남기 위해서 언제나 식량을 찾아다녀야만 하는 동물적인 상태에 있지 않았을 뿐만 아니라, 매우 짧은 시간만 일하고서도 생존—아니 그 이상—을 확보하였다. 이 것은 원시사회가, 원하기만 한다면, 물질적 재화의 생산을 늘리기 위해 필요한 시간을 충분히 가지고 있다는 것을 뜻한다. 그렇다면 다음과 같은 의문이 생긴다. 상식적으로 그들 사회에서는 왜 하루 서너 시간의 활동만으로도 집단의 필요가 충족되는데 좀 더 많이 일해서 더 많이 생산하려고 하지 않는가? 그들이 더 많이 생산하기 위해 좀 더 일하는 것은 집단에 어떤 이점을 주는가? 그렇게 하여 축적된 잉여는 어떤 쓸모가 있는가? 그 잉여를 사용하는 것은 누구인가? 인간이 자기의 필요 이상으로 노동하는 것은 언제나 강제에 의해서이다. 그런데 그러한 강제가 원시사회에서는 존재하지 않는다. 이 외부적인 힘이 없다는 것이 원시사회의 본질을 규정한다. 그리하여 생계경제라는 용어는 이러한 사회의 경제조직의 특징을 나타내는 것으로 받아들여질 수 있다. 단 이 용어가 원시사회와 그 사회의 기술이 지니고 있는 어떤 결함, 즉 어떤 필연적인 무능력함을 의미하는 것이 아니라 오히려 반대로 불필요한 과잉에 대한 거부이자 필요의 충족과 조화시켜 생산 활동을 전개하고자 하는 의지를 의미하는 한에서만 그렇다는 것이다. 더욱이 좀 더 면밀히 살펴보면 원시사회에 실제로 잉여 생산이 있다는 것을 알 수 있다. 즉 농작물(카사바, 옥수수, 담배 등)의 생산량은 항상 집단의 소비에 필요한 양을 초과하며, 더구나 이 생산 초과분은 일상적인 노동시간을 투여하여 얻어진 것이다. 과잉 노동을 하지 않고 얻어진 이 잉여는 본래적 의미의 정치적 목적을 위해 정기적인 축제나 초대연, 외부인의 방문 등의 기회에 소비되어 소진된다. 돌도끼에 비해 철제 도끼가 여러 이점을 지닌다는 것은 너무나도 명백한 사실이다. 똑같은 시간을 들였을 때 후자는 전자의 거의 10배의 작업을 할 수 있고 거꾸로 같은 일을 전자의 10분의 1의 시간에 마칠 수 있다. 그리고 인디언들이 백인들의 도끼가 생산성이 높다는 것을 알았을 때 그것을 탐낸 이유는 같은 시간에 10배를 생산하기 위한 것이 아니라 같은 일을 10분의 1의 시간에 끝마치기 위한 것이었다. 그러나 실제로 일어난 것은 정반대의 일이었다. 왜냐하면 철제 도끼와 함께 원시의 인디언 세계에 새로 온 문명인들이 야만인들에게 폭력, 강제력, 권력을 가져다주었기 때문이다.

원시사회는, 리조가 야노마미족에 대해 적어놓은 것처럼, 일을 거부하는 사회이다. 즉 "야노마미족은 분명히 일을 멸시하고 기술 진보 자체에 대해 무관심하다."[1] 원시사회가 최초의 여가 사회이자 풍요로운 사회라는 살린스M. Sahlins의 표현은 적절하면서도 흥미롭다.

원시사회에 대한 경제인류학을 독자적인 분야로 수립하고자 하는 계획이 어떤 의미를 지니고 있다면, 그것은 단순히 그 사회의 경제생활만을 고려해서는 성립할 수 없다. 그렇게 하는 것은 고작 기술하는 민족학, 즉 원시사회의 생활의 **비자율적인** 차원을 기술하는 데 머무는 것에 불과하다. 오히려 이 "총체적인 사회적 사실"의 차원이 하나의 자율적 영역으로 구성될 때에만 경제인류학이라는 착상이 근거를 지

---

[1] J. Lizot, "Economie ou société? Quelques thèmes à propos de l'étude d'une communauté d'Amérindiens", *Journal de la Société des Américanistes* 9, 1973, pp. 137~175.

니게 된다. 즉 노동에 대한 거부가 사라지고 여가를 향유하는 대신에 축적하고자 하는 경향이 생겨날 때, 한마디로 말하자면 앞에서 언급한 외부적 힘, 그것이 없었다면 야만인들이 여가를 향유하는 것을 포기하지 않았을 힘이자 원시사회로서의 사회를 파괴하는 힘이 사회구성체 내부에 나타났을 때 경제인류학은 근거를 지니게 된다. 그 힘은 구속력이자 강제력인 정치권력 자체이다. 그런데 바로 그때부터 인류학은 경제인류학이기를 그치고, 즉 이른바 대상을 포착해냈다고 생각한 순간에 그 대상을 잃어버리고, 경제는 정치가 된다.

  원시사회의 인간에게 있어서 생산 활동은 정확히 필요의 충족에 의해 측정되며 제한된다. 여기서 말하는 필요란 기본적으로 에너지의 필요이며, 생산은 소비된 에너지의 양을 원래 수준으로 채우는 것으로 한정된다. 다른 말로 하면—축제 때의 사회적 소비를 위한 재화의 생산에 있어서—재생산에 필요한 시간의 양을 확립하고 결정하는 것은 자연으로서의 생명이다. 즉 일단 에너지의 필요를 완전히 충족시키고 나면 원시사회가 그 이상의 것을 생산하도록, 달리 말하면 어떤 목적도 없는 노동을 위하여 시간을 사용하거나 소외시키도록 유도하는 것은 아무것도 없다. 게다가 그 시간을 게으름을 피우거나 놀이나 전쟁 또는 축제를 하는 데 쓸 수 있다는 점에서 더욱 그러하다. 원시인과 생산 활동 사이의 이러한 관계는 어떤 조건하에서 변화하게 되는가? 생산 활동이 에너지 충족 이외의 목적을 지니게 되는 것은 어떤 조건하에서인가? 이것이야말로 소외된 노동으로서의 노동이 어떻게 나타나게 되었는가에 대한 질문이다.

본질적으로 평등 사회인 원시사회에서 인간은 스스로의 활동의 주인이자 그 활동에 의한 생산물의 유통의 주인이다. 즉 교환율이 인간과 그의 생산물 사이의 직접적 관계를 매개한다 할지라도 그는 자기 자신만을 위해서 행동한다. 따라서 생산 활동이 초기의 목적에서 벗어날 때, 오직 자신만을 위해서 생산하던 원시인이 **교환도 호혜성도 없이** 다른 사람을 위해 생산할 때 모든 것이 혼란에 빠지게 된다. 그때, 즉 교환의 평등주의적 규칙이 사회의 "민법규칙code civil"으로 작동하지 못하고 생산 활동이 다른 이의 필요를 충족시키기 위해 이루어지며 교환의 질서가 부채의 공포로 무너질 때 우리는 노동에 대해 말할 수 있게 된다. 그리고 바로 거기에서 아마존의 야만인과 잉카제국의 인디언 사이의 차이점을 발견할 수 있다. 모든 점을 고려할 때 전자는 살기 위해서 생산을 하는 데 반해 후자는 자기를 위한 생산과 더불어 타인들, 즉 일하지 않고 그에게 '너희들은 우리에게 빚지고 있는 것을 지불해야만 한다. 너희들은 영원히 우리에게 빚진 것을 갚아나가지 않으면 안 된다'라고 명령하는 주인들을 먹여 살리기 위해서 일한다.

원시사회에서 경제적인 것이 확연히 구별되고 자율적인 영역으로 정의되며, 생산 활동이 그 노동의 성과를 향유하는 자들에 의해 강제되고 계산되어 소외된 노동이 되는 것은 사회 자체도 이미 지배자와 피지배자, 주인과 하인으로 분화된 사회가 되었다는 것이며 원시사회를 파괴하게 될 요소들인 권력과 권력에 대한 경의가 작동하는 것을 막을 수 없게 되었다는 것이다. 노동 분업도 포함해서 다른 모든 분화의 기초가 되는 사회의 주된 분화는 기저로부터 정점까지 사물을 새롭게 수직적으로 배열하는 것이고, 군사적으로나 종교적으로 힘을 가진 자들과 그 힘에 종속되는 자들 사이의 거대한 정치적 단절이다. 권력이라는 정치적 관계는 착취라는 경제적 관계에 선행하며 그것을 만들어낸다. 소외는 경제적 소외이기 이전에 정치적 소외이다. 권력은 노동에 선행하며, 경제적인 것은 정치적인 것의 파생물이고, 국가의 생성이 계급의 출현을 규정한다.

  원시사회의 성격은 불완전함, 불충분함, 결여 등으로 규정될 수 없다. 오히려 그것은 어떤 적극적인 것으로서, 자연환경과 사회적 계획의 지배로서, 스스로의 사회 존재를 변질시키고 부패시키며 해체시킬 수 있는 것을 외부에 드러내지 않는 의지로서 규정되어야 한다. 이 점을 확실히 놓치지 말아야 한다. 즉 원시사회는 나중에 출현할 사회의 미성숙한 배아가 아니며 무엇인가 이상한 병에 의해 "정상적" 발전을 하지 못하고 있는 사회체가 아니다. 그 사회는 미리 그려져 있으나 사후적으로만 알 수 있는 최종 단계로, 즉 우리 자신의 사회 체계로 곧바로 이어지는 역사적 논리의 출발점에 위치하는 것이 아니다. (만약 역사가 그러한 논리라고 한다면 어떻게 아직도 원시사회들이 존재할 수 있는가?) 앞서 말한 모든 것들은 경제생활의 수준에서, 원시사회의 노동과 생산에 매몰되는 것에 대한 거부, 공급을 사회-정치적 필요에 의해 제한하는 결정, 본질적으로 불가능한 경쟁―원시사회에서 가난한 자들 속에 부자가 존재한다는 것이 무슨 소용이 있는가―, 짧게 말하자면, 명시하지는 않았지만 이미 언급한 불평등의 금지로 표현된다.

  원시사회의 경제가 정치적이지 않은 것은 무엇 때문인가? 그것은 원시사회에서 경제가 자율적인 방식으로 작동하지 않는다는 명백한 사실 때문이다. 이런 의미에서 원시사회는 경제를 거부하기 때문에 경제 없는 사회로 존재한다고도 말할 수 있다. 그렇다면 이 사회에는 정치라는 것도 없다고 규정해야 할 것인가? 우리가 "법도 없고 왕도 없는" 사회를 다루고 있기 때문에 정치적인 것의 장 역시 없다는 것을 인정해야만 할 것인가? 이렇게 우리는 다른 사회의 모든 차원에서 "결여"를 발견하는 고전적인 자민족 중심주의의 전철을 밟게 되는 것은 아닐까?

이렇게 해서 원시사회에서의 정치적인 것의 문제가 등장하게 되었다. 그것은 단순히 전문가들의 손에만 맡겨져야 할 "흥미 있는" 문제가 아니며, 민족학이 (구축해야만 할) 사회와 역사의 일반 이론으로 영역을 넓히는 데 반드시 필요한 문제이다. 그러나 사회조직의 유형이 엄청나게 다양하고, 시공간상에 서로 다른 모습의 사회들이 수없이 많이 존재한다는 것이 불연속 속에서의 어떤 질서의 가능성, 차이의 무한한 복잡성을 환원할 가능성을 없애지는 못한다. 그것은 거시적 환원이다. 왜냐하면 실제로 역사는 상호 절대로 환원될 수 없는 두 가지 유형의 사회를 우리에게 보여주고 있고, 그 각각이 서로의 차이를 넘어 기본적으로 공통적인 무엇인가에 따라 모여지는 일군의 사회를 결집하는 거시적인 분류의 틀을 형성하기 때문이다. 즉 하나는 원시사회 또는 국가 없는 사회이고 다른 하나는 국가를 가진 사회이다. 모든 사회의 논리적 위치를 지정하고 각 사회들 사이에 환원이 불가능한 불연속적인 선을 긋는 것은 바로 국가기구(이는 다양한 형태를 띨 수 있다)가 존재하는가 부재하는가의 여부이다. 국가의 출현은 야만인과 문명인 사이의 거대한 유형 분할을 낳았고 건널 수 없는 단절을 새겨놓았다. 그 단절의 건너편에서는 모든 것이 변한다. 왜냐하면 그곳에서는 시간이 역사가 되기 때문이다. 사람들은 종종 세계사의 운동의 리듬을 결정적으로 가속시킨 두 시기가 있었다고 하는데, 그것은 틀리지 않았다. 첫 번째 가속의 동인은 이른바 신석기 혁명이라고 불리는 것(동물의 가축화, 농업, 직조 및 토기 제작 기술의 발견, 뒤이은 인간의 정착 생활화 등)이었다. 우리 자신은 여전히 또는 점점 더 두 번째 가속기인 19세기 산업혁명의 연장선 속에서 살아가고 있다.

 신석기시대의 단절은 분명히 이전의 구석기시대 사람들의 물질적 생활 조건에 커다란 변화를 가져왔다. 그러나 이 변화가 사회의 존재 자체를 가장 깊숙한 부분에서부터 바꿀 정도로 근본적인 것이었을까? 신석기시대 이전인지 신석기시대 이후인지에 따라 사회 체계의 기능이 달라졌다고 말할 수 있을까? 민족지적 증거들은 오히려 그 반대라고 말해주고 있다. 신석기시대 혁명이 가져온 것 중에서도 이동 생활에서 정착 생활로의 이행은 안정적인 인구 집중화를 통해 도시의 형성과 뒤이어 국가 장치의 형성을 가능하게 했다는 점에서 가장 중요한 결과로 평가되고 있다. 그러나 이 논리 속에는 농업이 빠진 모든 기술 "복합"을 이동 생활로 간주하는 가정이 포함되어 있다. 그러나 이는 민족지적 증거를 통해서 볼 때 틀린 것이다. 수렵, 어로, 채집이 반드시 이동 생활 방식을 가져오는 것은 아니다. 아메리카나 그 밖의 여러 지역에서 농경 생활을 하지 않으면서도 정주 생활을 하는 사례들을 발견할 수 있다. 이러한 사례들은 생태학적으로 농업에 적합하지만 농경

생활을 하지 않는 사회가 있다면 그 이유는 그 사회가 무능하고 기술적으로 뒤떨어지며 문화적으로 열등하기 때문이 아니라 아주 단순하게 그들이 농경 생활을 할 필요를 느끼지 않았기 때문이라는 가정이 옳다는 것을 뒷받침해준다.

콜럼버스 이후의 아메리카 역사에서는 기술혁명(말[馬]의 획득과 부가적으로는 화기의 획득)의 결과 농업을 버리고 거의 전적으로 사냥에 종사하는 것을 선택한 정착 농경민의 사례가 발견된다. 사냥의 생산 효율은 말을 이용함으로써 엄청나게 커진 기동성으로 인해 증대되었다. 일단 말을 타는 데 익숙해지자 북아메리카 대평원 지대의 부족들과 남아메리카 차코 지방의 부족들은 이동의 강도와 범위를 확대하였다. 그렇지만 그들의 이동 생활은 기본적으로 (파라과이의 구아야키족과 같은) 수렵 채집민 무리의 이동 생활과는 완전히 달랐고, 그들의 농업 포기는 인구 분산이나 이전의 사회조직의 변화를 가져오지 않았다.

대다수 사회의 수렵에서 농업으로의 이행과 몇몇 사회의 농업에서 수렵으로의 반대되는 이행으로부터 우리는 무엇을 배울 수 있는가? 그것은 이러한 변동이 사회의 성격을 완전히 바꾸지 않고도 이루어진다는 것, 사회의 물질적 생활 조건이 완전히 변화하는 경우에도 사회 자체는 변화하지 않고 유지된다는 것이다. 신석기 혁명이 당시의 인간 집단의 물질생활에 커다란 영향을 미쳐 생활을 편하게 해주었다고 하더라도 그것이 기계적으로 사회질서의 전복을 가져오지는 않았다. 바꾸어 말하면 원시사회들에 관한 한, 맑스주의자들이 경제적 하부구조로 명명한 수준에서의 변화는 정치적 상부구조에 "반영되어" 그것을 규정하지 않는다. 왜냐하면 후자는 물질적 기초로부터 독립되어 있기 때문이다. 아메리카 대륙의 사례는 경제와 사회가 서로 자율성을 지니고 있다는 것을 명료하게 보여준다. 이동 생활을 하는지에 상관없이 수렵-어로-채집민 집단은 그들과 이웃한 정착 농경민들과 똑같은 사회-정치적 특성을 지니고 있다. 즉 상이한 "하부구조"에 동일한 "상부구조"를 지니고 있는 것이다. 반대로 농업에 의존하는 중앙아메리카 사회들—여러 제국 사회들, 국가를 가진 사회들—은 다른 지역보다 집약적인 농경을 행하고는 있지만 기술 수준의 측면에서 보자면 열대우림 지역의 "야만적인" 부족과 매우 비슷한 수준에 머물러 있다. 즉 한 사례는 국가 없는 사회이고 다른 사례는 완성된 국가를 지닌 사회라는 점에서 동일한 "하부구조"에 상이한 "상부구조"를 지니고 있는 것이다.

따라서 결정적인 것은 분명 정치적 단절이지 경제적 변화가 아니다. 인류의 선사시대에 일어난 진정한 혁명은 이미 존재하는 사회조직을 그대로 온존시킬 수 있었던 신석기 혁명이 아니라, 바로 정치혁명, 신비하고 돌이킬 수 없으며 원시사회의 종말을 가져온 이러한 정치혁명의 출현이다. 우리는 그것을 국가라는 이름으로 알고 있다. 그래도 하부구조와 상부구조라는 맑스주의 개념을 옹호하고 싶다면 아마도 하부구조는 정치의 영역이고 상부구조는 경제의 영역이라는 것을 인정해야 할 것이다. 오직 하나의 근본적이고 구조적인 대전환만이 원시사회를 변형시키고 파괴시킬 수 있다. 즉 위계적 권위, 권력관계, 인간의 복종, 국가의 부재라는, 원시사회를 정의하는 요소들이 원시사회의 내부 또는 외부에서 나타나게 하는 것이다. 이 대전환의 원인을 원시사회 내부의 생산관계의 가설적 변화, 즉 사회를 부자와 가난한 자, 착취자와 피착취자로 점진적으로 분화시키면서 전자의 후자에 대한 권력 행사 기관의 설립, 즉 국가의 출현을 기계적으로 이끄는 변화 속에서 찾는 것은 전혀 쓸데없는 짓이다.

이처럼 경제적 기초의 변화를 출발점으로 하는 이론은 가설적일 뿐만 아니라 불가능하기도 하다. 한 사회의 생산 체제가 재화의 생산을 증가시키고자 노동 강도를 높이는 쪽으로 변화하기 위해서는 그 사회의 구성원들이 스스로의 생활양식의 변화를 원하거나, 그것을 원하지 않는다면 외적 폭력에 의해 그것을 강요당해야만 한다. 후자의 경우에, 권력의 새로운 주인의 필요를 충족시키기 위해 더 많이 노동하고 생산하는 생산 체제로 변화함으로써 외부의 힘의 침략을 겪는 사회 자체의 내부에서는 아무것도 일어나지 않는다. 정치적 억압이 착취를 결정하고 불러일으키며 가능하게 해준다. 그러나 이러한 "시나리오"를 제시하는 것은 아무런 쓸모가 없다. 왜냐하면 그것은 국가 폭력의 외부적이고 우발적이며 즉각적인 기원을 가정하고는 있지만 국가 출현의 내부적인 사회-경제적 조건의 완만한 현실화를 상정하고 있지 않기 때문이다.

국가는 지배계급이 피지배계급에 대해 폭력적 지배를 행사할 수 있도록 해주는 도구로 일컬어지고 있다. 일단 이것이 옳다고 가정해보자. 그렇다면 국가가 출현하기 위해서는 먼저 사회가 착취 관계로 묶여진 적대적인 계급들로 분화되어 있어야만 한다. 따라서 국가 기계의 출현에 앞서 사회의 **구조**—계급으로의 분화—가 있는 것이다. 내친 김에 국가를 순수한 도구로 보는 이러한 이론이 지닌 근본적인 취약성에 대해 살펴보도록 하자. 만약 사회가 피지배자를 착취할 수 있는 지배자에 의해 조직되어 있다면 그러한 소외를 강제하는 능력은 강제력의 사용, 즉 국가의 실체substance 자체를 구성하는 "합법적인 물리적 폭력의 독점"에 기초하고 있는 것이 된다. 그렇다면 국가라는 존재는 도대체 왜 반드시 있어야만 하는 것인가? 왜냐하면 국가의 본질—폭력—이 사회의 분화 속에 내재하기 때문이고, 그런 의미에서 폭력은 한 사회집단이 다른 여러 집단에 대해 행사하는 억압 속에 이미 내포되어 있기 때문이다. 그것은 이미 다른 장에서 충족된 기능을 수행하는 쓸모없는 기관일 뿐이다.

  국가 기계의 출현을 사회구조의 변환에 결부시키는 것은 그 출현의 문제를 다시 지체시키는 것에 불과하다. 실제로 그러면 원시사회, 즉 분화되어 있지 않은 사회 속에서 지배자와 피지배자라는 새로운 구분이 왜 나타나는지를 자문해야 한다. 국가의 형성을 정점으로 하는 변환의 원동력은 무엇인가? 국가의 출현은 그에 앞서 나타난 사유재산의 정당성을 인정하는 것이고 국가는 사유재산 소유자의 대표이자 보호자라고 대답할 수 있다. 그것도 받아들이도록 하자. 그러나 재산의 소유를 거부하기 때문에 사유재산이 존재하지 않는 사회의 내부에서 무엇 때문에 사유재산이 출현하는 것인가? 어느 날 몇몇 사람이 이것은 내 것이다라고 선언하는 이유는 무엇인가, 그리고 어떻게 다른 이들은 권위와 억압, 국가라는, 원시사회가 알지 못하는 것의 씨앗이 퍼져

나가는 것을 허용하는가? 원시사회에 대해 현재 알고 있는 지식의 수준에서 정치적인 것의 기원을 경제적인 것의 수준에서 찾는 것은 쓸데없는 일일 뿐이다. 국가의 뿌리는 경제라는 대지 속에 박혀 있는 것이 아니다. 국가 없는 사회, 즉 원시사회의 경제적 작용 속에서 좀 더 잘 사는 자와 못사는 자의 차이를 만들어낼 수 있는 것은 아무것도 없다. 왜냐하면 그곳에는 이웃보다 더 많이 일하거나, 더 많이 갖거나, 더 낫게 보이고자 하는 이상한 욕망을 지닌 사람이 한 사람도 없기 때문이다. 전원에게 동등하게 나누어진, 물질적 필요를 충족시키는 능력과 재화의 사적 축적을 막는 지속적인 교환은 그러한 욕망, 즉 사실은 권력의 욕망인 소유의 욕망을 자연스럽게 불가능하도록 만든다. 최초의 풍요로운 사회인 원시사회는 과도한 풍요로움을 향한 욕망을 허용하지 않는다.

원시사회는 국가가 존재하는 것이 불가능하기 때문에 국가 없는 사회이다. 그런데 모든 문명인들도 원래는 원시인들이었다고 한다면 무엇이 국가를 불가능하지 않게 만든 것일까? 왜 사람들은 원시 상태로부터 벗어나게 되었을까? 어떤 엄청난 사건과 혁명이 전제적 지배자, 즉 복종하는 이들에게 명령을 내리는 자가 출현할 수 있도록 만들었는가? 정치권력은 어디로부터 나타나게 되었는가? 아마 지금부터 당분간 이 기원의 문제는 수수께끼로 남아 있을 것이다.

국가 출현의 조건을 명확히 하는 것은 아직 불가능하다고 하더라도 반대로 그것이 출현하지 않는 조건을 해명하는 것은 가능하다. 이 책에 모은 텍스트들은 국가 없는 사회에서 나타나는 정치적인 것의 공간의 윤곽을 그려보고자 한 시도들이다. 신앙도 법도 왕도 없다는 16세기 서구 사회의 인디언들에 대한 기술을 모든 원시사회들로 확장하는 것은 어렵지 않다. 오히려 이것이야말로 판별의 기준이라고 말할 수 있다. 즉 어떤 사회에 법의 합법적 원천인 왕, 다시 말해 국가 기계가 없다면 그것이 원시사회인 것이다. 거꾸로 말하면 그곳에서 행해지고 있는 사회-정치체제가 어떤 형태를 띠고 있든지에 상관없이 모든 비원시사회는 국가를 가진 사회이다. 그렇기 때문에 모든 고대적 전제 체제―왕, 중국이나 안데스의 황제, 이집트의 파라오―, 좀 더 새로운 군주제―짐이 곧 국가다―그리고 서구의 자유주의적 자본주의나 다른 지역의 국가 자본주의 등을 동일한 분류 범주에 넣을 수 있는 것이다.

즉 부족사회에는 왕이 없고 단지 국가의 추장이 아닌 추장이 있다. 이는 무엇을 의미하는가? 그것은 추장이 일체의 권위와 강제력, 명령을 내릴 수 없다는 것을 뜻한다. 추장은 명령을 내리는 자가 아니며 부족민들은 복종해야 할 어떤 의무도 갖고 있지 않다. 추장제의 공간은 권력의 장이 아니며 원시사회의 "추장"은 앞으로 나타날 전제군주의 모습과는 전혀 다르다. 국가 장치가 원시사회의 추장제로부터 출현할 수 없다는 것은 분명하다.

어떤 점에서 부족의 추장은 국가 수장의 맹아적 모습이라고 할 수 없는가? 어떤 점 때문에 야만의 세계에서 국가를 예견하는 것이 불가능한가? 이 근원적인 불연속성―이것이야말로 원시사회의 추장제에서 국가 기계로의 점진적 이행을 생각할 수 없게 만든다―은 논리적으로 정치권력을 추장제의 외부에 위치하게 하는 배제 관계에 기초하고 있다. 여기서 다루고 있는 것은 권력 없는 추장, 본질적으로 권위와 거리가 먼 제도인 추장제이다. 지금까지 분석한 추장의 기능은 권위의 기능을 포함하고 있지 않다는 것을 확실히 보여주었다. 추장의 임무는 개인들, 가족들, 동족들 사이에서 나타나는 분쟁을 해결하는 것이고, 추장은 질서와 조화를 되찾기 위해서 사회가 그에게 인정한 위신 이외의 수단은 지니지 않는다. 그런데 위신은 물론 권력을 의미하는 것이 아니며 추장이 조정자로서의 임무를 수행하는 유일한 수단은 말을 독점적으로 사용하는 것뿐이다. 그나마 추장은 재판관이 아니기 때문에 대립하는 두 진영을 조정하는 것도 아니고 또한 어느 쪽의 편도 들 수 없다. 그는 자신의 언변만으로 무장한 채 사람들을 조용히 잠재우고 서로 비난을 멈추게 하며 언제나 상호 이해 속에서 생활했던 조상들을 따르자고 설득하기 위해 말을 사용하는 것이다. **추장의 말은 법적 효력을 지니지 못하기 때문에** 그의 노력이 성공할지 여부는 알 수 없다. 설득이 제대로 통하지 않으면 분쟁은 폭력을 통해 해결되게 된다. 그렇게 되면 추장은 사람들이 그에게 기대하는 것을 수행할 능력이 없는 것으로 판명되어 위신을 지닐 수 없게 된다.

  어떻게 하여 한 남자가 추장으로 적당하다고 부족에 의해 판정되는가? 결국 그것은 그 남자의 "기술적" 능력, 즉 그의 말솜씨와 사냥꾼으로서의 노하우, 공격이나 방어를 할 때 군사행동을 조직할 수 있는 능력 등이다. 그리고 부족은 어떤 형태로든 추장이 그의 기술적 한계를 뛰어넘는 것을 허용하지 않고 우월한 기술적 능력이 정치적 권위로 전화하는 것을 인정하지 않는다. 추장은 사회에 봉사하기 위해 존재하며 사회—권력의 진정한 장場—가 그 자체로서 추장에 대해 권위를 행사하는 것이다. 따라서 추장이 이 관계를 스스로의 이익을 위해 뒤바꾸어 자신을 위해 사회를 봉사시키고 권력이라고 명명한 것을 부족에 대해 행사하는 것은 불가능하다. 원시사회는 추장이 전제군주로 전화하는 것을 용납하지 않는다.

부족이 추장을 어떤 공간에 집어넣고 빠져나올 수 없도록 한다는 의미에서 그는 일종의 빈틈없는 감시 아래 놓여 있는 죄수이다. 그런데 추장은 그곳으로부터 나오고자 하는가? 추장이 우두머리가 되고자 하는 일이 진짜로 있을까? 집단의 이해와 집단에 대한 봉사를 저버리고 자기 자신의 욕망을 만족시키고자 하는 일이 과연 있는가? 사회가 다른 모든 이들과 마찬가지로 지도자의 행위에도 부과하는 엄격한 통제—그것은 원시사회의 성격 자체에서 나타나는 것으로 의식적이거나 계획적인 감시는 아니다—에 의해, 추장이 원시사회의 법, 즉 너는 다른 이들보다 나은 존재가 아니다라는 법에 위배되는 상황에 빠지는 경우는 드물다. 그러나 드물기는 하지만 아주 없는 것은 아니다. 때때로 어떤 추장이 **추장답게** 해보고자 하는 일이 일어난다. 그것도 마키아벨리적인 계산에 의한 것이 아니라 오히려 다른 선택을 할 수 없어 어쩔 수 없이 그렇게 하는 것뿐이다. 이에 대해서 설명해보도록 하자. 일반적으로 추장은 집단과의 정상적인 관계(규범에 들어맞는 관계)의 전복, 즉 부족에 대한 봉사자에서 부족의 주인으로의 전복을 시도하지 않는다(그런 일을 꿈조차 꾸지 않는다). 아르헨티나의 차코 지방에 거주하는 아비폰족의 전쟁의 추장인 대추장 알라이킨Alaykin의 말이 이러한 정상적인 관계를 매우 잘 보여준다. 그것은 아비폰족이 바라지 않는 전쟁에 그들을 끌어들이려고 설득하는 스페인 관리에게 한 대답 속에서 언급된 말이다. "조상 대대로의 관습에 따라 아비폰족은 모든 것을 추장의 의지가 아니라 아비폰족 스스로의 의지에 따라 행하고 있습니다. 나는 그들의 지도자이기는 하지만 내 자신이 손실을 입지 않고는 나를 따르는 그 누구에게도 손실을 끼칠 수 없습니다. 만일 내가 그들에게 명령을 하거나 힘을 행사하거나 한다면 그들은 그 즉시 내게 등을 돌릴 것입니다. 나는 그들로부터 사랑받기를 원하지 두려움의 대상이 되고 싶지는 않습니다." 의심할 바 없이 대부분의 인디언 추장은 똑같은 답변을 했을 것이다.

그렇지만 예외는 있고 그 대부분은 전쟁과 관련되어 있다. 실제로 군사행동의 준비와 지휘는 추장이 최소한의 권위를 행사할 수 있는 유일한 기회이다. 단 이 권위는 오로지 그의 전사로서의 기술적 능력으로부터 나오는 것이다. 일단 행동이 끝나면 전투의 결과가 어떻든지 간에 전쟁의 추장은 권력을 지니지 못한 추장으로 되돌아가고 어떤 경우에도 승리함으로써 생긴 위신이 권위로 전화되지 않는다. 모든 것이 진정으로 권력과 위신 사이에서, 승리를 거둔 전사의 명예와 그에 대하여 금지된 명령권의 행사 사이에서 사회에 의해 유지되는 이러한 분리를 토대로 움직여나간다. 전사의 위신에 대한 갈망을 채워주는 가장 적합한 원천은 전쟁이다. 동시에 전쟁을 스스로의 위신의 근거로 삼고 있는 추장은 전쟁을 통해서만 위신을 유지하고 강화할 수 있다. 전쟁의 추장이 끊임없이 원정을 조직하여 승리로 인해 생기는 (상징적) 이익을 얻고자 원하는 것은 일종의 강제된 전투 속으로의 도피이다. 그의 전쟁에 대한 욕망이 부족의 일반 의지, 특히 전쟁을 위신을 얻는 주된 수단으로 생각하는 젊은이들의 의지와 합치하는 한, 그리고 추장의 의지가 사회의 의지를 넘지 않는 한 양자 사이의 정상적인 관계는 변하지 않고 유지된다. 그런데 추장의 욕구가 사회의 욕구를 넘을 위험, 추장이 있어야 할 범위를 넘을 위험, 추장의 임무로 배정된 엄밀한 한도를 넘을 위험은 늘 존재한다. 가끔 추장은 그 위험을 과감하게 무릅쓰고 부족에게 자기 자신의 의도를 강요하고 그 자신의 이해를 집단의 이해보다 앞세우고자 한다. 지도자를 사회적으로 규정된 목적을 위한 수단으로 삼는 정상적인 관계를 역전시킴으로써 그는 사회를 순수하게 개인적인 목적을 실현하기 위한 수단으로 삼고자 하는 것이고 더 이상 부족에게 봉사하는 추장이 아니라 추장에게 봉사하는 부족을 바라는 것이다. 만일 이것이 "잘되면" 그곳에서 구속과 폭력으로서의 정치권력이 탄생하는 것이고 국가의 최저한의 형상이자 최초의 현재화된 권력이 등장하게 되는 것이다. 그러나 현실에서는 결코 그렇게 될 수 없다.

야노마미족과 함께 지낸 20년에 대한 대단히 훌륭한 이야기[2] 중에서 엘레나 발레로Elena Valero는 그녀의 첫 남편인 전쟁 추장 푸시웨Fousiwe에 대하여 상세하게 말하고 있다. 그녀의 이야기는 원시사회의 추장이 불가피하게 원시사회의 법을 어기게 되었을 때 어떤 운명에 처하는가를 잘 보여준다. 즉 권력의 진정한 장소로서의 사회는 권력을 특정인

---

[2] E. Biocca, *Yanoama*, Plon, 1969.

에게 넘기거나 위임하는 것을 거부한다. 푸시웨는 적대 집단에 대해 승리한 습격의 조직자이자 지휘자로서 얻은 위세 때문에 부족으로부터 "추장"으로 인정받고 있었다. 결과적으로 그는 부족이 원하는 전쟁을 기꺼이 계획하고 지휘하였고 그의 전사로서의 기술적 능력과 용기, 활동력을 집단에 제공함으로써 자기 사회의 효과적인 도구 역할을 수행하였다. 그러나 원시 전사의 불행한 운명이란 전쟁으로 얻은 위신은 그것의 원천인 전쟁이 계속적으로 일어나 승리를 거두지 못하는 한 곧바로 사라진다는 것이다. 부족에게 있어서 추장이란 부족의 의지를 실현하기 위한 적절한 도구에 불과하기 때문에 추장이 과거에 거둔 승리는 쉽게 잊혀진다. 추장이 영속적으로 획득하는 것은 아무것도 없으며 잊혀지기 전에 자신의 명성과 위신을 사람들에게 다시 상기시키기 위해서는 옛날의 공적을 찬양하는 것만으로는 부족하고 새로 전쟁을 치를 기회를 만드는 수밖에 없다. 전사에게는 선택의 여지가 없다. 그는 어쩔 수 없이 전쟁을 원하지 않으면 안 된다. 그를 추장으로 인정하는 합의의 경계선이 그어져 있는 지점이 바로 여기이다. 그의 전쟁에 대한 욕망이 사회의 전쟁에 대한 욕망과 일치하는 한에서 사회는 그를 따른다. 그러나 전쟁에 대한 추장의 욕망이 사회의 평화에 대한 욕망을 압도하려 하게 될 때—실제로 **항상** 전쟁을 원하는 사회는 존재하지 않는다—추장과 부족의 관계는 역전되고, 지도자는 그의 개인적인 목표를 성취하기 위한 도구로서 사회를 이용하려고 한다. 그런데 원시사회의 추장은 권력 없는 추장이라는 것을 잊어서는 안 된다. 추장이 자신의 욕망을 위한 명령을 그것을 거부하는 사회에 도대체 어떻게 강요할 수 있겠는가? 그는 위신에 대한 욕망과 그 욕망을 실현시킬 힘이 없다는 점 사이에 갇힌 죄수이다. 이러한 상황에서 도대체 무엇이 일어날 수 있는 것일까? 전사는 고립된 상태에서 죽음에 이를 수밖에 없는 전망 없는 전투에 참가하지 않을 수 없게 된다. 그것이 남아메리카의 전사 푸시웨의 숙명이었다. 그는 사람들이 원하지 않는 전쟁을 하도록 부추겼기 때문에 그의 부족으로부터 버림받게 되었다. 그는 홀로 전쟁을 수행할 수밖에 없었고 결국 적의 화살을 맞고 죽었다. 죽음은 전사의 운명이다. 왜냐하면 원시사회는 위신에 대한 욕망을 권력에 대한 의지로 대체하는 것을 허용하지 않기 때문이다. 또는 바꿔 말하면 원시사회에서 권력에 대한 의지의 가능성을 지닌 추장은 이미 죽음을 선고받은 존재이기 때문이다. 원시사회에서 분리된 정치권력은 불가능하고 국가가 차지할 여지가 있는 장 또는 공백은 존재하지 않는다.

잘 알려지지 않은 아마존의 전사보다 훨씬 유명한 한 인디언 지도자의 이야기는 결말이 푸시웨의 경우처럼 비극적이지는 않았지만 전개 과정은 매우 비슷하다. 그것은 잘 알려진 아파치족의 추장인 제로니모 Geronimo의 이야기이다. 그의 회고록은 상당히 믿을 수 없는 내용을 담고 있지만 읽어보면 여러 가지를 이해할 수 있게 해준다.[3] 멕시코 군인들이 부족의 야영지를 공격하여 여자와 아이들을 학살하기 전까지만 해도 제로니모는 다른 이들과 마찬가지로 평범한 젊은 전사였을 뿐이었다. 이 학살로 제로니모의 가족은 모두 살해당했다. 아파치의

---

3) *Mémoires de Geronimo*, Maspero, 1972.

여러 부족은 연맹하여 학살에 대한 보복을 결정하고 그 전투의 지휘를 제로니모에게 맡겼다. 이 전투는 멕시코 수비대의 전멸, 곧 아파치족의 완전한 승리로 끝났다. 승리를 거두는 데 결정적 기여를 한 제로니모의 전사로서의 위신은 굉장히 높아졌다. 그리고 그 순간부터 사태는 변하여 그의 내면에서 무엇인가가 생겨나서 움직이기 시작하였다. 사실 복수의 욕망은 승리로 완전히 충족되었으므로 일단 사태가 끝났다고 다른 아파치들은 생각한 반면에 제로니모는 그러한 의견에 귀를 기울이지 않았다. 그는 멕시코 병사들의 참혹한 패배에 만족하지 않고 더 큰 복수를 원했다. 그렇지만 자기 혼자서 멕시코의 마을을 공격할 수는 없었기 때문에 그는 주위 사람들에게 다시 전쟁을 하자고 설득하였지만 실패하고 말았다. 아파치 사회는 집단의 목표―복수―를 달성하였기 때문에 이제는 평화를 원했다. 따라서 제로니모의 바람은 개인적인 목표였고 그는 그것을 실현하기 위해 부족을 끌어들이고자 한 것이었다. 예전에는 전사로서 능력을 지니고 있었기 때문에 부족의 도구가 되었던 그가 부족을 자기 욕망을 실현하기 위한 도구로 변화시키고자 한 것이었다. 야노마미족이 푸시웨를 따르기를 거부했던 것과 마찬가지로 아파치족은 제로니모를 따르지 않기로 했다. 아파치족의 추장 제로니모가 할 수 있었던 것은 고작(때로는 거짓말까지 했다) 영광과 전리품에 눈이 먼 젊은이 몇 명을 설득시키는 정도였다. 이렇게 하여 이루어진 원정 중 한 번은, 씩씩하면서도 우스꽝스러운 제로니모의 부대가 겨우 두 명으로 구성되기까지 하였다! 상황 때문에 뛰어난 전투 능력을 인정하여 제로니모에게 지휘권을 맡겼던 아파치족도 그가 개인적으로 전쟁을 원했을 때에는 철저하게 그에게 등을 돌렸다. 북아메리카의 마지막 위대한 전쟁 추장인 제로니모는 생애 중 30년간을 "추장답게 행동하려고" 노력했지만 결코 성공하지 못했다…….

원시사회의 본질적(즉 본질과 관련된) 특성은 원시사회를 구성하는 모든 요소에 대해 절대적이고 완전한 권력을 행사하는 것이다. 즉 사회의 어떤 하위 집단에 대해서도 자율을 금지하고 사회생활을 유지하는 내부의 의식적, 무의식적 운동 전체를 사회가 바라는 한계와 방향으로 나아가도록 만든다. 부족은 그중에서도 특히 (그리고 필요하다면 폭력을 사용해서) 개인적이고 집중화된 그리고 분리된 정치권력의 출현을 거부함으로써 이러한 원시사회의 질서를 유지하고자 하는 의지를 명백히 나타낸다. 원시사회는 모든 탈출구가 막혀 있기 때문에 어떤 것도 벗어날 수 없으며 그 자체로부터 일탈하는 것을 허용하지 않는다. 또한 그것은 실질적인 어떤 것도 시간을 통해 영향을 미칠 수 없는, 영원히 자기 재생산하는 사회이다.

그렇지만 적어도 부분적으로 사회의 통제를 벗어난다고 여겨지는 영역이자 사회가 불완전한 "코드화"밖에 할 수 없는 "유동적인" 영역이 있다. 즉 인구동태의 영역이다. 이는 문화의 규칙에 따라 통제되는 동시에 자연법칙에 따라서도 통제되며, 사회적인 것과 동시에 생물학적인 것에 뿌리를 내리고 있는 생명이 전개되는 공간이고, 아마 독자적인 역학에 따라 기능할 것이기 때문에 사회가 지배할 수 없는 하나의 "기계"의 장이다.

경제결정론 대신에 인구결정론에 입각하여 원인—인구 증가—이 결과—사회조직의 변화—를 가져온다는 필연성을 읽어내는 것은 어렵지 않지만, 특히 남아메리카에서는 인구 규모의 사회학적 결과를 확인하지 않으면 안 된다. 인구밀도의 증가가 원시사회를 동요시킬 수 있는—파괴시킨다고 말할 수는 없다—힘을 지니고 있는 것은 분명하다. 실제로 상대적으로 인구 규모가 작은 것이 원시사회의 존립의 기본 조건 중 하나라는 것은 틀림이 없다. 인구수가 많지 않아야 모든 것이 원시사회 모델에 따라 작동할 수 있다. 다른 말로 하자면 어떤 사회가 원시사회이기 위해서는 그 인구가 적지 않으면 안 된다. 그리고 사실상 야만인의 세계에서는 "민족", 부족, 사회가 지역적 집단으로 세분화되어 그 각각이 전체 집합 속에서 세심한 주의를 기울여 자기의 자율성을 유지하고자 노력하는 것을 발견할 수 있다. 분명히 상황—특히 전쟁을 둘러싸고—에 따라 필요하다면 이웃한 "동맹" 집단과 일시적으로 연맹을 맺는 경우도 있기는 하다. 이런 부족 세계의 원자화는 분명 지역 집단을 통합하는 사회-정치적 집합체가 구성되는 것을 막는 효과적 수단이자, 그것을 넘어 본질적으로 통일자로서의 성격을 지닌 국가가 출현하지 못하게 하는 수단이다.

그런데 여기에서 유럽 사람들이 처음 조우했을 당시의 투피-과라니족이 보통의 원시 세계와는 상당히 다른 모습을 띠고 있었다는 것은 혼란을 불러일으킨다. 이 차이는 본질적인 두 가지 점으로부터 생겼다. 즉 그 부족이나 지역 집단의 **인구밀도**가 이웃 집단에 비해 명백히 높았다는 점과 그들의 **지역 집단의 규모**가 열대우림 지역의 보통의 사회-정치 단위보다 훨씬 컸다는 점이 그것이다. 예를 들어 주민이 수

천에 달하는 투피남바족의 여러 마을을 도시라고 말할 수 없는 것은 당연하다. 그렇지만 그것은 이웃한 사회의 "표준적인" 인구 규모보다는 훨씬 큰 것이었다. 이러한 인구 증대와 집중—이것 자체가 아메리카의 여러 제국을 제외한 아메리카의 원시사회에서는 매우 보기 드문 현상이다—속에서, 그들의 추장제에서는 다른 곳에서 볼 수 없는 권력을 획득하고자 하는 경향이 명료하게 나타났다. 투피-과라니족의 추장은 분명히 전제군주는 아니었지만 더 이상 권력 없는 추장은 아니었다. 투피-과라니족의 추장제의 장황하고 복잡한 분석을 여기에서 시도할 수는 없다. 여기에서는 단지 이를테면 사회의 한쪽 끝에서는 인구 증가가 그리고 다른 한쪽 끝에서는 정치권력의 완만한 출현이 있었다는 것을 지적하는 것으로 충분하다. 원시사회의 인구 팽창의 원인이 무엇인가에 대한 대답을 준비하는 것은 민족학(또는 적어도 민족학만)의 과제가 아니다. 그러나 인구동태와 정치의 관련성에 대해 해명하고 전자가 사회학적 영역을 통해 후자에게 미치는 힘을 분석하는 것은 민족학의 과제이다.

우리는 이 텍스트에서 일관되게 원시사회에서의 분리된 정치권력의 내적 불가능성과 원시사회 내부로부터의 국가 생성의 불가능성을 주장해왔다. 그런데 여기에서 우리는 자기모순을 범하여, 국가로까지 성장할지도 모를 어떤 것인가가 출현하기 시작했다고 여겨지는 투피-과라니족의 사례를 들고 있는 것이다. 이들 사회에서 상당히 오래전부터 무시할 수 없는 정치권력을 갖춘 추장제가 형성되어왔다는 것에는 의문의 여지가 없다. 당시의 프랑스나 포르투갈의 연대기 작가들은 부족 연합의 대추장에게 "지방의 왕"이나 "소왕"이라는 명칭을 붙일 정도였다. 투피-과라니 사회의 이 심오한 변화 과정은 유럽인의 도래로 돌연 중단되었다. 그것은 만일 신세계의 발견이 예컨대 1세기 늦어졌다면 브라질 해안 지역의 인디언 부족에서 국가 형성이 이루어졌을 것이라는 의미인가? 어떤 것으로도 반증할 수 없는 가설적 역사를 재구성하는 것은 언제나 쉬우면서도 위험하다. 그렇지만 이 투피-과라니족의 사례에 한해서 우리는 확실하게 아니라고 단언할 수 있다. 즉 투피-과라니 사회에서 일어날 수도 있었던 국가의 출현을 막은 것은 서구인의 도래가 아니라 원시사회로서의 사회 자체의 자각이었다. 자각, 즉 추장제 자체에 명백히 대항하여 일어난 봉기라고까지는 할 수 없더라도 적어도 결과적으로는 추장의 권력을 파괴하는 봉기였던 것이다. 이미 15세기의 마지막 10년간 투피-과라니족의 여러 부족들을 흔들기 시작했던 이 이상한 현상에 대해 이야기해보도록 하자. 그것은 지상낙원인 사악함이 없는 대지를 찾기 위해 모든 것을 버리자고 인디언 집단에 호소했던 어떤 남자들의 열렬한 선도였다.

원시사회에서 추장제와 언어활동은 본질적으로 연관되어 있고 말하기는 추장에게 부여된 유일한 권력이다. 아니, 그 이상으로 말하기는 추장의 의무이다. 그러나 추장 이외의 남자들이 하는 다른 종류의 말과 이야기들이 존재한다. 이 남자들은 15~16세기에 수천 명의 인디언들을 이끌고 신들의 고향을 찾아 광적인 여행을 떠났다. 이 카라이들의 이야기는 예언적인 말들이었고 사회 자체가 파괴될 것이라고 인디언들에게 호소하는 매우 반항적이고 전복적인 말들이었다. 악으로 가득한 대지, 즉 현재 살고 있는 사회를 버리고 사악함이 없는 대지이자 신성한 행복으로 가득한 사회에 도달하자고 예언자들이 호소한 것은 사회구조와 규범 체계에 대한 사형선고를 뜻한다. 그런데 이 사회에는 추장의 권위의 그림자와 싹트기 시작한 추장의 정치권력의 압박이 서서히 강하게 나타나기 시작하였다. 그렇다면 사회의 핵심을 차지했던 예언자들이 인간이 사는 세계가 악으로 가득하다고 주장한 것은 권력의 생성이 국가 없는 사회, 원시사회인 투피-과라니 사회를 죽음으로 이끌게 될 불행과 사악함을 지니고 있다고 판단했기 때문이다. 고대 원시 세계가 그 기초로부터 동요하고 있다는 느낌에 괴로워하고 사회-경제적 파국이 올 것이라는 예감에 사로잡힌 예언자들은 세계를 변화시켜야 하기 때문에 다른 세계로 이주할 수밖에 없다고, 즉 인간의 세계를 버리고 신들의 세계에 도달해야만 한다고 결정했던 것이다.

「밀림의 예언자」와 「여럿이 없는 하나에 대하여」 두 글[본서의 8, 9장] 이 잘 증언하는 것처럼 예언자의 이야기는 아직도 살아 있다. 파라과이의 삼림지대 한 가운데서 비참하게 살고 있는 4,000~5,000명 정도의 과라니 인디언들은 지금도 카라이들이 제시한 비할 데 없는 풍요로운 이야기를 간직하고 있다. 카라이들은 더 이상 16세기의 그들의 조상들처럼 부족을 이끄는 존재가 아니며, 옛날의 사악함이 없는 대지를 찾는 일은 이미 불가능한 것이 아닌가 생각된다. 그러나 행동할 수 없다는 것이 오히려 더욱 그것에 대해 생각하게 만들고, 인간이 지닌 불행한 조건에 대해 한층 심사숙고하게 만들었다. 그리고 그 눈부신 빛으로 인해 거의 앞을 보지 못할 정도인 이러한 야생의 사고는 사악함이 생성되는 장이자 모든 불행의 원천이 바로 하나l'Un라는 것을 가르쳐준다.

  과라니족의 현자가 말한 하나가 무엇을 가리키는가에 대해 좀 더 생각해볼 필요가 있다. 현재 과라니족이 즐겨 떠올리는 생각의 주제는 자신들보다 4세기 이상 이전에 카라이라고 불렸던 예언자들을 당황스럽게 했던 주제와 동일하다. 즉 왜 이 세계는 사악함으로 가득한가? 사악함으로부터 벗어나기 위해서 우리는 무엇을 할 수 있는가? 그들은 이 문제를 대대로 끊임없이 자문해왔다. 그리고 오늘날의 카라이들은 과거의 예언자들의 이야기를 열성적으로 고집스럽게 반복하고 있다. 과거의 예언자들은 하나가 악이라는 것을 알고 있었으며 마을마다 그것을 전했고 사람들은 그들을 따라 선의 탐구에, 즉 하나가 아닌 것을 찾는 데 매진하였다. 따라서 서구가 발견했던 당시의 투피-과라니 사회의 한편에서는 실천―종교적 이동―이 있었는데, 이는 추장제가 이끌어가고 있었던 사회의 진로에 대한 거부, 분리된 정치권력에 대한 거부, 국가에 대한 거부로 이해하지 않고는 설명하기 어렵다. 그리고 다른 한편에서는 악의 근원으로 하나를 규정하고 그것으로부터 벗어날 방도가 있다고 주장하는 예언자들의 이야기가 있었다. 어떤 조건 아래에서 하나를 인지할 수 있는가? 그 존재는 증오스러운 것이든 갈구하는 것이든 간에 어떤 형태로든 가시적이어야만 한다. 바로 그렇기 때문에 우리는 악을 하나와 등치시키는 형이상학적 등식 밑에서, 좀 더 은밀하게 정치적 위상 속에 감추어져 있는 또 하나의 등식, 즉 하나는 국가라는 등식을 발견할 수 있다고 믿는다. 투피-과라니족의 예언에 입각한 행위는 국가의 보편적 본질인 하나에 대한 근본적 거부를 통해 불행을 끝내고자 한 원시사회의 영웅적인 시도였다. 형이상학적 직관에 대한 "정치적" 해독은, 모든 하나의 형이상학에 대해 비슷한 설명을 할 수 있지 않은가라는, 어느 정도 신성모독적인 질문을 유발한다. 서구의 형이상학이 그 여명기부터 인간의 욕구가 원하는 대상으로 지정해온 선으로서의 하나는 도대체 무엇인가? 단지 우리는 사람들을 불안에 떨게 만드는 하나의 명백한 사실을 알고 싶을 뿐이다. 즉 야만인의 예언자들의 사고도 고대 그리스인의 사고도 동일한 것, 즉 하나와 관련되어 있다. 그런데 과라니 인디언들이 하나를 악으로 보는 데 반해서 헤라클레이토스는 하나를 선으로 생각한다. 하나를 선으로 간주하는 것은 어떤 조건하에서 가능한가?

결론을 짓기 위해 투피-과라니족의 세계로 되돌아가보자. 그 세계는 추장의 성장이라는 거스르기 어려운 사태로 인해 침해당하고 위협받는 원시사회이고 추장제의 동학을 막다른 골목으로 몰아넣을 수 있는 힘을, 거의 집단 자살이라고까지 말할 수 있는 희생을 치르는 한이 있더라도, 자기 속에서 불러일으켜 없애버린 원시사회이다. 이러한 움직임을 중단시키지 않았다면 추장은 법을 행사하는 왕으로 전화되었을지도 모른다. 한편에는 추장들이 다른 한편에는 그들에게 대항하는 예언자들이 있는 것이 15세기 말 투피-과라니 사회의 본질적인 모습이었다. 그리고 예언자 "기계"는 완벽하게 기능하였다. 왜냐하면 카라이들은 그 배후에 그들의 말에 열광하고 죽을 때까지 동행하고자 하는 경이적인 수의 인디언 대중을 거느릴 수 있었기 때문이다.

이것은 도대체 무엇을 의미하는 것일까? 말하기를 유일한 무기로 지닌 예언자들이 인디언들을 "동원할" 수 있었고, 다양한 여러 부족을 통합하여 종교적 이동에 참가시킴으로써 원시사회에서는 불가능한 것을 실현할 수 있었던 것이다. 그들은 추장의 "프로그램"을 일거에 실현할 수 있었다! 이것은 역사의 심오한 계략이었을까? 원시사회는 결국 누군가에게 의존할 수밖에 없었던 것이었을까? 그 누구도 이 질문에 답할 수는 없을 것이다. 그러나 어쨌든 추장에 대한 예언자들의 반역적 행위는 기묘한 반전을 통하여 예언자들에게 추장이 지니고 있던 것보다 훨씬 큰 권력을 부여했던 것이다. 그렇다면 아마 폭력의 반대편에 말하기가 있다는 생각을 수정하지 않으면 안 될 것이다. 원시사회의 추장이 순수한 말하기의 의무를 지니고 있었다면, 또한 아마도 매우 특수한 조건하에서 원시사회는 또 다른 이야기, 즉 예언자들의 이야기에, 그것이 명령으로서 말해졌다는 것조차 잊은 채 귀를 기울일 수도 있었던 것이다. 예언자들의 이야기 속에 아마도 권력의 이야기가 배태되어 있고, 사람들의 욕구를 대변하는 선도자의 고양된 모습 속에 전제군주의 모습이 은밀하게 숨겨져 있는지도 모른다.

  예언자의 말하기, 그 말하기의 권력에는 권력 자체의 원천이, 그 이야기 속에 국가의 시초가 내재해 있는 것일까? 예언자들은 인간들의 주인이기 이전에 먼저 영혼의 정복자였던 것일까? 그럴지도 모른다. 그러나 이러한 예언자들과 관련된 극단적인 경험(왜냐하면 그 이유가 인구동태에 있든 다른 것에 있든지 간에 투피-과라니 사회는 원시사회가 원시사회로서 존재할 수 있는 최대 한계에 도달해 있었다고 생각되기 때문이다)에도 불구하고 야만인들은 우리에게 추장이 추장답게 되는 것을 막기 위한 지속적인 시도, 즉 통일화의 거부와 하나인 국가를 떨쳐버리려는 노력을 보여주고 있다. 역사를 가진 사람들의 역사는 계급투쟁의 역사라고 일컬어지고 있다. 적어도 그것과 똑같은 정도의 진리로서 역사 없는 사람들의 역사는 국가에 대항하여 싸우는 투쟁의 역사라고 할 수 있을 것이다.

부록: 피에르 클라스트르의 저작 목록

〔저서〕

1972 *Chronique des Indiens Guayaki*, Paris: Plon, p. 358(Collection "Terre humaine").

1974 *La Société Contre l'Etat: Recherches d'anthropologie politique*, Paris: Editions de Minuit, p. 190(Collection "Critique").〔『국가에 대항하는 사회』, 홍성흡 옮김, 이학사, 2005〕

1974 *Le Grand Parler: Mythes et chants sacrés des Indiens Guaranis*, Paris: Editions du Seuil, p. 144(Collection "Recherches Anthropologiques").

1980 *Recherches d'anthropologie politique*, Paris: Editions du Seuil, p. 247(Hors collection).〔『폭력의 고고학』, 변지현·이종영 옮김, 울력, 2002〕

〔논문〕

1962 "Echange et pouvoir: philosophie de la chefferie indienne", *L'Homme* II(1): pp. 51~65, repris dans *La Société Contre l'Etat*.〔본서 제2장〕

1963 "Indépendance et exogamie: Structure et dynamique des société indiennes de la forêt tropical", *L'Homme* III(3), pp. 67~87, repris dans *La Société Contre* l'Etat.〔본서 제3장〕

1964 "Compte-rendu de mission chez les Indiens Guayaki", *L'Homme* IV(2), pp. 122~125.

1965 "Entre silence et dialogue", *L'Arc*, Numéro spécial à Claude Lévi-Strauss, pp. 76~78.

1966 "L'Arc et le panier", *L'Homme* VI(2), pp. 13~31, repris dans *La Société Contre l'Etat*.〔본서 제5장〕

1967 "Ethnologie des Indiens Guayaki: La vie sociale de la tribu", *L'Homme* VII(4), pp. 5~24.

1967 "Mission au Paraguay et au Brésil", *L'Homme* VII(4), pp. 101~108.

1967 "De quoi rient les Indiens?", *Les Temps Modernes* 253, pp. 2179~2198, repris dans *La Société Contre l'Etat*.〔본서 제6장〕

1968 "Ethnographie des Indiens Guayaki", *Journal de la Société des Américanistes* 57, pp. 8~61.

1969 "Une ethnographie sauvage", *L'Homme* IX(1), pp. 58~65, repris dans *Recherches d'anthropologie politique*.

1969 "Prophètes dans la jungle", *L'Ephémère* 10, pp. 232~242, repris dans *La Société Contre l'Etat*.〔본서 제8장〕

1969 "Copernic et les sauvages", *Critique* 270, pp. 1000~1015, repris dans *La Société Contre l'Etat*.〔본서 제1장〕

1970 "Introduction au *Dictionnaire Guayaki-Espagnol* de L. Cadogan", Publication de *Journal de la Société des Américanistes*.

1971 "Le dernier cercle", *Les Temps Modernes* 298, pp. 1917~1940, repris dans *Recherches d'anthropologie politique*.

1971 "Le clou de la croisière", *Les Temps Modernes* 299~300, pp. 2345~2350, repris dans *Recherches d'anthropologie politique*.

1972 "De l'un sans le multiple", *L'Ephémère* 19~20, pp. 308~314, repris dans *La Société Contre l'Etat*.〔본서 제9장〕

1972 "The Guayaki", in *Hunters and Gatherers Today*, M. G. Bicchieri ed., New York: Holt, Rinehart & Winston Inc., pp. 138~174.

1972 "Comptes-rendus des livres de Lancaster", R., Père Caron, Wachtel, N., Hurault, J., *L'Homme* XII(1), pp. 142~146.

1973 "Eléments de démographie amérindienne", *L'Homme* XIII (1~2), pp. 23~36, repris dans *La Société Contre l'Etat*.〔본서 제4장〕

1973 "De la torture dans les société primitives", *L'Homme* XIII (3), pp. 114~120, repris dans *La Société Contre l'Etat*.〔본서 제10장〕

1973 "Le devoir de parole", *Nouvelle Revue de Psychanalyse* 8, pp. 83~85, repris dans *La Société Contre l'Etat*.〔본서 제7장〕

1974 "Leon Cadogan", *L'Homme* XIV (2), pp. 135~136.

1974 "De l'ethnocide", *L'Homme* XIV (3~4), pp. 101~110, repris dans *Recherches d'anthropologie politique*.

1975 "Martchenko", *Textures* 10~11.

1976 "La question du pouvoir dans les société primitives", *Interrogations* 7, pp. 3~8, repris dans *Recherches d'anthropologie politique*.

1976 "Préface au livre de M. Sahlins: *Age de pierre, âge d'abondance*", Paris: Gallimard, repris dans *Recherches d'anthropologie politique* sous le titre "L'économie primitive".

1976 "Liberté, malencontre, innomable", in *La Boétie et la question du politique*(inclus dans de La Boétie: *Le discours de la servitude volontaire*, Paris: Payot), pp. 229~246, repris dans *Recherches d'anthropologie politique*.

1977 "Le retour des Lumières"(Réponse à P. Birnbaum), *Revue française de science politique* 1, repris dans *Recherches d'anthropologie politique*.

1977 "Archéologie de la violence", *Libre* 1, pp. 137~173, repris dans *Recherches d'anthropologie politique*.

1977 "Malheur du guerrier sauvage", *Libre* 2, pp. 69~109, repris dans *Recherches d'anthropologie politique*.

1978 "Les marxistes et leur anthropologie", *Libre* 3, pp. 135~149, repris dans *Recherches d'anthropologie politique*.

1981 "Mythes et rites des Indiens d'Amérique du Sud", in *Dictionnaire des mythologies*,

Paris: Flammarion, repris dans *Recherches d'anthropologie politique*.

[공동집필논문]

1963 Clastres, Pierre et Lucien Sebag, "Cannibalisme et mort chez les Guayakis(Achén)", *Revista do Museu Paulista* v. XIV, pp. 174~181.

1978 Clastres, P. et J. Lizot, "La muerte y la idea del cannibalismo entre los yanomani" (trad. par M. C. de Lovison), *Boletin de indigena venezolana* XVIII, pp. 107~142.

1980 Clastres, P., L. Cadogan et M. Münzel, "Les Mbya, kotyu. Les Pai Tavyterà, Les Aché", in *Tête dedans*, Paris: Maspero, pp. 133~160.

옮기고 나서

이 책은 피에르 클라스트르의 처녀 논문인 「교환과 권력: 인디언 추장제의 철학Echange et pouvoir: philosophie de la chefferie indienne」(1962, 본서의 제2장)에서부터 클라스트르가 이 책을 발간하기 위해 쓴 논문인 「국가에 대항하는 사회La Société Contre l'Etat」(1974, 본서의 제11장)에 이르기까지의 10여 년에 걸친 연구 결과를 담고 있다. 국내에 이미 번역 출간된 『폭력의 고고학Recherches d'anthropologie politique』(2002, 변지현·이종영 옮김, 울력)이 클라스트르의 사후인 1980년에 발간된 것인 데 비해, 이 책은 그의 생전에 발간된 마지막 저서이다. 이 책은 클라스트르의 문제의식과 학문적 편린, 인류학자로서의 독특한 위상 등이 가장 잘 드러나 있는 것으로 평가받고 있다.

이 책에서 클라스트르는 국가로 표상되는 정치권력의 문제를 원시사회를 대상으로 검토하고 있다. 클라스트르는 원시사회의 권력에 대한 상식적인 모습이 서구의 자의적인 잣대로 만들어진 것이기 때문에 거꾸로 원시사회의 관점에서 정치권력과 국가의 문제를 다루고자 한다. 우리들의 사고의 무의식적 차원까지도 '국가'에 의해 지배당하고 있기 때문에 이로부터 벗어나야만 국가소멸의 가능성에 대해 생각할 수 있다고 그는 주장한다. 따라서 그가 조사한 파라과이의 구아야키족 등은 이러한 사실을 증명하고자 한 그의 학문적 욕구가 펼쳐진 장이었다.

 클라스트르가 원시사회의 정치적 성격에 대해 던지는 이와 같은 질문의 팽팽한 긴장감으로 인해 우리는 다양한 주제를 다루고 있는 이 11편의 논문을 관통하는 주제의식을 어렵지 않게 감지할 수 있다. 정치권력, 곧 국가에 의해 침투당한 사고로부터 탈피하고자 하는 클라스트르의 탐구는 그 자체로 정치권력과 지배에 대항하고자 하는 그의 '저항정신'을 보여준다. 그의 글에서 나타나는 단언이나 확신 등은 이러한 운동 지향성으로부터 생겨나는 것으로 보인다. 그리하여 그는 한편으로는 서구 중심주의적 견해와 싸우는 동시에, 다른 한편으로는 본서의 제11장에서 주장하고 있듯이 맑스주의자들의 경제주의적 관점에 대해서도 국가(권력)의 발생이 경제적 층위가 아닌 정치적 층위에서 이루어졌다는 점을 들어 신랄한 비판을 가했다. 그에 의하면 국가 있는 사회(문명사회)와 국가 없는 사회(원시사회)를 구분하는 가장 중요한 기준은 권력이 사회에 의해 통제되는가 아니면 누군가에 의해 독점되는가라는 정치적 성격을 띠고 있다. 그는 궁극적으로 원시사회에는 권력의 독점을 막기 위한 세밀한 장치와 철학이 면면히 흐르고 있다는 것을 말하고 싶었던 것이다.

인류학, 특히 정치인류학 연구의 지배적인 관심사 중 하나는 부족민들이 어떻게 국가 권력에 의하여 무자비하게 파멸당했는가 하는 문제이다. 스코트J. C. Scott의 『약자의 무기Weapons of the Weak』(1985)나 코탁C. P. Kottak의 『천국에 대한 습격Assault on Paradise』(1983), 보들리J. N. Bodley의 『진보의 희생양들Victims of Progress』(1982), 데이비스S. H. Davis의 『기적의 희생양들Victims of the Miracle』(1977) 등에서 강조한 것은 부족민들의 문화에 대한 서구(에 의해 지배되는 개발 프로그램)의 착취와 파괴였다. 이러한 논의의 근저에는 '권력이란 국가와 마찬가지이며 따라서 억눌린 계급들은 단지 복종하거나 폭력적인 봉기와 수동적인 저항을 교차하여 반복할 뿐이다'라는 생각이 깔려 있다. 그러나 1970년대 이후 인류학자들의 민족지적 연구에서는 민중들이 자신들이 가지고 있는 모든 수단을 동원하여 일상적으로 비폭력적인 반격을 가하는 현상들에 대하여 주목하기 시작하였다. 이러한 저항은 간디나 마틴 루터 킹 목사의 비폭력 저항운동처럼 잘 조직된 경우도 있지만, 지배자에 대한 헐뜯기와 소문 퍼트리기, 징집 거부와 도주 등 개인적이면서도 민중 일반에 광범위하게 퍼져 있는 정서를 대변하는 행동으로 나타나기도 한다. 만일 권력을 다른 사람들의 의사결정이나 선택 및 행동에 영향을 미칠 수 있는 능력이라고 정의한다면 국가라는 위계질서의 맨 밑에 위치하고 있는 민중들도 여러 형태의 권력을 행사할 수 있다.

클라스트르는 민중들 사이에 널리 확산된 이러한 형태의 권력이 부족사회tribu나 추장제 사회cheffrie에서는 국가 형성에 대해 실질적인 억제력으로 작용하였다고 보았다. 전시에는 비국가 사회에서도 강력한 지도자가 등장할 수 있지만 평화 시에는 친족에 기반한 체계의 구조가 개인이나 엘리트 집단이 지배권을 장악하는 것을 방지하고 있다. 즉 이러한 사회들에는 국가의 형성이라는 유혹으로부터 벗어나게 만드는 힘이 항상 존재한다는 것이다. 브라질의 투피남바족이나 브라질과 파라과이의 투피-과라니족의 추장들은 전시에는 그 누구의 견제도 받지 않지만 평화 시에는 장로들의 평의회에 의하여 엄중한 감독을 받았다. 지배와 복종이라는 정치적 권력관계의 출현을 막기 위한 나름의 사회 문화적, 정치적 장치가 작동되고 있었던 것이다. 즉 제11장에서 언급하고 있는 것처럼 '역사 없는 사람들의 역사는 국가에 대항하여 싸우는 투쟁의 역사'이다.

클라스트르의 연구는 인류학사에서 근대의 탄생물인 자본주의사회와 자본주의 이전의 사회가 질적으로 다른 성격을 띠고 있었다고 보는 경향들—예를 들어 경제인류학 분야의 실재론 학파, 농민사회를 특수한 사회형태로 파악하는 포스터G. Foster식의 접근, 특수한 문화형으로 빈곤의 문화를 파악하려는 연구 경향, 독특한 집단행동으로서 농민반란을 파악하는 연구들, 지배와 복종의 문제를 피지배층을 통해 규명하고자 하는 피지배층 연구—과 구체적인 분석 대상 및 논리 전개에 있어서는 차이가 있지만 인식론적·존재론적 전제에 있어서는 일정한 유사성과 상호 연결 관계를 파악할 수 있다. 그리고 최근 오리엔탈리즘이나 옥시덴탈리즘에 대한 논의, 아시아적 근대에 대한 논의, 탈식민성에 대한 논의가 인문사회과학계의 중요한 관심 영역으로 부각된 상황에서 클라스트르의 논의는 우리로 하여금 한층 근본적인 문제에 대해 천착하도록 만든다. 이는 클라스트르가 자신의 이상과 현실의 타협을 거부했던, 그리고 경험적 실재에 이론적 외피를 씌우려는 어떤 시도도 거부했던 근본주의자였기 때문에 지니는 힘이자 우리가 배워야 할 요체라고 생각한다.

이 책을 번역하고자 마음먹은 데에는 전남대학교 사회학과의 윤수종 선생님의 영향이 컸다. 우리나라의 대표적인 소수자운동 연구자 중 한 사람인 윤수종 선생님이 어느 날 들뢰즈나 가타리 등의 책에서 클라스트르라는 학자에 대해 높이 평가하고 있다는 이야기를 전해주면서 어려운 작업이기는 하겠지만 한번 번역해보지 않겠느냐고 제의를 해왔다. 벌써 7~8년 전의 일이다. 인류학자인 클라스트르에 대해 다른 전공 분야의 연구자로부터 정보를 들었다는 것 자체가 부끄러운 일이었지만 영어 번역서를 구해 읽어보면서 매우 신선하다는 느낌을 받게 되었다. 그래서 전남대학교 인류학과의 대학원생들과 독회 모임을 만들어서 이 책을 읽기 시작하였다. 따라서 이 책은 여러 사람의 관심과 참여를 통해 탄생한 공동 작업의 결과라고 할 수 있다. 그러나 이 책에서 발견되는 여러 오류에 대한 책임은 온전히 역자에게 있다고 하겠다.

어쨌든 이러한 과정을 거쳐 국내에도 이 책을 소개할 수 있게 되었다. 이 과정에서 일일이 거론할 수 없는 많은 사람들의 도움을 받았다. 이 책을 번역하는 동안 많은 도움을 준 전남대학교 인류학과 대학원생들은 물론이고 내가 힘들어할 때마다 힘이 되어준 주위의 여러 분들께도 이 글을 빌려 감사의 마음을 전하는 바이다. 그리고 끝으로 이 책이 나오기까지 여러모로 애써준 이학사 여러분께도 깊은 감사를 드리며 이학사의 무궁한 발전을 빈다.

무등산이 보이는 연구실에서
2005년 6월
홍성흡

찾아보기

[ㄱ]

강제 14~15, 17, 20, 29~33, 40, 59, 144~145, 192, 242, 245, 252, 258

강제력 40~41, 58, 243~244, 252, 254

고대성archaïsme 12, 17, 25, 56

고대적archaïque 10~14, 18~19, 25~27, 29, 33~34, 39, 63, 77, 98, 101, 108, 191, 232, 236, 254

과라니족Guarani 43, 53, 67, 85, 94, 97, 104~105, 110~111, 113~118, 120~121, 124~127, 199~202, 205, 211~216, 267

관대함 41, 50~51, 53

교차 사촌혼 84

교환가치 54, 60

교환 20, 49~54, 56~57, 59~61, 82~84, 110, 130, 144~145, 151~156, 158, 245, 253

구매혼 46

구아나족Guana 37~38

구아라멘탈Guaramental 47

구아야키 경제 135

구아야키 문화 137

구아야키 사회 131~132, 137, 140, 142, 144~147, 149~150, 159, 226

구아야키족Guayaki(인디언) 43~44, 69, 108~109, 126, 128~131, 133~136, 141, 143~145, 147~151, 153, 155~157, 159~160, 225, 227~230, 241, 249

구아이쿠루족Guaycuru 37, 71, 230
구아히보족Guahibo 108
국가기구 247
권력 10~17, 19~26, 28~34, 38~42, 47,
　　　79~52, 54~61, 63, 77~78, 90, 94,
　　　101, 190~195, 230, 232, 243, 245~
　　　246, 251, 253~260, 262, 264~266,
　　　269
근친혼 (금기) 84~85, 146
예쿠아나족Yecuana 81

[ㄴ]
나만두Ñamandu 201~205, 207
남비콰라족Nambikwara 41, 44, 51, 59
『남아메리카 인디언 핸드북/핸드북』 62,
　　　65, 70~71, 80, 97, 102
내혼제 81
노브레가Nobrega 198
노예제 46
누에르족Nuer 21
니체Nietzsche 9, 14, 30

[ㄷ]
다레daré 134
다브빌Claude d'Abbeville 117, 121
단계單系 71~72, 74~76, 84, 86, 88~89,
　　　92
단선진화單線進化 25

데메deme 74~75, 92
데브뢰Yves d'Evreux 121
도밍고 데 이랄라Domingo de Irala 114
도브리즈호퍼Martin Dobrizhoffer 228
동물생물학 11
동족Lignage 20~21, 71~74, 82, 86~89,
　　　93~94, 225
뒤르켐E. Durkheim 34
드 주브넬Bertrand de Jouvenel 31

[ㄹ]
라스 카사스Las Casas 123, 126
라피에르J. W. Lapierre 10~13, 15, 20, 23,
　　　31~33, 35
래드클리프브라운Radcliffe-Brown 72
레리Léry 90~91, 96, 104, 111, 113
레비스트로스Claude Lévi-Strauss 34, 41,
　　　73, 75, 95~96, 161, 209
레둑시온réductions 114~115, 121~122
레이날Guillaume-Thomas Raynal 235
로비Lobi 사회 21, 25
로위Lowie 24, 28, 39, 43, 49, 68, 71, 75,
　　　88
로자노Lozano 122~123
로젠블랫Angel Rosenblatt 105~109, 120~
　　　121, 125
루쿠엔족Roucouyennes 45~46
리베P. Rivet 106, 126

리조Jacques Lizot 120, 241, 243

[ㅁ]

마나시족Manasi 53
마르가게아스Margageaz 95
마르첸코Martchenko 221, 232
마멜루코스Mamelucos 114~115
마우에족Maué 71
만단족Mandan 224
만제로마mangéroma 공동체 76
말로카maloca 67, 73, 76, 81~84, 86~89, 97, 111, 113
말리노프스키B. Malinowski 20
말하기 54, 59~60, 190~195, 201, 265, 269
맑스Marx(주의, 주의자) 33, 249~250
머독Murdock 65, 74~75, 80, 88
메트로Alfred Métraux 63, 95, 98
명령-복종 13, 15, 22, 27, 30, 32
모거제 68, 72~73, 82, 87
모건Morgan 24
모호크족Mohawk 16
목테수마Moctezuma 20
몬토야Montoya 104, 114~115
무無권력 13
무라족Mura 70
무문자無文字 12, 14, 27, 236
문두루쿠족Mundurucu 71, 85

문화생태학 66
민족지 20~21, 26, 30, 37, 42, 44~45, 65, 70, 78~79, 104, 143, 185, 188, 238, 248
민족학(자) 10~11, 14, 17~19, 23, 25~26, 29, 33~34, 36~37, 41, 63, 69, 71, 73, 102, 191, 197, 199, 237, 243, 247, 264

[ㅂ]

바슈텔Nathan Wachtel 119, 123, 126
바카이리족Bacaïri 81
반사고anti-pensée 35
반족半族 62, 71, 85
반투 대왕국 21, 25
발레로Elena Valero 258
베버Max Weber 14
보댕L. Baudin 63~64
보라Borah 119, 126
보로로족Bororo 25, 71
복혼複婚 43, 47
타카나족Tacana 81
부거제父居制 68, 72~73, 82, 87, 89
비非권력non-pouvoir 17, 101
비사고non-pensée 35
비정치적apolitique 27~28
빅맨bigman 20

[ㅅ]

사고pensée 24, 28, 32, 34~35, 77, 101, 131, 133, 152, 155, 161, 187~189, 199, 212~215, 266, 268
사회인류학 10, 21, 65
살린스M. Sahlins 243
상부구조 67, 249~250
생계경제 12, 17~19, 22, 29, 101, 120, 236, 238~242
생태인류학 66
세네카족Seneca 16
셉Sepp 신부 121~122
솔뤼트레기solutréen 238
쇼뉘Pierre Chaunu 119, 126
수Sioux 인디언 25
수Sioux어족 224
수렵 채집민 18, 241, 249
쉐렌테족Sherenté 42
슈타덴Staden 90~91, 95~96, 104, 112, 118
스튜어드J. H. Steward 65~66, 70~72, 97, 121, 125
시리오노족Siriono 43~44, 81, 108
시블링sibling 72, 82
신거제新居制 72
신석기 혁명 248~250
신화 61, 80, 159, 161~163, 174, 179~189, 197, 201~202

[ㅇ]

아가스족Agaz 114
아구아루나Aguaruna 98
아구이에aguyje 201
아나키 36~37
아라와크어족 14, 66, 81
아라와크족Arawak 37, 45, 90
아마와카족Amahuaca 81
아바이타라Abaitara 96
아비폰족Abipones 228, 230, 256~257
아스텍문명 106
아이아리Aiari 76
아차구아족Achagua 45~46
아체Aché 129, 137~138, 141, 143, 148, 150, 153~154, 157, 159
아피나예족Apinayé 45
아피아카족Apiaca 67
안데스문명 38, 65
안디수유 64
안치에타Anchieta 112, 115, 198
알라이킨Alaykin 256
알바르 누네스 카베사 데 바카Alvar Nuñez Cabeza de Vaca 113
『앙티 오이디푸스L'Anti-Oedipe』 232
야간족Yahgan 38
야구아족Yagua 45, 81
야노마미족Yanomami 112, 120, 243, 258, 261

야루로Yaruro 70
양계兩系 45, 71~72, 74~75, 84, 88
에반스 프리차드E. E. Evans-Pritchard 21
엔코미엔다 122~124
엥겔스Engels 24, 33
예수회 101~103, 110~111, 114~115, 121~123, 145, 198~199, 228
오나족Ona 38
오네이다족Oneida 16
오논다가족Onondaga 16
오마구아족Omagua 97
오버그K. Oberg 77
오토막족Otomac 37
외혼제 74~75, 80~82, 84~85, 98
우루부족Urubu 41, 60
우바투바족Ubatuba 96
우아우페스-카케타 65, 71
원시(사회) 12, 18~20, 23, 27, 29, 33~34, 36~38, 51, 64, 69~70, 78~79, 87, 93, 102, 155, 160, 191~194, 222, 226, 230~232, 234~239, 241~247, 249~254, 256, 258~260, 262~266, 268~269
위슬러C. Wissler 70
위토토족Witoto 43, 67, 88
음바야-구아이쿠루족Mbaya-Guaycuru 225
음부루비차mburuvicha 19, 126

음비아-과라니족Mbya-Guarani 197
음비아족Mbya 197, 199~202, 204~205
이로쿼이족Iroquois 16~17
이메테imété 146, 148
이퀴토족Iquito 46
이푸리나족Ipurina 48
인구론 101~103, 105, 107, 119, 121, 125
인구밀도 44, 70, 101, 103, 106~107, 117~119, 121, 124~126, 263
일부다처제polygynie 43~48, 60, 68, 70
일부다처혼 43~44, 52
일부일처제 44, 47
잉카(제국) 15, 20, 25, 37, 62~64, 99, 110~116, 119, 123, 220, 245
잉카족 64

[ㅈ]
자민족 중심주의 23~24, 28~29, 31, 63, 79, 196, 235, 247
자페티바japétyva 146, 148
재화 39, 50~51, 53~54, 56, 59~60, 145, 149, 152, 154, 156, 242, 244, 251, 253
전쟁 16, 39~40, 46, 64, 66, 69, 79, 82, 90~91, 95~96, 104, 112~114, 224, 241, 244, 256~263
전정치적prépolitique 13, 15, 36
전원 합의consensus omnium 40

정치권력 10~14, 17, 19~23, 25~34, 36~
    39, 42, 55, 58, 102~103, 113, 120,
    125, 244, 253~254, 258, 260, 262,
    264, 266~267
정치인류학 10, 26, 33~34, 101, 234
정치제도 30, 36, 47, 60
정치혁명 250
제Gé어족 45, 62, 70, 85
제구아카바들Jeguakava 203~205
제로니모Geronimo 260~262
조화 체제 73
족외혼 65
주루아-푸루스 48, 67~68, 76
증여présentations 48, 51, 53, 60, 144, 152
지본디jyvondy 136, 142
지향성intentionalité 56

[ㅊ]
차루아Charrua 인디언 116
차코Chaco 지방(평원) 37, 42, 71, 108,
    110, 126, 162, 184~187, 225, 249,
    256
첸가루바라chengaruvara 140, 142
추장권(제) 15, 37~42, 49~51, 55, 78,
    96~97, 103, 254~255, 264~265,
    267~268
출계 20~21, 71~76, 79, 84, 87~89, 92~
    93

출루피Chulupi 인디언 162, 173, 182,
    184, 188
치리구아노족Chiriguano 42
치브차Chibcha문명 38, 106
치브차어(어족) 38, 90
치브차족 45~47, 90
친차수유 64

[ㅋ]
카도간Léon Cadogan 209
카딤Cardim 111
카라이들karai 198, 201, 217,
    265~268
카르반Karwan 91
카리브어족 66~81
카르스텐R. Karsten 63, 98
카스트 37, 46, 71
카시케-샤먼들caciques-chamanes 201
카에테족Caeté 117
카유가족Cayuga 16
카잉강족Caïngang 48, 116
카케티오족Caquetio 37
캐틀린George Catlin 224, 226~227, 231
코야수유 64
코카마족Cocama 97
코호-그룬베르크Koch-Grundberg 65
콘데수유 64
쿠베오족Cubeo 40, 71

쿠스코 64
쿠오니암벡Quoniambec 95~96
쿠퍼J. M. Cooper 70
쿡Cook 119, 126
퀘인Buell Quain 79
퀴푸quipu 220
크로버A. Kroeber 70, 106, 108, 125
키르히호프Kirchhoff 65, 68, 75~76, 88
키부추에테kybuchuété 133
킨드레드kindreds 72, 75

[ㅌ]

타모이오족Tamoio 95
타바레Tabaré 114
타바이아레스Tabaiarres 95
타스카로라족Tascarora 16
타완틴수유 63~64
타이노족Taïno 14, 37
타카나족Takana 81
타크와티프족Takwatip 96
타피라페족Tapirapé 81
테베Thevet 90, 95, 104, 111, 198
테우엘체족Tehuelche 108
테코아치tekoachy 203
토바족Toba 42
투카노(족)Tucano 66, 71, 85
투판Tupan 210~212, 217
투피-과라니족(사회)Tupi-Guarani 17, 103~ 105, 111~113, 115, 126, 197~ 198, 240, 263~269
투피-카와이브족Tupi-Kawahib 96
투피남바(족)Tupinamba 40, 42~43, 47, 66~67, 85, 88~91, 94~97, 104, 110~112, 118, 264
투피어족 66, 81
투피족Tupi 43, 81~82, 89~90, 93~96, 98, 104~105, 109~111, 113, 115~ 116
트로브리안드 사회 20
트루마이족Trumai 42, 54, 79
티에라델푸에고 섬(푸에고 섬) 38, 69, 108
티코피아 사회 20
팀비라족Timbira 45

[ㅍ]

파네pané 135~138, 142, 144~145
파노Pano어족 66
파라Para 11
파이들Pa'i 201~202
파타고니아인 69
팔리쿠르족Palikur 44
퍼스R. Firth 21
페바족Peba 67
폭력 14~15, 29, 31~33, 59~60, 141, 191, 194~195, 237, 243, 251~252, 255,

258, 262, 269
푸리-코로아도족Puri-Coroado 47
푸시웨Fousiwe 258~261
푸엘체족Puelche 108
프레란prerä 140, 142
필라가족Pilaga 42

[ㅎ]
하르케Jarque 104
하부구조 67, 249~250
헉슬리Francis Huxley 41
호혜성 50~51, 54~55, 144, 150~151, 158, 245
확대가족 21, 67~68, 71~72, 74~77, 79, 81, 83~84, 88, 94
후루아Juru'a 200
히라히라족Jirajira 37
히바로족Jivaro 38, 43, 45~46, 67, 97~98
히바리아jivaria 97~98